HIJKLM

UVWXYZ

Die neue Kinderwelt von A bis Z

Herausgeber: Richard Bamberger und Inge Auböck

Texte: Maria Bamberger und Robert Polt

Illustrationen: Alicia Sancha

FALKEN

Abendstern Wenn die Dämmerung kommt, erscheint am Himmel in bestimmten Monaten ein besonders heller Stern. Es ist der Planet Venus. Derselbe Stern ist in anderen Monaten am Morgen zu sehen; dann nennt man ihn Morgenstern.

Aal Er sieht wie eine Schlange aus, ist aber ein Fisch. Die Weibchen werden mehr als einen Meter lang und leben in Flüssen. Die Männchen sind kleiner und leben im Küstengebiet des Meeres. Nach 6 bis 10 Jahren wandern sie, ohne zu fressen, Tausende Kilometer weit an eine bestimmte Stelle im Atlantischen Ozean. Dort legt das Weibchen seine Eier ab. Männchen und Weibchen gehen dann zugrunde. Die jungen Aale, die aus den Eiern schlüpfen, wandern wieder dorthin zurück, von wo ihre Eltern gekommen sind. Sie brauchen mehrere Jahre dazu.

Abendrot An klaren Tagen färbt sich der Himmel kurz nach Sonnenuntergang manchmal ganz rot oder orange. Dieses Abendrot stammt von hohen, dünnen Wolken, in denen sich noch das Sonnenlicht spiegelt, während unten auf der Erde schon die Dämmerung hereinbricht.

Abenteuer Andreas liest besonders gerne Abenteuerbücher. Da geschehen unglaubliche Dinge. Die Spannung wird immer größer, bis der Held endlich sein Ziel erreicht hat oder seinen Verfolgern entkommen ist. Meist spielen die Abenteuer in fremden Ländern, wie die Geschichte von ☛ Robinson, der auf eine einsame Insel verschlagen wurde. Aber man kann auch selbst Abenteuer erleben, nicht wahr?

Aberglaube „Stell dir vor, eine schwarze Katze ist uns über den Weg gelaufen. Das bringt bestimmt Unglück!" Abergläubische Menschen ängstigen sich vor vielen Dingen. Aber sie kennen auch Glückszeichen, etwa die Begegnung mit einem Schornsteinfeger. Doch weder das eine noch das andere sollte man ernst nehmen.

Abfall „Bitte, gib den Abfall in den Mülleimer", sagt die Mutter zu Alex. Fast täglich ist der Kübel voll mit Küchenabfällen, mit Papier, Plastik und anderen Dingen. Alte Zeitungen, leere Flaschen und Dosen gehören nicht in den ☛ Müll; sie werden gesondert gesammelt, weil man sie wieder verwerten kann.

Abitur Anjas älterer Bruder hat eben das Abitur gemacht. So heißt die Abschlußprüfung an einer höheren Schule. In Österreich und in der Schweiz heißt sie Matura, das bedeutet Reifeprüfung. Wer das Abitur gemacht hat, kann an einer Universität oder Hochschule weiterstudieren.

Abschreiben „Heute bei der Schularbeit hat Alice von mir abgeschrieben", erzählt Andrea. „Aber die Lehrerin hat gesagt, abschreiben ist verboten. Jedes Kind soll selbst nachdenken. Ich habe aber Alice gerne abschreiben lassen, weil ich ihr helfen wollte. Was hätte ich denn sonst tun sollen?"

Abstimmung „Wollt ihr am Wandertag eine Fußwanderung machen oder einen Ausflug mit dem Autobus?" fragt die Lehrerin. Manche Kinder sind für das Wandern, andere für den Autobus. „Dann wollen wir abstimmen", entscheidet die Lehrerin. „Wer ist für die Wanderung?" 18 Kinder heben die Hand. „Und wer ist für den Autobus?" Nur 10 Kinder heben jetzt die Hand. Die Wanderer haben die Abstimmung gewonnen. Auch in der Gemeinde und im Land wird manchmal über wichtige Fragen abgestimmt. Die Erwachsenen müssen dann in Wahllokale gehen und ihre Stimmen abgeben. Besonders häufig sind solche Abstimmungen in der Schweiz.

a

Abwasser Das schmutzige Wasser aus Küche, Badezimmer und Klosett fließt in einen Kanal, ebenso das Abwasser aus den Fabriken. Früher hat man verschmutztes Wasser einfach in den nächsten Bach oder Fluß geleitet. Weil aber im Abwasser viele Giftstoffe enthalten sind, gehen Fische und andere Tiere, die im Wasser leben, zugrunde. Heute werden Kläranlagen gebaut, in denen das Abwasser gereinigt wird, bevor man es weiterleitet.

Abzeichen Der Onkel trägt eine kleine Anstecknadel an seinem Rock, die einen Fußball darstellt. Er ist Mitglied eines Sportvereins. Viele Mitglieder tragen dieses Abzeichen. Es gibt Abzeichen für viele Vereine oder Klubs, auch für große Veranstaltungen aller Art.

Acker Die Werkstatt des Bauern sind seine Äcker. Sie erfordern viel Arbeit. Im Frühling wird gepflügt, gedüngt und gesät. Die Pflanzen, die dann heranwachsen, müssen gut gepflegt werden: Unkräuter und Schädlinge werden bekämpft. Im Spätsommer und Herbst wird geerntet. So erzeugt der Bauer auf seinen Äckern viele Nahrungs- und Futtermittel, die Menschen und Tiere brauchen. Kennst du Pflanzen, die auf dem Acker wachsen?

Adam und Eva Sie waren die ersten Menschen, die Gott erschaffen hat. So wird es in der Bibel erzählt. Weil dieses erste Menschenpaar nackt war, spricht man von einem Adams- oder Evaskostüm, wenn jemand nackt ist.

Adern An vielen Stellen unserer Haut können wir dünne oder dickere Adern sehen. Durch sie fließt das Blut. Es versorgt unseren Körper mit den lebensnotwendigen Stoffen. Auch Pflanzen haben Adern, das sieht man an jedem Blatt. Einmal hat sich Anna in den Finger geschnitten. Die Mutter hat ein Pflaster darauf gegeben, und schon schloß sich das Äderchen wieder von selbst.

Adler sind große Greifvögel mit einem stark gekrümmten, kräftigen Schnabel. Ihre ausgebreiteten Flügel sind fast zwei Meter weit. Es gibt mehrere Adlerarten. Der *Steinadler* lebt im Gebirge und baut sein Nest, den Horst, an unzugänglichen, steilen Felswänden. Der *Seeadler* lebt an Seen und Meeresküsten. Der Steinadler ist bei uns schon selten geworden, er wurde zu sehr gejagt. Heute darf er nicht mehr geschossen werden. Der Adler ist der König der Vögel. Wegen seiner Stärke und seinem Mut ist er seit alters her das Wappentier von Königen, Ländern und Städten. Auch Deutschland und Österreich führen den Adler in ihrem Wappen.

Adresse Astrid schreibt Großmutter einen Brief zum Geburtstag. „Schreib den Namen und die Adresse deutlich“, mahnt die Mutter. Die Anschrift auf Karten, Briefen oder Paketen muß so geschrieben sein, daß sie der Briefträger lesen kann.

Advent So nennt man die vier Wochen vor Weihnachten. Die Mutter bringt einen Adventkranz mit vier Kerzen heim. Am ersten Adventsonntag wird die erste Kerze angezündet, an jedem folgenden Sonntag eine weitere. Viele Kinder haben auch einen Adventkalender, an dem sie die Tage der Reihe nach aufblättern, bis am 24. Dezember der Weihnachtsabend kommt.

Affen Stundenlang kann man im ☛ Zoo diesen geschickten Tieren zusehen, wie sie flink hin und her springen. Die jungen Tiere necken einander und spielen wie Menschenkinder. Der größte Affe ist der ☛ Gorilla (1). Er lebt in Afrika und kann bis zu 300 Kilogramm schwer werden. Die klügsten Affen sind die kleineren ☛ Schimpansen, auch sie sind in Afrika daheim (2). Der Orang-Utan, der zweitgrößte Affe, lebt in Asien auf den Inseln Borneo und Sumatra. Sie alle gehören zu den Menschenaffen. Daneben gibt es noch viele andere Arten, zum Beispiel ☛ Paviane (3) und Meerkatzen (4). Affen ernähren sich meist von Früchten und Blättern und leben in Horden zusammen. Sie sind die klügsten Tiere und dem Menschen verwandt.

N

Afrika Manchmal begegnen wir auf der Straße einem Menschen mit ganz dunkler Hautfarbe und schwarzem Kraushaar. Seine Heimat ist Afrika. Das ist der drittgrößte Erdteil. Im nördlichen Teil Afrikas leben ☛ Araber. Der ganze übrige Erdteil ist von Negerstämmen bewohnt. In Afrika ist es sehr heiß. Weite Gebiete sind Wüste oder Steppe. Die Sahara ist die größte Wüste der Erde. Das Kamel ist das Wüstentier, das für den Menschen die Lasten trägt. In der Steppe leben Giraffen, Zebras, Antilopen, Löwen, Nashörner und Elefanten. Im Mittelteil Afrikas liegen dichte Urwälder. Hier sind die Affen zuhause. In Afrika fließen auch mächtige Ströme. Der Nil ist der längste Fluß der Erde. In den Flüssen leben Flußpferde und Krokodile.
Es gibt aber auch viele fruchtbare Gebiete. Hier wachsen Baumwolle, Kakao, Kaffee, Erdnüsse, Zuckerrohr und Bananen. Afrika ist reich an Bodenschätzen. Die Vorkommen an Diamanten und Gold sind die größten der Erde. Afrika besteht aus vielen großen und auch kleineren Ländern mit modernen Städten. Die größte Stadt ist Kairo, die Hauptstadt Ägyptens.
Aber die meisten Menschen in Afrika sind sehr arm. Immer wieder zeigt das Fernsehen Bilder von hungernden Kindern. Afrika wurde lange Zeit von europäischen Staaten beherrscht. Die Weißen ließen die Eingeborenen für sich arbeiten. Sie wurden dabei reich, die Afrikaner blieben arm. Kaum die Hälfte von ihnen kann lesen und schreiben. Die afrikanischen Länder sind zwar selbständig geworden, aber viele brauchen für ihre Entwicklung die Hilfe der reicheren Länder. Wir nennen sie deshalb Entwicklungsländer.

Ahnen So nennen wir die Menschen, von denen wir abstammen. Jeder von uns hat Eltern. Auch Vater und Mutter haben Eltern: die Großeltern. Deren Eltern sind die Urgroßeltern. Und so führt die Reihe unserer Vorfahren immer weiter zurück in die Vergangenheit.

Ahorn Dieser Laubbaum mit den gelappten Blättern kommt bei uns sehr häufig vor. Wenn im Herbst seine Früchte von den Bäumen fallen, drehen sie sich wie kleine Propeller im Wind. Sein helles, hartes Holz wird zu Möbeln verarbeitet.

Ähren Hast du schon einmal eine Getreideähre genau betrachtet? Da sitzen die kleinen, harten Körner ganz dicht nebeneinander am Stengel. Aber nicht nur das ☛ Getreide bildet seine Früchte als Ähren aus, sondern auch viele andere Gräser.

Akkordeon ist eine Ziehharmonika, die Tasten hat wie ein Klavier. Seinen Namen hat es von den Akkorden, die man darauf spielen kann. Ein Akkord ist der Zusammenklang von drei oder mehreren Tönen. Beim Spielen des Akkordeons muß man gleichzeitig den Blasbalg ziehen, dessen Luft die Töne erzeugt. Das ist gar nicht leicht. Deshalb können nur größere Kinder ein Akkordeon spielen.

Akrobat Warst du schon einmal in einem Zirkus? Dann hast du bestimmt die Akrobaten bewundert. Hoch oben in der Zirkuskuppel fliegen sie von Trapez zu Trapez. Andere zeigen ihre Kunststücke auf dem Seil oder auf dem Boden. Das alles sieht so leicht aus. Aber solche akrobatische Geschicklichkeit erfordert harte Arbeit und langes Training.

Alarm Bei großen Katastrophen, wie Hochwasser oder Feuer, ertönt das Heulen der Alarmsirenen, um die Menschen zu warnen. Auch Banken und Geschäftshäuser haben Alarmanlagen, die bei Gefahr die Polizei herbeirufen.

Alkohol Adele hat vor dem Gasthaus zwei Männer gesehen, die laut lachend und singend über die Straße getorkelt sind. Sie waren betrunken. ☛ Wein, ☛ Bier und Schnaps enthalten Alkohol. Wer zuviel davon trinkt, kann nicht mehr klar denken. Wenn der Vater Bier oder Wein getrunken hat, fährt er nicht mehr mit dem Auto. Für Kinder ist Alkohol besonders gefährlich. Am besten sind für sie *alkoholfreie Getränke.* Dazu gehören alle Obstsäfte – wie Apfelsaft, Orangensaft oder Johannisbeersaft – und Limonaden. Sie sind gesund und erfrischend und schmecken allen Kindern. Welchen Obstsaft hast du am liebsten?

Alm ist eine ☛ Weide im Gebirge. Sie wird auch Alp genannt. Dort weidet den Sommer über das Vieh. Ein Senn oder eine Sennerin sorgt für die Tiere. Täglich müssen die Kühe gemolken und die Milch zu Butter und Käse verarbeitet werden. Wenn der Herbst kommt, werden die Rinder mit Kränzen geschmückt und in festlichem Zug ins Dorf getrieben. Dieser Almabtrieb ist für die Dorfbewohner ein fröhliches Fest.

Alpen So heißt das mächtigste und höchste Gebirge Europas. Es beginnt am Mittelmeer und zieht in einem breiten Bogen über 1200 Kilometer weit bis zur Donau bei Wien. Die Alpen bestehen aus vielen Bergketten mit hohen, schneebedeckten Gipfeln, mit langen Gletschern und schönen Alpenseen, mit dichten Wäldern und grünen Almen. Der höchste Berg ist der Montblanc in Frankreich, er ist 4.800 m hoch. Sehr hohe Berggipfel sind auch das Matterhorn in der Schweiz, der Ortler in Italien, der Großglockner in Österreich, die Zugspitze in Deutschland. Aus aller Welt kommen die Menschen gerne in die Alpen: zum Wandern im Sommer, zum Skilaufen im Winter.

Alpenpflanzen In den Ferien war Anja mit den Eltern in den Alpen auf Urlaub. Da hat sie auch Bergwanderungen gemacht. Sie staunte, wie vielerlei Pflanzen es dort oben gibt. Zwar wachsen in großer Höhe keine Bäume mehr, sondern nur die niedrigen Büsche einer Föhrenart, die man „Latschen" (1) nennt. Aber ringsum im kurzen Gras der Almen blüht es in allen Farben. Purpurrot leuchten die Blüten der Almrose (2), sie wird auch „Almrausch" genannt. Tiefblau blüht der Enzian (3). Weiß und samtig sind die Blütensterne des Edelweiß (4), das sogar auf kahlen Felsen wurzeln kann. Es gibt viele Alpenpflanzen. Die meisten von ihnen stehen unter Naturschutz. Schließlich wollen sich alle Bergwanderer an ihnen erfreuen.

Alpentiere In den Alpen in Fels und Schnee leben Tiere, die es in tieferen Gegenden nicht gibt. Ihr Fell oder ihr Federkleid ist so beschaffen, daß sie auch strenge Kälte ertragen können. Bei einer Bergwanderung können wir vielleicht ein Rudel Gemsen (5) beobachten, wie sie mit sicheren Sprüngen über Geröllhalden ziehen und auf Felsen klettern. Auch den Steinbock (6), der in den Alpen fast ausgestorben war, kann man heute wieder antreffen. Er ist streng geschützt. Tagsüber hält er sich auf hohen Felsen auf, abends kommt er zum Fressen auf die Almwiesen. Nur selten sind Steinadler (7) zu sehen. Der Gänsegeier kommt jetzt in den Alpen wieder häufiger vor. Die schwarzen Bergdohlen (8) mit ihrem gelben Schnabel gibt es noch in großer Zahl. Possierlich sind die Murmeltiere (9), wenn sie vor ihrem Bau „Männchen" machen und die Wanderer beobachten.

Alphabet In der ersten Klasse lernen die Kinder alle Buchstaben unserer Schrift: das Alphabet. Der Name kommt von Alpha und Beta, das sind die ersten zwei Buchstaben des griechischen Alphabets. Unser Alphabet hat 26 Buchstaben, es beginnt mit A und endet mit Z. Im Lexikon oder im Telefonbuch sind alle Wörter nach dem Alphabet geordnet.

Altar Wenn man eine Kirche betritt, fällt der erste Blick auf den Altar. In der Mitte steht ein Kreuz, links und rechts stehen Kerzen. Der ☛ Priester hält dort den Gottesdienst. In früherer Zeit wurden die Altäre oft sehr prunkvoll mit Gemälden oder Heiligenfiguren geschmückt.

Alter Antje feiert Geburtstag. Auf ihrer Torte stehen 7 Kerzen: sie ist sieben Jahre alt. Ihre kleine Schwester meint, Antje sei schon sehr alt. Aber die Großmutter ist schon 70 Jahre alt. In früherer Zeit sind nur wenige Menschen so alt geworden. Heute leben die Menschen gesünder und müssen nicht mehr so schwer arbeiten. Viele erreichen deshalb ein höheres Alter.

Aluminium ist ein sehr leichtes silberweißes Metall, das nicht rostet. Die Mutter hat Küchengeschirr aus Aluminium. Auch die Alu-Folie verwendet sie manchmal. Viele Getränke werden in Alu-Dosen verkauft. Die leeren Dosen soll man sammeln, denn daraus wird neues Aluminium erzeugt. Aluminium ist auch ein wichtiges Baumaterial.

Ameisen sind kleine Insekten. Es gibt viele Arten. Hast du schon einmal eine Ameisenstraße im Wald gesehen? Wie auf den Straßen unserer Städte ist auch dort reger Verkehr. Da tragen die Ameisen, die Arbeiterinnen, dürre Nadeln vorbei, andere schleppen gemeinsam ein Holzstückchen. Ihre Straße führt zum Wohnhügel, dem Ameisenhaufen, in dem oft Hunderttausende Ameisen zusammenleben. Es ist ein Ameisenstaat mit Königin, Arbeiterinnen und wenigen Männchen. Die Königin legt die Eier, die Arbeiterinnen errichten den Bau, sammeln die Nahrung, kümmern sich um die Larven, die aus den Eiern schlüpfen, und halten das Nest sauber. Im Winter verschließen die Ameisen die Eingänge zu ihrem Bau und erstarren. Die Ameisen, die „Emsigen“, sind sehr nützlich, weil sie schädliche Insekten vertilgen.

Amerika Andi durfte sich im Fernsehen einen Wildwestfilm ansehen. Da zog eine Gruppe weißer Siedler mit schweren Pferdewagen durch die Prärie. Plötzlich wurden sie von Indianern überfallen. Mit wildem Kriegsgeheul stürmten die auf ihren Pferden heran. Aber die Weißen hatten Feuerwaffen und blieben daher Sieger. Furchtbar spannend war das! Ist das wirklich so gewesen? Ja, solche Filme vom Wilden Westen erzählen die Geschichte von der Besiedlung Nordamerikas.
Amerika ist der zweitgrößte Erdteil. Er erstreckt sich vom nördlichen bis zum südlichen Polargebiet und besteht aus ☛ Nord-

amerika und ☛ Südamerika. Das schmale Verbindungsstück heißt Mittelamerika. Die Ureinwohner Amerikas sind die ☛ Indianer. Nachdem der Seefahrer Christoph Columbus im Jahre 1492 Amerika entdeckt hatte, kamen bald viele Einwanderer in den neuen Erdteil. Sie hatten von seinem Reichtum gehört und hofften, dort ihr Glück zu finden. Die Indianer wurden in grausamen Kämpfen immer weiter zurückgedrängt, viele Stämme wurden ausgerottet. Amerika hat seinen Namen nach dem italienischen Weltreisenden Amerigo Vespucci, den man früher einmal für den Entdecker dieses Erdteils gehalten hat. An der raschen Entwicklung Amerikas waren alle europäischen Völker beteiligt, vor allem Engländer und Franzosen im Norden, Spanier und Portugiesen im Süden. Deshalb wird heute in Nordamerika Englisch gesprochen, in Südamerika spricht man Spanisch und Portugiesisch.

Ampel Auf dem Schulweg muß Astrid eine verkehrsreiche Straße überqueren. Das darf sie nur an der Kreuzung, wo der Verkehr durch eine Ampel geregelt ist. Natürlich kennt Astrid die ☛ Verkehrszeichen. Sie wartet, bis die Ampel grün zeigt. Dann geht sie auf dem Zebrastreifen rasch auf die andere Straßenseite. In der Stadt sind die Ampeln mit ihren Lichtzeichen für die Regelung des Verkehrs unentbehrlich.

Bei Rot, da steh,
bei Grün, da geh,
bei Gelb gib acht,
so wird's gemacht!

Amsel Im Garten hinter dem Haus singen frühmorgens und abends die Amseln. Diese Singvögel gibt es bei uns überall. Sie fressen Früchte und Samen, Insekten, Würmer und Schnecken. Das Männchen ist schwarz und hat einen gelben Schnabel. Das Weibchen ist graubraun. In der Hecke des Gartens ist das Nest.

Ananas Die Mutter hat vom Markt eine Ananas mitgebracht. Diese große Südfrucht wächst in sehr warmen Gegenden Amerikas. Mit einem Messer entfernt die Mutter die Schale und schneidet das saftige Fruchtfleisch in Scheiben. Ananas schmecken süß und erfrischend. Es gibt sie auch eßfertig in Dosen. Die Ananaserdbeere in unseren Gärten ist keine Ananas.

Andersen Hans Christian Andersen war ein berühmter Märchenerzähler. Vielleicht kennst du schon „Die Prinzessin auf der Erbse", „Des Kaisers neue Kleider" oder andere seiner Märchen. Andersen lebte im vorigen Jahrhundert in Dänemark. Nach seinem Märchen „Die kleine Seejungfrau" wurde im Hafen von Kopenhagen eine Statue aufgestellt. An seinem Geburtstag, dem 2. April, wird alljährlich der „Kinderbuchtag" gefeiert.

Angel Onkel Anton geht gerne fischen. Dazu braucht er eine Angel. Das ist eine lange, geschmeidige Rute, an deren Ende eine Schnur mit dem Angelhaken hängt. Am Angelhaken wird ein Köder befestigt. Wenn ein Fisch nach diesem Köder schnappt, schluckt er ihn samt dem Haken und ist gefangen. Rasch zieht ihn der Onkel dann aus dem Wasser. Angeln ist ein Sport, zu dem man viel Geduld braucht.

Angst Es ist finster. Antje liegt im Bett und kann nicht einschlafen. Sie hört etwas rascheln, knistern, knacken. Dunkle Schatten bewegen sich vor dem Fenster. Sie ruft nach der Mutter. Doch die Mutter beruhigt sie: „Das ist der Wind, der die Bäume schüttelt." Jetzt fürchtet sich Antje nicht mehr. Auch Erwachsene haben Angst, wenn eine Gefahr droht – das ist ganz natürlich.

Anker Wenn ein Schiff im Hafen festgemacht werden soll, lassen die Matrosen den Anker ins Wasser. Er ist an einer langen Kette oder einem Stahlseil festgemacht und bohrt sich mit seinen Ankerarmen in den Grund. So hält er das Schiff fest, es ist „vor Anker gegangen".

Antenne Du hast sicher schon die Antennen auf den Dächern von Häusern gesehen. Ohne Antennen könnten wir nicht Radio hören oder fernsehen. Die Antenne fängt die unsichtbaren elektrischen Wellen auf, die vom Rundfunk- oder Fernsehsender ausgestrahlt werden. Im Empfangsgerät werden diese Wellen dann in Töne oder Bilder umgewandelt, die wir hören oder sehen können. Auch im Auto braucht man für das Radio eine Antenne. Die Fühler der Insekten werden ebenfalls Antennen genannt; mit ihnen können die Tiere riechen und fühlen.

Antilope Sie ist in den Steppen Afrikas und Asiens zu Hause. Antilopen leben in Rudeln. Sie können ungewöhnlich schnell laufen und weit springen. Das ist auch notwendig, weil sie von allen großen Raubtieren gejagt werden. Antilopen zählen zu den gefährdeten Tieren. In manchen Gebieten sind sie durch rücksichtsloses Jagen fast ausgerottet worden.

a

Apfel Fast immer gibt die Mutter Annemarie einen Apfel in die Schule mit. Äpfel sind bei uns das meistverbreitete Obst. Es gibt davon viele Sorten, grüne, gelbe oder rotbackige, die verschieden schmecken. Die Mutter macht aus Äpfeln Kompott, Apfelmus oder Apfelstrudel.

Apfelsinen sind sehr beliebte Südfrüchte, die auf Bäumen wachsen. Sie gehören zu den Beerenfrüchten und stammen aus China. Die Holländer haben sie vor rund 500 Jahren nach Europa gebracht. Apfelsine bedeutet Apfel aus Sina (China). Wegen der Farbe ihrer Schale werden die Früchte in Österreich Orangen genannt. Sie gedeihen in den Ländern um das Mittelmeer. Das saftige Fruchtfleisch ist reich an Vitaminen. Eine kleinere Apfelsinenart nennt man Mandarine, eine andere, die keine Kerne hat, Klementine. Verwandt ist auch die Grapefrucht und die saure Zitrone.

Apostel nennt man die 12 Jünger, die Jesus Christus ausgewählt hat, damit sie seine Lehre verkünden sollten. Das Wort bedeutet „Sendbote". Zu den Aposteln kam später noch Paulus hinzu. Er hat auf vielen Reisen das Christentum in allen Teilen der damals bekannten Welt verkündet. Nach dem Tode Jesu wurde der Apostel Petrus zum ersten Oberhaupt der christlichen Kirche.

A

Aprikosen sind runde Früchte mit einer samtigen, rotgelben Haut und einem großen Kern. Sie werden im Juli reif. Die Mutter macht daraus Marmelade. In Österreich nennt man die Aprikosen Marillen. Hier essen die Kinder gerne Marillenknödel.

Apotheke Die Apotheke ist ein Geschäft, in dem Heilmittel aller Art verkauft werden. Viele Medikamente darf der Apotheker nur abgeben, wenn sie ein Arzt verordnet hat. Früher haben die Apotheker die Arzneien selbst zubereitet. Heute werden sie meist von großen Heilmittelfirmen hergestellt. Es gibt Tausende verschiedene Medikamente, das sieht man an den vielen Tiegeln, Schachteln und Fläschchen, die ringsum auf den Regalen stehen. Der Apotheker muß sie alle kennen. Er hat an einer Universität studiert.

Appetit „Guten Appetit!" sagt der Vater. „Laßt es euch schmecken!" Wenn man hungrig ist, schmeckt es bekanntlich am besten. Einmal, als sich Anna den Magen verdorben hatte, wollte sie gar nichts essen. Sie hatte absolut keinen Appetit.

Aquarium „Aqua" bedeutet Wasser. Ein Aquarium ist ein Wasserbehälter, in dem man Fische und Wasserpflanzen halten kann. Onkel Alexander hat in seinem Wohnzimmer ein großes Aquarium. Der Boden ist mit Sand bedeckt, in dem verschiedene Wasserpflanzen wurzeln. Zwischen ihnen schwimmen viele kleine bunte Fische herum. Sie werden täglich mit winzigen Würmern, Larven oder Trockenfutter gefüttert. Ein Aquarium macht viel Freude, weil man die kleinen Fische so gut beobachten kann. Aber es muß auch regelmäßig gepflegt werden.

Äquator Albert hat zum Geburtstag einen ☛ Globus bekommen. Alle Erdteile und Weltmeere sind darauf zu sehen. Um die Mitte der Kugel läuft ein dicker schwarzer Strich: der Äquator. Er teilt die Erdkugel in eine nördliche und eine südliche Hälfte. Zu beiden Seiten des Äquators liegen die heißen Gebiete der Erde. Glaubst du, daß es diesen Strich um die Erde wirklich gibt?

Araber Die Märchen von „Tausendundeine Nacht“ spielen bei den Arabern. Das ist eine Gruppe von Volksstämmen, die arabisch sprechen. Sie gehören der islamischen Religion an. Ihre Heimat ist die Arabische Halbinsel. Sie leben aber auch in Nordafrika und Vorderasien. Viele sind Viehzüchter, die mit ihren Herden von einem Weideplatz zum anderen ziehen. Das sind die Beduinen. Zum Schutz vor der heißen Sonne, der Kälte der Nacht und vor den Sandstürmen tragen sie weite, wallende Gewänder. Der Häuptling eines Beduinenstammes heißt Scheich. In den arabischen Städten des Mittelalters gab es eine hohe Kultur. Die Ziffern, mit denen wir rechnen, haben wir von den Arabern übernommen. Sie heißen deshalb arabische Ziffern. In den letzten Jahrzehnten sind viele arabische Länder sehr wohlhabend geworden, weil man dort Erdöl findet.

Arbeit Seit frühester Zeit müssen die Menschen arbeiten, um sich ihren Lebensunterhalt zu verdienen. Männer und Frauen arbeiten auf den Feldern, in den Fabriken und Werkstätten, in Büros, Schulen und Geschäften. Jede Arbeit ist wichtig. Denn ohne Arbeit hätten wir nichts zu essen, nichts anzuziehen und nichts, wo wir wohnen könnten. Vater arbeitet in einem Geschäft, Mutter in einem Büro. Damit verdienen sie das Geld, das wir zum Leben brauchen. Die Mutter arbeitet darüber hinaus auch im Haushalt. Sie kocht, wäscht und bügelt für uns und hält die Wohnung sauber. Der Vater hilft ihr dabei und arbeitet auch im Garten. Es gibt leider auch Männer und Frauen, die arbeiten möchten, aber keine Arbeit finden. Sie sind arbeitslos. Das ist ein schweres Los. Zwar bekommen die Arbeitslosen eine Unterstützung, aber das ist nur eine bescheidene Hilfe. Arbeit bringt nicht nur mehr Geld, sie schenkt den Menschen auch Zufriedenheit.

Arche heißt in der Bibel das große Schiff, mit dem Noah mit seiner Familie und allen Tieren die Sintflut überstand.

Architekt Wer sich ein Haus bauen lassen will, sucht einen Architekten auf und sagt ihm, was er sich wünscht. Der Architekt zeichnet die Pläne, nach denen sich alle ☛ Handwerker richten müssen. Der Architekt ist ein Baufachmann. Er hat an einer technischen Hochschule studiert. Ein Innenarchitekt entwirft Wohnungseinrichtungen. Ein Gartenarchitekt legt Parks und Gärten an. Ein Architekt, der ganze Stadtviertel plant, ist ein Städteplaner.

Arena Das Wort kommt aus dem Lateinischen und bedeutet Sandplatz. Wir kennen die Arena im Zirkus, wo die ☛ Artisten ihre Kunststücke zeigen, oder die Arena eines Sportplatzes. In Spanien gibt es in vielen Städten eine Stierkampfarena.

Arktis nennen wir das Gebiet um den ☛ Nordpol der Erde. Das Meer und die Inseln sind dort von meterdickem Eis bedeckt. Am Rande der Arktis liegt Grönland, die größte Insel der Erde. Sie ist die Heimat der ☛ Eskimos. Ein halbes Jahr lang, vom Frühling bis zum Herbst, geht in der Arktis die Sonne nicht unter. Dann aber wird es dunkel, es beginnt die Polarnacht; auch sie dauert ein halbes Jahr. Im Winter herrscht strenge Kälte, im kurzen Sommer wird es so warm, daß Moose, Gräser, auch Blumen und Sträucher wachsen können. In der Arktis leben Wale, Robben, Eisbären, Rentiere.
Das Gebiet, das um den Südpol liegt, heißt *Antarktis.* Es ist ein eigener großer Erdteil und ist das kälteste Land der Erde. Der Boden ist von einer Tausende Meter dikken Eisschicht bedeckt, die niemals auftaut. Nur im Küstengebiet gibt es Moose und Flechten. Pinguine, Wale, Robben leben dort in großer Zahl. Die Antarktis ist nicht von Menschen bewohnt, nur wenige kommen dorthin, um in Forschungsstationen zu arbeiten.

Armut Nahrung, Kleidung und ein Dach über dem Kopf, das braucht jeder Mensch zum Leben. Wir haben das alles, und oft noch viel mehr. Aber in vielen Ländern der Erde herrscht große Not. Bei Hungerkatastrophen sterben alljährlich Millionen Menschen. Das Fernsehen zeigt erschütternde Bilder davon. In der Schule wird manchmal Geld gesammelt für arme Kinder in Afrika und Südamerika. Denn alle Menschen sollten einander helfen, damit niemand hungern muß.

Aroma „Der Kaffee hat ein gutes Aroma!" sagt die Großmutter. Sie meint damit, daß er nicht nur gut schmeckt, sondern auch fein duftet. Viele Gewürze und Früchte haben einen angenehmen aromatischen Duft.

Artisten nennen wir die Künstler, die in einem ☛ Zirkus auftreten. Da gibt es Seiltänzer, Turner, Zauberer und den Tierbändiger, der dressierte Tiere vorführt. Auch der ☛ Akrobat gehört dazu. Am beliebtesten ist aber wohl der ☛ Clown, der mit seinen Späßen alt und jung zum Lachen bringt. Alle Artisten müssen hart arbeiten, bis sie ihre Kunststücke beherrschen. Sie haben einen schweren Beruf!

Arznei Im Badezimmer hängt an der Wand der Arzneischrank. Darin verwahrt die Mutter Pillen, Tabletten und andere Medikamente, die der Arzt einmal verschrieben hat. Auch das Fläschchen mit Andreas Hustensaft steht dort. Kinder dürfen nichts aus dem Arzneischrank nehmen, denn Arzneimittel können giftig sein!

Arzt Andrea hat Halsschmerzen und leichtes Fieber. „Wir müssen zum Arzt gehen“, sagt die Mutter. Andrea hat keine Angst. Sie war schon mehrmals bei der Kinderärztin. „Dr. Fritsch“ steht an der Tür. Die Abkürzung „Dr.“ bedeutet Doktor. Frau Dr. Fritsch hat ☛ Medizin studiert. Da hat sie gelernt, wodurch Krankheiten entstehen und wie man sie heilen kann. Im Wartezimmer sind schon mehrere Patienten. Mutter und Andrea müssen ein wenig warten. Dann ruft sie die Sprechstundenhilfe auf und sie treten in den Ordinationsraum. Die Frau Doktor untersucht Andreas Hals. „Ja, die Mandeln sind entzündet“, sagt sie. „Das haben jetzt viele Kinder.“ Dann horcht sie noch die Lunge ab, aber die ist zum Glück in Ordnung. „Solange Andrea Fieber hat, muß sie im Bett bleiben“, sagt die Frau Doktor zur Mutter. „Und dreimal am Tag soll sie mit diesem Medikament gurgeln“, sie reicht der Mutter ein ☛ Rezept, „dann ist sie in ein paar Tagen wieder gesund.“

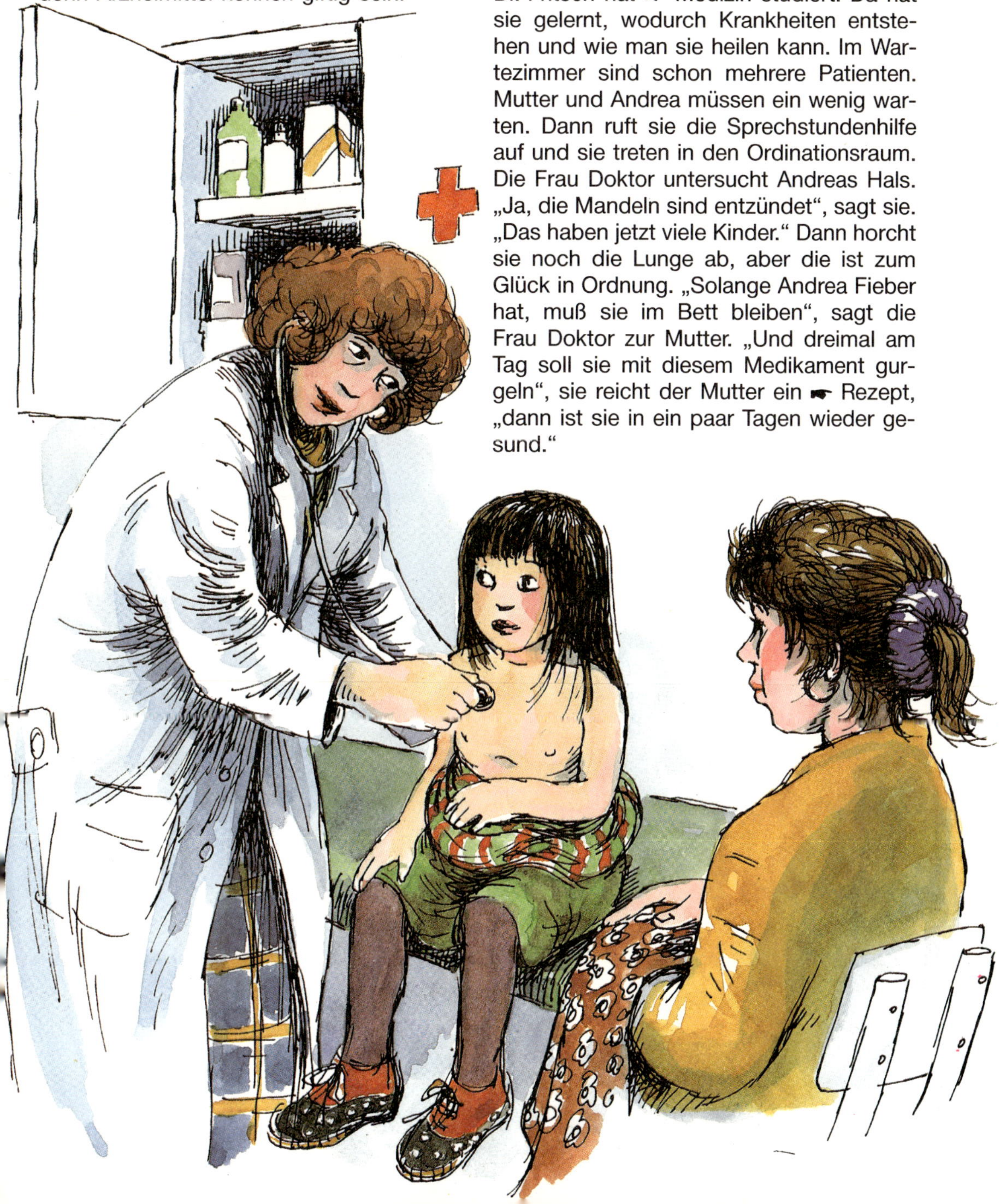

a
N

Asien Der Nachbar hat sich ein neues Auto gekauft, ein Auto aus Japan. „Wo liegt eigentlich Japan?“ will Andreas wissen. „Schlag doch einmal im ☛ Atlas die Karte von Asien auf“, rät ihm der Vater. Asien ist der größte Erdteil. Er grenzt im Westen an Europa, wo wir leben. Aber Asien ist mehr als viermal so groß wie Europa. Dort lebt mehr als die Hälfte aller Menschen.

Asien reicht vom Polarmeer im Norden bis zum Äquator im Süden. Der kalte nördliche Teil heißt Sibirien. Im mittleren Teil sind große Wüsten- und Steppengebiete. In Ostasien liegt China, ein altes Kulturland. Es hat mehr als eine Milliarde Einwohner. Auf einer Inselgruppe ganz im Osten Asiens liegt Japan, eines der wichtigsten Industrieländer der Welt; es erzeugt die meisten Autos und elektronischen Geräte. Chinesen und Japaner sind Mongolen, das ist eine Menschenrasse mit gelblicher Hautfarbe. Den Süden Asiens bilden die Halbinseln Indien (mit rund 800 Millionen Einwohnern) und Hinterindien. Auch die große Inselgruppe im Südosten gehört zu Asien. Dort liegen die Staaten Indonesien und die Philippinen.

Indien wird im Norden vom höchsten Gebirge der Erde begrenzt, dem Himalaja. Sein höchster Gipfel ist der Mount Everest. Mit über 8.800 m ist er der höchste Berg der Erde. In den Ländern Südasiens, zum Beispiel in Thailand, wird sehr viel Reis angebaut. Viele Menschen leben dort nur von Reis. In Südwestasien, auch Vorderasien genannt, liegen die arabischen Länder und der Iran; sie haben die größten Erdölvorkommen der Erde. Aber Asien ist auch reich an anderen Bodenschätzen.

In Asien leben viele Tiere, die wir nur aus dem Zoo kennen: Eisbären, Rentiere, Braunbären, Wölfe, Kamele, Elefanten, Tiger, Affen (der Menschenaffe Orang-Utan) und der Panda-Bär. In Asien gibt es viele moderne Großstädte, zum Beispiel Tokio, die Hauptstadt Japans, Schanghai in China, Delhi in Indien.

Astronaut So nennt man einen Menschen, der einen Flug in den Weltraum unternimmt. Er muß vorher ein langes Training durchmachen. Der erste Astronaut war der Russe Juri Gagarin. Er hat 1961 in einem kleinen Raumschiff die Erde umkreist. 1969 landeten die beiden Amerikaner Neil Armstrong und Edwin Aldrin als erste Menschen auf dem Mond. Millionen Zuschauer haben das damals im Fernsehen miterlebt. In der Sowjetunion werden die Astronauten Kosmonauten (Kosmos = Weltall) genannt.

Atlas ist ein Buch mit Landkarten. Die Mehrzahl heißt Atlanten. Im Atlas findet man alle Länder der Erde mit ihren Bergen und Flüssen, Städten, Straßen und Eisenbahnlinien. Wie man eine Landkarte richtig liest, das lernt man in der Schule im Geographieunterricht. Vor einer größeren Reise sieht der Vater im Autoatlas nach, welche Straßen er fahren muß. Alex kann ihm dabei schon ein wenig helfen. In der griechischen Sage war Atlas ein Riese, der die Weltkugel auf seiner Schulter trägt.

Atmung Ohne Luft kann der Mensch nicht leben. Dabei ist es nur ein Teil der Luft, den wir zum Leben brauchen, nämlich der ☛ Sauerstoff. Beim Einatmen strömt die Luft durch Nase, Rachen und Luftröhre in die ☛ Lunge. Dort wird der Sauerstoff ins Blut aufgenommen. Die restliche, verbrauchte Luft wird ausgeatmet. Mit einem Atemzug nimmt man etwa einen halben Liter Luft auf. Wenn du läufst oder springst, dann atmest du tief, deine Lunge bekommt mit jedem Atemzug mehrere Liter Luft. Beim Schwimmen taucht Anja gerne unter Wasser und hält die Luft an. Aber nach ein paar Augenblicken muß sie wieder auftauchen, um Atem zu holen.

Athlet ist ein starker, geübter Sportler. Schon bei den Griechen im Altertum gab es sportliche Wettkämpfe. Athlet bedeutet Wettkämpfer. Alexanders älterer Bruder betreibt Leichtathletik. Das sind jene Sportarten, bei denen man laufen, springen, stoßen oder werfen muß.

Atom Alle festen, flüssigen und gasförmigen Stoffe kann man in so kleine Teilchen zerlegen, daß man sie nicht einmal mit einem ☛ Mikroskop sehen kann. Diese winzigen Teilchen nennt man Atome. Lange Zeit hielt man sie für unteilbar. In unserem Jahrhundert aber hat man entdeckt, daß jedes Atom aus einem Atomkern und anderen Teilchen besteht, die den Kern umkreisen. Man nennt sie Elektronen. Und auch den Atomkern kann man noch spalten. Atome sind so winzig klein, daß man auf einem Millimeter Millionen von ihnen aneinanderreihen könnte.

Atomkraft Andi hat in den Fernsehnachrichten von den Gefahren der Atomkraft gehört. Er wundert sich: Ein Atom ist doch winzig klein. Wieso ist dann die Atomkraft so gewaltig und gefährlich? Tatsächlich werden bei der Spaltung eines Atomkerns ungeheure Kräfte frei. Das haben Wissenschaftler in unserem Jahrhundert entdeckt. Zunächst hat das zum Bau von Atombomben geführt. Die erste Atombombe wurde von den Amerikanern 1945 auf die japanische Stadt Hiroshima abgeworfen. Mit einem riesigen Feuersturm und ihrer tödlichen Strahlung hat sie über 100.000 Menschen getötet. Bald aber hat man die Atomkraft auch für friedliche Zwecke genutzt. In vielen Ländern wurden Atomkraftwerke errichtet, in denen elektrischer Strom erzeugt wird. Aber die Strahlengefahr besteht immer. In Österreich sind deshalb Atomkraftwerke verboten.

Au Entlang von Flüssen und Bächen, in der Au, wächst ein ganz besonderer Wald: Weiden, Erlen, Eschen, Ulmen und Pappeln können die häufigen Überschwemmungen gut überstehen. In der Au fühlen sich Wildenten, Wildgänse, Wasserhühner, Otter, Bisam und Fischreiher wohl. Die meisten Auwälder wurden abgeholzt und in Äcker und Bauland umgewandelt. Heute wollen Naturschützer die wenigen Aulandschaften, die es noch gibt, erhalten.

Auerhahn Er ist der größte Vogel unserer Bergwälder. Der Hahn ist fast einen Meter lang und dunkelgrau, die Henne ist kleiner und rotbraun. Im Frühling, im Morgengrauen, lockt der Auerhahn die Henne, er „balzt“. Dabei breitet er die Schwanzfedern wie einen Fächer aus und ist wie taub und blind. Deshalb wurde er in dieser Zeit gerne gejagt. Heute steht er unter Naturschutz.

Auge Mit den Augen sehen wir. Die dunkle Pupille in der Mitte des Auges ist das Sehloch. Es läßt das Licht in das Innere unseres Augapfels. Um die Pupille herum sehen wir die Regenbogenhaut, sie kann blau, grau, braun oder grün sein. Welche Augenfarbe hast du? Das Weiße im Auge ist ein Teil des Augapfels. Er ist frei beweglich, sodaß man nach allen Seiten schauen kann. Das Augenlid mit den Wimpern und die Augenbrauen schützen das Auge. Wenn dir etwas ins Auge fällt, beginnt es zu tränen. Und das ist gut so. Mit den Tränen wird alles wieder weggespült.

Ausgestorbene Tiere Im Museum hat Andreas das Skelett eines ☛ Mammuts gesehen, das vor Tausenden von Jahren bei uns gelebt hat, aber auch das Knochengerüst von ☛ Sauriern. Diese riesengroßen Tiere haben 150 Millionen Jahre die Erde beherrscht, vor 70 Millionen Jahren sind sie ausgestorben. Die Zahl der Tierarten, die bereits ausgestorben sind, ist viel größer als die Zahl der heute lebenden. Viele Tiere wurden vom Menschen ausgerottet. Auch heute sind viele Tierarten vom Aussterben bedroht, zum Beispiel der Steinadler in unseren Bergen, der Tiger in Indien, der Elefant in Afrika, die riesigen Wale in den Weltmeeren. Die Menschen zerstören ihren Lebensraum oder töten sie aus purer Gewinnsucht. Der ☛ Naturschutz trachtet, die Tiere vor dem Aussterben zu schützen.

Ausland „Wir waren in den Ferien im Ausland", erzählt Angelika. Dort sprechen die Menschen eine andere Sprache. Auch das Essen schmeckt anders, und viele Sitten sind uns ungewohnt. Man fühlt sich im Ausland ein wenig fremd. Aber man sieht auch viel Neues und lernt ein Stück Welt und ihre Menschen kennen. Ausland nennen wir alle Länder jenseits der Grenze unseres Heimatlandes.

Ausstellung Die Kinder haben mit den Eltern die Buchausstellung im Rathaus besucht. Im Museum gibt es gleichzeitig eine Kunstausstellung. Es gibt Ausstellungen der verschiedensten Art, manche heißen auch Messen. Von einer Möbelmesse und einer Automesse hat Alex kürzlich in der Zeitung gelesen. Alle fünf Jahre wird eine Weltausstellung veranstaltet. Auf ihr zeigen viele Länder der Erde ihre schönsten und wichtigsten Erzeugnisse.

Australien Annikas liebstes Kuscheltier ist ihr Koalabär. Seine Heimat ist Australien. Das ist der kleinste Erdteil und dazu noch ein besonderer. Dort gibt es Tiere und Pflanzen, die sonst nirgendwo auf der Erde vorkommen: Bäume, die höher sind als der höchste Kirchturm, es sind die Eukalyptusbäume. Grasbäume haben Blätter wie Grasbüschel. Beuteltiere, wie das ☛ Känguruh, tragen ihr Junges in einem Beutel am Bauch. Das Schnabeltier hat statt der Schnauze einen Schnabel und legt Eier. Der Emu ist ein Vogel, so groß wie ein Mann, und kann nicht fliegen.
Australien wird auch als der jüngste Erdteil bezeichnet, weil er erst nach 1600 von eu-

ropäischen Seefahrern entdeckt wurde. Die Ureinwohner haben eine dunkelbraune Haut und dunkelbraunes, meist lockiges Haar. Sie lebten wie Steinzeitmenschen und streiften als Jäger und Sammler durch die Steppen. Heute sind sie fast ausgestorben, nur mehrere zehntausend leben noch. Zur Jagd benützen sie auch den Bumerang, ein Wurfgerät aus Holz, das nach dem Wurf in weitem Bogen wieder zurückkehrt. Die heutigen Einwohner sind Weiße, die meisten stammen aus England, Schottland und Irland.

Australien ist ein heißer und trockener Erdteil. Er ist von uns am weitesten weg, nämlich auf der uns gegenüberliegenden Seite der Erdkugel. Wenn bei uns Sommer ist, ist dort Winter. Der größte Teil Australiens sind Wüsten- und Grasgebiete. Auf den Grasfluren weiden Millionen von Schafen und riesige Rinderherden. Durch Tausende von Brunnen wird Wasser aus der Erde geholt. Die Schafe liefern soviel Wolle, daß sie in alle Länder verkauft wird. Am Ostrand des Erdteils verläuft ein langer Gebirgszug. Im Südosten Australiens, in den Flußtälern, liegt fruchtbares Ackerland mit großen Weizenfeldern. Hier gibt es auch große Städte, zum Beispiel Sydney. Zum Erdteil Australien gehört auch die Insel Neuguinea im Norden sowie die Doppelinsel Neuseeland im Südosten.

Zu Beginn unseres Jahrhunderts sahen Autos wie Kutschen ohne Pferde aus.

Ein Rennwagen von 1902: Sein Motor war so stark wie bei einem kleinen Motorrad von heute.

Der kleine Fiat-Topolino rollte einst durch ganz Europa.

Der Volkswagen „Käfer" war das beliebteste Auto der Nachkriegszeit.

Ein Porsche: schnell, elegant und teuer.

Der Rolls-Royce gilt als vornehmstes Auto der Welt.

Auto „Ich muß heute in die Stadt, da kann ich dich bei der Schule absetzen", sagt die Mutter beim Frühstück. Armin freut sich, daß er in Mutters Auto mitfahren kann. Er nimmt auf dem Rücksitz Platz und schnallt sich den Autogurt um. Die Mutter lenkt den Wagen sicher durch die Straßen. Sie hat schon vor vielen Jahren die Fahrprüfung abgelegt und den „Führerschein" bekommen, damit sie ein Auto lenken darf. Das Wort Auto stammt von Automobil, das bedeutet Selbstbeweger. In früherer Zeit wurden alle Wagen von Pferden oder Ochsen gezogen, das Auto dagegen bewegt sich „von selbst", allerdings braucht es einen Motor. Der wird mit ☛ Benzin oder Dieselöl angetrieben. 1875 baute der Wiener Mechaniker Siegfried Marcus das erste Benzinauto. Danach wurden die Autos von Daimler und Benz rasch verbessert. Sie bekamen Luftreifen, die äußere Form wurde schnittiger, das Innere bequemer, der Motor immer stärker. Mit dem Personenkraftwagen (PKW) ist das Reisen wirklich einfach geworden. Mit Lastkraftwagen (LKW) werden schwere Lasten von Stadt zu Stadt, von Land zu Land transportiert. Heute fährt fast jeder Erwachsene ein Auto. Deshalb kommt es auf unseren Straßen oft zu einem Verkehrsstau und zu vielen Verkehrsunfällen. Die Abgase des Autos sind giftig und schädigen die Umwelt. Heute werden Katalysatoren eingebaut, um das Gift der Auspuffgase zu vermindern.

Ein großer „Amerikaner“ aus den fünfziger Jahren.

Japanische Autos fahren heute in aller Welt. Hier ein Suzuki-Geländewagen.

Autobahn Andreas wohnt in der Stadt. Er fährt fast jedes Wochenende mit seinen Eltern auf der Autobahn zu ihrem Haus auf dem Land. Auf der Autobahn fahren die Autos viel schneller als auf allen anderen Straßen. Sie fahren alle in einer Richtung, kein anderes Auto kommt ihnen entgegen. Denn für jede Fahrtrichtung gibt es eine eigene Fahrbahn mit zwei oder mehreren Fahrspuren. Es gibt keine gefährlichen Kreuzungen, weil keine Straßen die Autobahn überqueren. Fahrräder, Mopeds, Traktoren, Pferdefuhrwerke dürfen die Autobahn nicht benützen, weil sie zu langsam fahren. Für parkende Autos gibt es eigene Park- und Rastplätze. Obwohl Autobahnen Schnellstraßen sind, darf auch nicht unbegrenzt schnell gefahren werden. Rücksichtsloses Rasen ist immer gefährlich, besonders bei Regen und Nebel.

Autobus nennt man ein großes Auto, mit dem man viele Personen befördern kann. Der Schulbus bringt die Kinder zur Schule. Mit Reisebussen fahren viele Menschen in den Urlaub. In den Großstädten werden oft Straßenbahnen durch Busse ersetzt.

Automat „Vati, darf ich mir aus dem Automaten einen Kaugummi holen?“ bittet Astrid. Der Vater gibt ihr eine Münze. Astrid steckt sie in einen Schlitz, drückt auf einen Knopf, und unten kommt das Päckchen mit Kaugummi heraus. Automaten sind Maschinen, die allein etwas erledigen. Es gibt Automaten für Zigaretten, Briefmarken, Getränke, Fahrkarten und vieles andere. Es gibt aber auch große Automaten, die ohne menschliches Zutun Maschinen oder Autos herstellen. Solche Automaten nennt man ☛ Roboter. Auch Mutters Waschmaschine und Spülmaschine sind Automaten. Und der Vater hat im Auto eine automatische Schaltung.

Axt Sie ist eines der ältesten Werkzeuge des Menschen. In früherer Zeit hat man sie auch als Waffe benützt. Eine Axt besteht aus einem keilförmigen Eisenteil mit scharfer Schneide, der an einem hölzernen Stiel befestigt ist. Es gibt Äxte verschiedener Form und Größe. Der Holzfäller braucht eine große Axt, zum Holzspalten genügt eine kleinere. Der Fleischer braucht eine Axt mit breiter Schneide zum Zerkleinern der Knochen. Diese Axt nennt man Beil.

Baby (sprich: bejbi) Birgit hat ein Schwesterchen bekommen. Es ist ein kleines, liebes Baby. Wenn es weint und hungrig ist, nimmt die Mutter das Baby an die Brust und läßt es trinken. Es saugt so lange, bis es satt ist. Darum nennt man das Baby auch Säugling. Wenn die Mutter das Baby nicht mit ihrer Milch ernähren kann, wird es mit dem Fläschchen gefüttert. Mehrmals am Tag müssen auch die Windeln gewechselt werden, weil sich das Baby naß macht. Wenn Mutter und Vater ausgehen, kommt die Tante als Babysitter. Sie gibt auf das Baby acht. „Babysitter“ ist das englische Wort für jemanden, der beim „Baby sitzt“.

Bachstelze Am Bachrand läuft ein zierlicher Vogel flink hin und her und wippt immerzu mit seinem langen Schwanz. Das ist die Bachstelze, sie ist ein Singvogel. Im Herbst fliegt sie in wärmere Länder. Lies: Zugvögel.

Bäcker Beim Bäcker kaufen wir das ☛ Brot. Er backt viele Brotsorten: Brötchen oder Semmeln, Hörnchen oder Kipferln, Salzstangerln, Brezeln, weiße und braune Brotlaibe und Wecken. Das dunkle Brot ist ein Vollkornbrot. Auch Kuchen und Kekse gibt es in unserer Bäckerei. Denn unser Bäcker ist auch ein Zuckerbäcker (Konditor).Ganz zeitig in der Früh steht der Bäcker in seiner Backstube und mischt den Teig aus Mehl, Wasser, Salz und anderen Zutaten. Früher war das Kneten des Teiges eine schwere Arbeit, heute macht das die Teigmaschine.

Bagger Das ist eine große Baumaschine, man sieht sie auf Baustellen. Mit seinen riesigen Schaufeln oder Greifern kann der Bagger Schutt, Steine und Erde ausheben und an anderer Stelle entleeren. Ein anderer Bagger, der Schwimmbagger, holt vom Grund des Flusses Schlamm und Geröll herauf. Er vertieft das Flußbett.

Bahnhof Bernd fährt mit seinen Eltern auf Urlaub. Sie fahren mit der ☛ Eisenbahn. Die Bahnhofshalle ist voller Menschen; sie sind gerade mit einem Zug angekommen oder reisen ab. Manche geben ihr Gepäck in die Gepäckaufbewahrung, oder sie stellen es in ein Schließfach. Im Wartesaal warten Reisende auf die Abfahrt ihres Zuges. Abfahrt und Ankunft der Züge sind auf Tafeln angezeigt. Auch Läden mit Eßwaren, Zeitungen und Büchern gibt es im Bahnhof. Am Fahrkartenschalter kauft Vater die Fahrkarten. Ihr Zug wird auf Bahnsteig 3, Gleis 6 einfahren. Der Fahrdienstleiter gibt dem Zug das Zeichen zur Abfahrt.

Ballon „Schau, dort fliegt ein Luftballon!“ Der Ballon ist mit einem Gas gefüllt, das leichter ist als Luft, daher steigt er in die Höhe. Wenn du an deinem Luftballon die Schnur nicht festhältst, fliegt er davon. Es gibt große Ballons, an denen ein Ballonkorb hängt. Darin können zwei bis drei Menschen eine Ballonfahrt unternehmen. Für die Wettervorhersage läßt man Ballons mit Meßgeräten aufsteigen.

Bakterien „Meine Freundin hat Masern“, erzählt Birgit. „Ich darf sie nicht besuchen, weil diese Krankheit ansteckend ist.“ Ansteckende Krankheiten werden durch winzige Lebewesen, die Bakterien, übertragen. Man kann sie mit bloßem Auge nicht sehen, nur durch ein ☛ Mikroskop. Sie sind überall, in der Luft, in der Erde und im Wasser. Sie werden auch durch schmutzige Hände übertragen. Darum: vor dem Essen immer Hände waschen! Es gibt aber nicht nur gefährliche Bakterien, es gibt viele nützliche. Ohne Bakterien gäbe es keinen Käse, keinen Joghurt und keinen Essig. Sie machen auch unsere Äcker fruchtbar.

Ballspiele Auf dem Bild siehst du Ballspiele, die auch Kinder spielen können. Du spielst sicher gerne mit dem Ball und kennst wohl schon einige dieser Spiele. Welches Ballspiel ist dein Lieblingsspiel? Lies auch nach bei: Basketball, Fußball, Federball, Handball, Tennis, Tischtennis.

Bambus ist ein Gras, das bis zu 40 Meter hoch werden kann – etwa doppelt so hoch wie ein Kastanienbaum. Es wächst in den heißen Gegenden Amerikas, Asiens und Afrikas. Dort bildet es undurchdringliche Wälder. Die Halme verholzen, und es entsteht das sehr feste, aber leichte Bambusrohr. Man verwendet es zum Bauen von Hütten, Flößen und Einrichtungsgegenständen. Die jungen Bambustriebe sind ein gutes Gemüse. Sie schmecken auch dem Pandabären.

Bananen sind ☛ Südfrüchte. Sie wachsen in den heißen Gegenden Mittel- und Südamerikas und in Afrika. Auf hohen Stauden mit riesigen Blättern hängen Fruchttrauben mit vielen Bananen. Die Banane ist nahrhaft und schmeckt gut. Die Bananenpflanze trägt nur einmal Früchte. Ihre Blätter werden von den Eingeborenen zum Dachdecken verwendet.

Bank Bernd hat in seinem Sparschwein Geld gespart. Er geht mit seiner Mutter in die Bank, legt das Geld dort ein und erhält ein Sparbuch. Je länger er das Geld auf der Bank läßt, umso mehr bekommt er zurück. Die Bank zahlt dem Sparer Zinsen für seine Spareinlagen. Wer sich aber Geld von der Bank leiht, einen Kredit aufnimmt, der muß dafür eine Leihgebühr, also Zinsen zahlen.

Bär Hast du schon Meister Petz, den Braunbären (1), im ☛ Zoo gesehen? Dieses große ☛ Raubtier mit seinem dichten dunkelbraunen Pelz ist nicht so plump, wie es aussieht. Der Bär kann schnell laufen, gut schwimmen und klettern. Früher haben viele Bären in den Alpen gelebt. Seit einigen Jahren gibt es in Österreich wieder einen Bären; man hat ihm auch eine Bärenfrau zugeführt. Braunbären leben in den Karpaten, am Balkan und in den weiten Waldgebieten Nordeuropas und Rußlands. Sie fressen nicht nur Fleisch, sie lieben auch Früchte, Beeren und Honig. In Nordamerika leben der große Graubär oder Grisly und der kleine Waschbär, in China der Panda (2), in der Arktis der zottige weiße ☛ Eisbär.

Barometer „Morgen werden wir wahrscheinlich schönes Wetter haben", sagt der Vater. „Das Barometer steigt." Mit dem Barometer wird der Luftdruck gemessen. Es steigt, weil der Luftdruck hoch ist, und das bedeutet meist schönes Wetter. Bei niedrigem Luftdruck „fällt" das Barometer, das Wetter wird schlecht. Ganz sicher aber kann man das ☛ Wetter nie voraussagen.

Basteln macht allen Kindern, aber auch Erwachsenen Spaß! Aus buntem Papier, Holz, Stroh, Bast und vielen anderen Materialien lassen sich die schönsten Dinge zaubern: Aus Papier faltet Barbara ein Schiff, einen Flieger, ein Windrad und einen Becher. Buntpapier verwandelt Birgit im Nu in lange bunte Ketten. Und Bernd schneidet aus Karton allerlei Tiere aus. Bruno bastelt einen Papierdrachen mit einem lustigen Gesicht und einem langen Schwanz. Er hat sogar einen kleinen Werkzeugkasten für Laubsägearbeiten.

Basketball ist ein Korbballspiel, das in der Halle gespielt wird. „Basket" ist das englische Wort für Korb. Der Korb ist ein Netz, das oben und unten offen ist. Es hängt etwa 3 Meter hoch über dem Boden. Zwei Mannschaften mit je fünf Spielern versuchen, einen Ball in den Korb des Gegners zu werfen. Wer die meisten Körbe wirft, ist Sieger.

Batterie Deine Taschenlampe brennt nicht mehr, schuld daran ist die Batterie. Sie liefert keinen elektrischen Strom mehr, sie ist verbraucht. Bernd gibt neue Batterien hinein, und schon leuchtet die Lampe wieder. Batterien haben elektrische Energie gespeichert. Für Radios, Uhren und Rekorder braucht man kleine Batterien, Autos brauchen große. Alte Batterien darf man nicht in den Mülleimer werfen. Sie sind Sondermüll und kommen in einen eigenen Behälter.

Bauer Er heißt auch Landwirt, weil er das Land bewirtschaftet. Der Bauer erzeugt die Nahrungsmittel, die wir zum Leben brauchen. Ohne ihn gäbe es kein Brot, keine Milch, kein Fleisch, kein Gemüse und Obst. Früher war die Arbeit des Bauern hart und mühsam. Pflügen, Säen und Mähen, alles mußte mit der Hand getan werden. Knechte und Mägde halfen bei der Arbeit. Heute gibt es Maschinen und Geräte, die die Arbeit erleichtern: Traktor, Sä- und Mähmaschine, Mähdrescher, Melkmaschine. Nicht nur der ☛ Acker muß bearbeitet, auch die Tiere im Stall und auf der Weide müssen versorgt werden. Der Bauer zieht Rinder, Schweine, ☛ Geflügel, manchmal auch Pferde groß. Er verkauft ☛ Getreide, Vieh, Milch, Eier und alles andere, was er erzeugt, an die Genossenschaft, manches auch auf dem Markt. Besonders hart ist die Arbeit des Bergbauern. Die Futterwiesen für seine Rinder, Schafe und Ziegen liegen oft auf steilen Berghängen. Maschinen können ihm da nur wenig helfen. Er muß das Gras mit der Sense mähen und das Heu ins Tal hinuntertragen. Der Bergbauer pflegt und schützt auch die Berglandschaft für uns!

Der Beruf des Bauern muß genauso erlernt werden wie jeder andere Beruf: Wer Bauer werden will, muß eine Landwirtschaftsschule besuchen. Hast du schon einmal deine Ferien auf einem Bauernhof verbracht? Dann weißt du, wie es dort aussieht und was es alles zu tun gibt. Erkennst du manches auf unserem Bild wieder?

Baumwolle „Wächst diese Wolle auf einem Baum?“ will Birgit wissen. Nein, das gerade nicht, aber auf einem Strauch. Der Baumwollstrauch gedeiht in heißen Ländern. Die weißen Samenhaare, die aus den Kapseln der reifen Früchte quellen, werden von Baumwollpflückern eingesammelt, zu Fäden versponnen und zu Stoffen verarbeitet. Du wirst sicher auch Blusen, Kleider oder Wäsche aus Baumwolle haben.

Bazillen sind ☛ Bakterien, die die Form eines Stäbchens haben.

Bäume sind die größten Pflanzen der Erde. Jeder Baum hat Wurzeln, einen verholzten Stamm, Äste und Zweige mit Blättern. Diese bilden die Baumkrone. Jeder Baum hat andere Blätter. Sind die Blätter besonders schmal und spitz, werden sie Nadeln genannt, die Bäume ☛ Nadelbäume. Die ☛ Laubbäume haben breite flache Blätter. Im ☛ Wald stehen viele Bäume nebeneinander. Es gibt Bäume, die höher sind als ein Kirchturm, zum Beispiel der Eukalyptusbaum in Australien. Der Stamm des Affenbrotbaumes kann einen Umfang von 40 Metern erreichen. Bäume können sehr alt werden, die Zypresse zum Beispiel 7000 Jahre. Bäume sind lebenswichtig für den Menschen und die Umwelt. Sie halten die Luft rein und geben Sauerstoff ab, den wir zum Leben brauchen. Ihre Wurzeln festigen das Erdreich und speichern die Feuchtigkeit.

Beeren Im Sommer und im Herbst werden diese saftigen Früchte reif: die rote, schwarze oder hellgelbe Johannisbeere oder Ribisel (1), die Stachelbeere (2), die Heidelbeere (3), die Preiselbeere und die Weinbeere. Sie haben viele Samenkörner in ihrem Fruchtfleisch. Die Erdbeere, die Himbeere und die Brombeere sind keine echten Beeren; sie sehen nur wie Beeren aus. Ihr Fruchtfleisch besteht aus vielen winzigen Früchten. Dagegen werden Apfelsinen, Tomaten (4), Gurken, Melonen, Kürbisse und Bananen zu den Beeren gezählt.

Benzin Die meisten Autos fahren mit Benzin. Dieser Treibstoff wird aus Erdöl gewonnen. Auch Flugzeuge und Motoren brauchen Benzin. Der Vater füllt sein Feuerzeug mit Benzin. Benzin ist giftig. Die Abgase der Motoren schädigen die Umwelt. Benzin ist auch feuergefährlich. Ein Funke schon kann Benzin entzünden.

Beet Birgits Eltern haben einen ☛ Garten. Da gibt es Gemüsebeete mit Salat, Spinat, Möhren, Tomaten. Birgit hat ein Radieschenbeet. Das darf sie ganz allein pflegen. Daneben gibt es ein Beet mit bunten Sommerblumen und ein Rosenbeet.

Behinderte Bernds Onkel hat einen schweren Autounfall gehabt. Seine Beine sind gelähmt, er kann sich nur im Rollstuhl fortbewegen. Auch durch Krankheit können Menschen zu Behinderten werden, manche werden schon behindert geboren. Es gibt nicht nur Gehbehinderte, auch ☛ blinde und ☛ taube Menschen sind behindert. Geistig Behinderte können nur schwer lernen und sind oft hilflos. Manchmal müssen sie in Pflegeanstalten leben. Behinderte Menschen brauchen unsere Hilfe und Zuwendung.

Belgien ist ein Nachbarland Deutschlands. Die Hauptstadt ist Brüssel.

Berge Es gibt niedrige, hohe und steile Berge. Weißt du, daß der höchste Berg über 8800 Meter hoch ist? Es ist der Mount Everest in ☛ Asien. Der höchste Berg in Europa ist der Montblanc in den ☛ Alpen, er ist 4800 Meter hoch. Die Gipfel der höchsten Berge sind mit Gletschern bedeckt. Zusammenhängende Berggruppen bilden ein Gebirge. Je höher wir auf einen Berg steigen, desto kälter wird es. Im Hochgebirge wachsen keine Bäume, nur Zwergsträucher. Seilbahnen und Sessellifte machen es heute leicht, auf hohe Berge zu gelangen. Ein richtiger Bergwanderer oder Bergsteiger geht zu Fuß. Kennst du die Berge in deiner Umgebung?

Bergwerk Es ist wie eine Fabrik unter der Erde. Die Bergleute holen Kohle, Eisenerz, Salz und andere Bodenschätze aus dem Inneren der Erde. Sie betreiben Bergbau. Durch einen senkrechten Hauptschacht fahren die Bergleute mit Grubenlampen am Helm oft viele hundert Meter tief in das Bergwerk ein. Sie arbeiten in den waagrechten Seitengängen, den Stollen, die zu den Erzlagern führen. In Förderkörben werden die abgebauten Bodenschätze nach oben gebracht. Die Arbeit eines Bergmanns ist schwer und oft gefährlich. Unten in der Tiefe ist es sehr heiß. Die Luft ist staubig, sie muß ständig abgesaugt werden. Durch den Wetterschacht strömt frische Luft nach. Wenn sich Grubengas bildet, kann es zu einer Explosion, einem „Schlagwetter“, kommen. Die Bergleute wünschen sich deshalb „Glück auf!“, wenn sie in das Bergwerk einfahren.

Berlin ist die größte Stadt von ☛ Deutschland, sie hat rund vier Millionen Einwohner. In ihrer Umgebung gibt es viele Wälder und kleine Seen. Nach dem Zweiten Weltkrieg wurde die Stadt geteilt. West-Berlin wurde 1949 ein Teil der Bundesrepublik, Ost-Berlin die Hauptstadt der Deutschen Demokratischen Republik. 1961 wurde zwischen Ost- und West-Berlin eine hohe Mauer errichtet, so daß die Bewohner Ost-Berlins nicht mehr in den Westen kommen konnten. Im Herbst 1989 wurde die Grenze geöffnet, die „Berliner Mauer“ niedergerissen. Die Bewohner von West- und Ost-Berlin können wieder frei durch das Brandenburger Tor gehen, das unser Bild zeigt. Seit der Vereinigung der beiden deutschen Staaten im Herbst 1990 ist Berlin wieder die Hauptstadt Deutschlands.

Bernhardiner Bernd kennt einen Bernhardiner. Er sieht den kalbsgroßen Hund immer wieder in Nachbars Garten. Sein langhaariges Fell ist rot und weiß gefleckt. Obwohl er sehr groß ist, fürchtet sich Bernd nicht vor ihm. Bernhardiner sind gutmütig, sie lieben Kinder. Der Name geht zurück auf das St.-Bernhards-Hospiz in der Schweiz, wo die Hunde zur Rettung verunglückter Wanderer gezüchtet wurden.

Berufe Peter ist bei einem *Mechaniker* in der Lehre. Er lernt, wie man Autos repariert. Die Arbeit freut ihn sehr. Er kennt alle Autotypen.

„Einsteigen! Türen schließen! Abfahrt!" Der Zug rollt aus der Halle. Sicher führt ihn der *Lokomotivführer* durch das ganze Land.

Aus Ziegeln oder Fertigteilen aus Beton errichtet der *Maurer* ein Haus. Zuerst wird das Fundament betoniert. Dann werden die Wände aufgebaut. Zuletzt werden sie verputzt.

Die *Lehrerin* unterrichtet die Schüler in der Schule. In der ersten Klasse lernen die Kinder lesen, schreiben und rechnen. Sie basteln auch und singen und spielen.

Bald ist es Winter, und die Öfen werden geheizt. Da darf der Schornstein nicht verstopft sein. Der *Schornsteinfeger* kommt und kehrt ihn sauber.

Die *Köchin* kocht im Gasthof für die Gäste. Ihre Speisen schmecken gut und sind appetitlich angerichtet. Sie weiß aber auch, wie man gesundes Essen kocht.

In einem Laboratorium arbeitet die *Chemikerin.* Sie untersucht Lebensmittel, ob sie keine schädlichen Stoffe enthalten und verkauft werden dürfen.

Die *Sekretärin* arbeitet in einem Büro. Sie muß Briefe schreiben, Rechnungen ausstellen, Telefonverbindungen herstellen. Wenn jemand den Chef sprechen will, muß er sich zuerst bei ihr anmelden.

Das sind nur einige der vielen Berufe, die es gibt. Männer und Frauen können sie erlernen. Mit ihrem Beruf verdienen die Menschen das Geld, das sie zum Leben brauchen. Viele Berufe erlernt man durch eine Lehrzeit in einem ☛ Betrieb. Für andere Berufe muß man Fachschulen besuchen. Hast du schon einmal nachgedacht, was du für einen Beruf erlernen willst?

Beton ist ein wichtiger Baustoff. Bernd hat auf einer Baustelle gesehen, wie Beton hergestellt wird. In einer Mischmaschine werden Zement, Sand, Kies und Wasser durcheinandergemischt. Der Brei muß gleich verarbeitet werden, weil er in kurzer Zeit an der Luft so hart wie Stein wird. Beton wird für den Bau von Häusern, Brükken und Straßen verwendet.

Betrieb Das ist eine Arbeitsstätte, in der Menschen miteinander arbeiten. Der Vater arbeitet im Krankenhaus, die Mutter in einem Kaufhaus, der Onkel in einer Bank. Auch die ☛ Fabrik ist ein Betrieb. Die Handwerker arbeiten in einem Handwerksbetrieb, zum Beispiel in einer Tischlerei.

Bibel heißt die Heilige Schrift der Christen. Sie erzählt im „Alten Testament" von der Erschaffung der Welt und der Geschichte des jüdischen Volkes. Das „Neue Testament" berichtet vom Leben Jesu und vom Wirken der Apostel nach seinem Tod.

Biber Dieses Nagetier lebt im Wasser und am Wasser, dessen Ufer mit Bäumen bewachsen ist. Früher war der Biber in Europa weit verbreitet. Wegen seines wertvollen dunkelbraunen Pelzes wurde er fast ausgerottet. Nun hat man ihn wieder angesiedelt, er ist streng geschützt. Der Biber ist ein guter Schwimmer und Taucher. Die Hinterfüße, deren Zehen durch Schwimmhäute verbunden sind, dienen als Ruder, der breite Schwanz als Steuer. Der Biber ist ein großer Baumeister. Er baut mit seiner Familie in Uferwänden eine Wohnhöhle oder an flachen Stellen im Fluß oder im See eine kuppelförmige Wohnburg. Sie ist oft mehr als zwei Meter hoch. Zum Bauen verwendet er dicke Äste. Mit seinen scharfen Zähnen nagt er so lange an den Bäumen, bis sie umfallen. Jetzt kann er Ast für Ast abtrennen und zum Wasser schleppen. Damit der Zugang zu seiner Burg unter Wasser bleibt, errichtet er Dämme, die das Wasser stauen. Der Biber frißt Blätter, Zweige, Rinde und Kräuter.

Bibliothek Das ist eine ☛ Bücherei.

Biene Wir freuen uns, wenn im Garten viele Bienen den Blütenstaub von einer ☛ Blüte zur anderen tragen. Denn das bedeutet, daß es viel Obst geben wird. Bernd kennt einen Imker, das ist ein Bienenzüchter (die Biene nannte man früher „Imme"). Er hat ein Bienenhaus mit mehreren Bienenstöcken. In jedem Stock wohnt ein Bienenvolk mit einer Königin, mit vielen tausend Arbeitsbienen und etwa tausend Drohnen. Die Königin ist die größte Biene. Sie legt täglich über tausend Eier, aus denen die Larven schlüpfen, die dann zu Bienen werden. Die Drohnen sind die Männchen, sie sind nur wichtig für die Fortpflanzung. Die Arbeitsbienen sind kleiner. Sie halten den Stock sauber, füttern die Larven mit Honig und Blütenstaub und bauen mit Wachs, das sie ausscheiden, die sechsekkigen Zellen der Waben. Sie sammeln von den Blüten den Blütenstaub und den Nektar, das ist der Blütensaft, ein. Im Honigmagen der Biene wird der Nektar zu Honig, den sie in den Zellen der Waben speichert. Die Arbeitsbiene hat am Hinterleib einen Stachel. Wenn sie sticht, reißt ein Teil des Hinterleibs ab, und sie geht zugrunde. Der Imker bekommt von einem Bienenvolk 10–15 kg Honig im Jahr. Es gibt viele tausend Bienenarten.

Bier Der Vater trinkt zum Essen gerne ein Glas Bier. Dieses Getränk war schon in alter Zeit beliebt. Es wird aus Gerste gebraut. Hopfen gibt ihm den bitteren Geschmack. Kinder dürfen es nicht trinken, weil es ☛ Alkohol enthält.

Birke Sie ist ein Laubbaum und wächst in Gärten, an Straßen und im Gebirge. Du erkennst sie an der weißen Rinde und an den hängenden Zweigen mit den hellgrünen Blättern. Die Blüten sind Kätzchen. Aus Birkenholz macht man Möbel.

Birne Im Obstgarten stehen drei Birnbäume. Jeder Baum trägt eine andere Sorte. Es gibt Sommer-, Herbst- und Winterbirnen. Birnen sind saftig und schmecken gut. Sie sind bei uns neben den ☛ Äpfeln das beliebteste Kernobst.

b

Blätter ☛ Bäume, Sträucher und Blumen haben Blätter. Mit ihnen atmen die Pflanzen. Sie versorgen auch die Pflanzen mit Nährstoffen. Im Herbst werden die Blätter der ☛ Laubbäume gelb oder rötlich und fallen ab. Aber im Frühling wachsen aus den Knospen neue Blätter.

blind Auf dem Schulweg trifft Bernhard einen blinden Mann. Er trägt eine gelbe Armbinde mit drei schwarzen Punkten. In der Hand hat er einen weißen Stock, mit dem er den Rand des Gehsteiges abtastet. Beim Überqueren der Straße reicht ihm Bernhard die Hand und hilft ihm. Viele Blinde haben einen ausgebildeten Blindenhund, der sie führt. Manche Menschen werden blind geboren, andere sind durch Krankheit oder einen Unfall blind geworden. Obwohl sie nicht sehen, können sie lesen lernen. Die Blindenschrift besteht aus Punkten, die in das Papier eingedrückt sind. Mit ihren empfindlichen Fingerspitzen tasten die Blinden diese Punkte ab und können ganz rasch die Wörter erfassen. Auf diese Weise können Blinde auch Berufe erlernen und ein normales Leben führen.

Blitz Beim letzten ☛ Gewitter hat ein Blitz in den Kirchturm eingeschlagen. Es hat furchtbar gekracht, denn auf jeden Blitz folgt ein ☛ Donner. Zum Glück ist nichts passiert, weil der Kirchturm einen Blitzableiter hat. Dieser leitet den Blitz in die Erde ab und verhindert, daß ein Brand entsteht. Der Blitz ist ein gewaltiger elektrischer Funke, der von einer Gewitterwolke zur anderen oder zur Erde springt. Dabei schlägt er vor allem in hohe Gebäude oder in Bäume ein.

Blockflöte heißt ein einfaches Musikinstrument. Es besteht aus einer Holzröhre, in die Löcher gebohrt sind. An einem Ende ist ein Mundstück, das man zwischen die Lippen nimmt. Durch Blasen und durch Greifen der Löcher werden die Töne erzeugt. Viele Kinder lernen die Blockflöte spielen.

Blumen Brigitte soll verschiedene Blumen zeichnen. Das ist gar nicht schwer. Im Garten und auf der Wiese blühen sie ja in allen Farben. Es gibt Blumen, die nur im Frühling blühen, andere blühen im Sommer oder im Herbst. Die Blumen werden von ☛ Bienen, Hummeln und Schmetterlingen umschwärmt, die aus den Blüten den Blütensaft saugen. Auch im Haus hat Mutter viele Blumen, die ☛ Zimmerpflanzen. Und sogar im Winter bringt sie manchmal einen Blumenstrauß nach Hause. Diese Blumen werden vom Gärtner in Gewächshäusern gezogen.

Blut Ohne Blut kann man nicht leben. Es versorgt unseren Körper mit Sauerstoff und Nährstoffen. Das Blut wird vom Herzen durch die ☛ Adern in alle Körperteile gepumpt. Dabei nimmt es aus der ☛ Lunge den Sauerstoff, den wir einatmen, auf. Durch den ☛ Darm gelangen die Nahrungsstoffe, die wir mit dem Essen aufnehmen, in das Blut. Im Körper eines Erwachsenen fließen rund sechs Liter Blut.

Blüten haben eine wichtige Aufgabe: sie sorgen für die Fortpflanzung der Pflanze. Wie du auf dem Bild siehst, ist in der Mitte der Blüte der Griffel (1) mit der Narbe oben (2) und dem Fruchtknoten unten (3). Rundherum stehen die Staubgefäße (4) mit dem Blütenstaub (Pollen) und die Blütenblätter (5). Wenn der Blütenstaub durch ☛ Insekten oder den Wind auf eine andere Blüte übertragen wird und auf die Narbe fällt, entwickelt sich aus dem Fruchtknoten eine Frucht. Sie enthält die Samen, aus denen neue Pflanzen wachsen können.

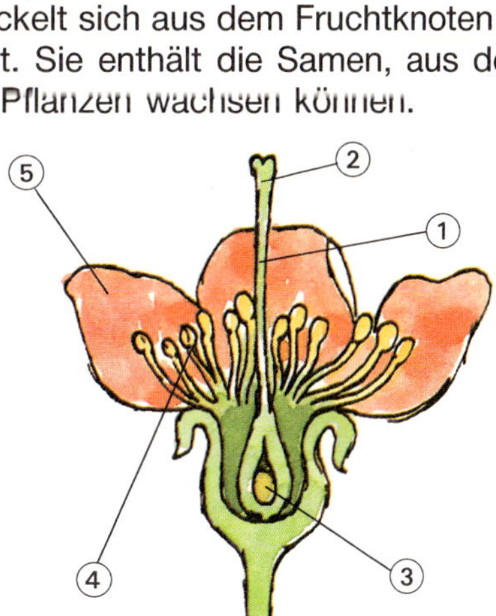

Bogen Bruno hat einen Bogen bekommen, dazu einen Pfeil und eine Zielscheibe. Der Pfeil hat allerdings keine Spitze, sondern einen Gummistöpsel, mit dem er an der Zielscheibe haften bleibt. Wenn Bruno die Sehne mit dem Pfeil kräftig spannt, fliegt der Pfeil „pfeilschnell" durch die Luft. In früherer Zeit waren Pfeil und Bogen eine gefährliche Waffe bei der ☛ Jagd und im ☛ Krieg. Heute ist Bogenschießen ein Spiel für Kinder und ein Sport für Erwachsene.

Bohrer nennt man Werkzeuge, mit denen man in Holz, Mauerwerk oder Metall Löcher bohren kann. Vater hat in seinem Werkzeugkasten einen kleinen Handbohrer. Der Tischler und andere Handwerker, aber auch viele Heimwerker arbeiten mit elektrischen Bohrern. Die gewaltigsten Bohrer sind in Bohrtürmen. Mit ihnen wird oft Tausende Meter tief nach Erdöl oder Erdgas gebohrt.

Boje Das Bad im See ist von Bojen begrenzt. Schwimmer müssen diese Grenze beachten. Bojen sind Schwimmkörper aus Metall oder Kunststoff, die am Boden verankert sind. Sie sind Verkehrszeichen auf dem Wasser. Im ☛ Hafen weisen sie den Schiffen den Weg zu den Anlegeplätzen. Es gibt auch Leuchtbojen, die nachts Lichtzeichen aussenden.

Bombe Im Fernsehen hat Bernhard Bilder aus einem Land gesehen, in dem Krieg herrscht. Da waren Häuser von einer Bombe völlig zerstört worden. „Eine Bombe ist ein Hohlkörper aus Metall, der mit Sprengstoff gefüllt ist", erklärt der Vater. „Beim Auftreffen explodiert er. Im Krieg wurden viele Bomben aus Flugzeugen abgeworfen. Sie haben ganze Städte zerstört. Brandbomben sind mit Brennstoff gefüllt, der sich entzündet, wenn die Bombe platzt. Und die furchtbarsten Waffen, die es gibt, sind die Atombomben." (☛ Atomkraft) Bernhard ist ganz nachdenklich geworden. Plötzlich muß er lächeln: „Aber die Eisbomben im Eissalon mag ich", sagt er.

Bremse Alle Fahrzeuge haben Bremsen, damit man sie anhalten kann. An der Vorderbremse des Fahrrades sieht man genau, wie sie wirkt. Autos haben eine Hand- und eine Fußbremse. In der Straßenbahn und Eisenbahn gibt es in jedem Wagen eine Notbremse, die man aber nur bei Gefahr ziehen darf. Bremse heißt auch eine große Fliegenart. Die Weibchen stechen im Sommer Menschen und Tiere. Dagegen gibt es leider keine „Fliegenbremse".

Boot „Wer von euch ist schon einmal in einem Boot gefahren?" fragt die Lehrerin. „Ich bin mit meinem Vater in einem Ruderboot gefahren", sagt Birgit. „Mein großer Bruder hat ein Faltboot", ruft Bärbel. „Er hat mich einmal mitgenommen." „Und ich bin mit meinem Onkel schon oft in seinem Segelboot gefahren", sagt Bruno stolz. „Nur Motorboote oder Fischerboote haben uns überholt." Es gibt viele Arten von Booten. Sie sind auf dem Wasser wichtige Verkehrsmittel.

Boxen Der Vater sieht in der Sportsendung einem Boxkampf zu. Zwei Männer stehen einander im Boxring gegenüber und schlagen aufeinander ein. An den Fäusten tragen sie gepolsterte Boxhandschuhe. Nach drei Minuten ertönt ein Gong. Der Kampf wird kurz unterbrochen. Ein Ringrichter achtet darauf, daß die Regeln genau eingehalten werden. Schläge in den Unterleib (Tiefschläge) sind verboten. Wenn einer der Kämpfer zu Boden geschlagen wird, beginnt der Ringrichter zu zählen. Wenn der Boxer bis 10 nicht weiterkämpfen kann, ist der Kampf beendet.

Brennessel Bärbel ist im Garten an eine Brennessel angestreift. Jetzt weint sie, denn ihre Hand ist gerötet und brennt. Die Blätter der Brennessel haben winzige Haare. Wenn man diese berührt, dringen sie in die Haut ein und sondern eine scharfe Flüssigkeit ab, die das Brennen verursacht. Man soll aber nicht alle Brennesseln vernichten, da sie für das Überleben der ☛ Schmetterlinge notwendig sind.

Brief Barbara schreibt Großmutter einen Brief zum Geburtstag. Zuletzt klebt sie eine Briefmarke auf den Umschlag. Briefmarken sind kleine Gemälde; sie stellen berühmte Menschen, wichtige Ereignisse, Pflanzen, Tiere oder Bauwerke dar. Jedes Land hat seine eigenen Briefmarken. Sie werden gerne gesammelt. „Nun wirf den Brief in den Briefkasten“, sagt die Mutter. Briefkästen gibt es in vielen Straßen der Stadt. Sie werden mehrmals am Tag von Postbeamten entleert. Diese bringen die Briefe zur ☛ Post. Dort werden die Marken abgestempelt. Die Briefe werden an den Ort verschickt, der in der ☛ Adresse angegeben ist. Der Briefträger bringt den Brief zum Empfänger. Morgen wird die Großmutter Barbaras Brief erhalten.

Brieftauben Wenn man Tauben in einem Käfig von ihrem Heimatschlag wegbringt, finden sie über weite Entfernungen wieder nach Hause. Dabei legen sie in der Stunde bis zu 60 km zurück. Das hat man in früherer Zeit ausgenutzt und die Tauben als Briefträger eingesetzt. Die „Briefe“ wurden dabei ganz klein zusammengerollt und in einer Kapsel am Bein der Taube befestigt. Auch heute züchtet man noch Brieftauben. Die Züchter haben sich zu Vereinen zusammengeschlossen, die mit ihren Tauben Wettkämpfe austragen.

Brille Der Augenarzt hat festgestellt, daß Bärbel kurzsichtig ist. Er verordnet ihr eine Brille. Die Mutter geht mit Bärbel zum ☛ Optiker. Dort suchen sie eine Brillenfassung aus, die Bärbel gut paßt. Der Optiker setzt die verordneten Gläser ein. Nun kann Bärbel auch die kleinsten Buchstaben gut lesen. Viele Menschen tragen eine Sonnenbrille. Sie hat dunkle Gläser und schützt die Augen vor grellem Sonnenlicht. Besser sehen kann man damit aber nicht.

Brombeere Bei einem Waldspaziergang hat Bernd eine Brombeerhecke entdeckt. Die ☛ Beeren sind schwarz und reif und schmecken gut. Brombeersträucher gibt es auch in manchen Gärten.

Brot ist eines der ältesten und wichtigsten ☛ Nahrungsmittel. In der ☛ Steinzeit kannten die Menschen noch kein Brot. Sie aßen Körner und Samen verschiedener Pflanzen. Später zerrieben sie die Körner zwischen Steinen und rührten das grobe Mehl mit Wasser zu einem Brei. Jahrtausendelang war ein solcher Brei aus ☛ Getreide die Hauptnahrung der Menschen. Später wurde fester Brei, der Teig, zu Klumpen geformt, auf einen heißen Stein gedrückt und zu Fladen gebacken. Fladenbrot wird auch heute noch in Südamerika und Afrika gemacht. Als man lernte, dem Brei Sauerteig zuzusetzen, konnte man gutes Brot backen. Der Teig muß nämlich kurze Zeit gären, damit er locker und schmackhaft wird. Dann wurde das Brot und seine Herstellung immer weiter verbessert. Zum Mahlen des Getreides baute man ☛ Mühlen, zum Backen Backöfen. Und für die Herstellung des Brotes sorgt seit rund tausend Jahren der ☛ Bäcker. Heute gibt es viele verschiedene Brotsorten. Aus Weizenmehl wird Weißbrot gebakken. Auch die Brötchen, die in Österreich Semmeln heißen, werden aus weißem Mehl hergestellt. Aus Roggenmehl macht der Bäcker Schwarzbrot. Als besonders gesund gilt das Vollkornbrot. Das Mehl, das man dazu verwendet, ist nicht fein ausgemahlen, sondern enthält noch Teilchen der Körner und Schalen. Auch Knäkkebrot und Pumpernickel sind eine Art Vollkornbrot. Heute wird Brot in den Städten meist in Großbäckereien fabrikmäßig hergestellt. Manche Mutter bäckt auch das Brot wieder selbst, wie einst in alter Zeit. Brot ist preiswert und überall zu haben. Wir sollten es aber nicht geringschätzen. Es gibt Millionen armer Menschen, die nicht einmal ihr „tägliches Brot“ haben. Vielleicht denkst du daran, wenn du dein Pausenbrot gedankenlos wegwerfen möchtest.

Brücke Auf dem Schulweg muß Bruno eine kleine Brücke überqueren. Da bleibt er gerne am Geländer stehen und schaut hinab zu dem plätschernden Bach. Seit ältester Zeit hat man Brücken gebaut. Die einfachste Form war ein Baumstamm, den man von Ufer zu Ufer legte. Später baute man Brücken aus Holzbalken. Aber schon vor 2000 Jahren errichteten die Römer Steinbrücken, die man noch heute benutzen kann. Moderne Brücken werden aus Stahl und Beton erbaut. Sie können die Last vieler Autos, ja sogar Eisenbahnzüge tragen. Die längste Eisenbahnbrücke ist in England, sie ist 14 km lang. Bei den Naturvölkern gibt es heute noch einfache Hängebrücken, die aus Lianen geflochten sind. Dort würde Bruno nicht gerne stehenbleiben und ins Wasser hinabschauen.

Brunnen Ein Brunnen ist ein Schacht, der tief in die Erde bis zum Grundwasser hinabreicht. Durch ein Rohr wird das Wasser mit einer Pumpe heraufgeholt. Früher mußte man die Pumpe mit der Hand betätigen. Heute hat man meist elektrische Pumpen. Der Springbrunnen im Park ist an die Wasserleitung angeschlossen, da braucht niemand zu pumpen.

Buch Birgit besitzt schon viele Bücher. Zum Geburtstag und zu Weihnachten bekommt sie jedesmal Bücher geschenkt. Alle ihre Bücher stehen auf einem Regal. Märchen, Tiergeschichten und phantastische Erzählungen liest sie am liebsten. Ihr Bruder hat gerne Abenteuerbücher und Sachbücher. Beide haben viel Freude an ihren Büchern. Manchmal kaufen sie sich selbst von ihrem Taschengeld ein Taschenbuch. Das ist nicht teuer, weil es keinen festen Einband hat.

Buche ist ein Laubbaum, der bis zu 800 Jahre alt werden kann. Kerzengerade stehen die hohen grauen Stämme im Buchenwald. Auf dem Boden liegen die kleinen dreikantigen Bucheckern. Das sind die Früchte der Buchen. Aus dem harten Buchenholz werden Möbel und Eisenbahnschwellen gemacht.

Bücherei In der Schule gibt es eine Bücherei. Viele Bücher stehen dort in den Wandregalen. Die Bücher sind alphabetisch nach dem Namen des Autors geordnet. Jedes Kind darf sich Bücher aussuchen und ausleihen. In größeren Orten gibt es Gemeindebüchereien. Große Büchereien werden Bibliotheken genannt.

Buchfink ist ein Singvogel. Seinen Ruf: „Pink-pink“ kannst du in unseren Gärten und Wäldern hören. Das Männchen hat ein prächtiges Federkleid mit roter Brust. Das kunstvolle Nest ist so gut getarnt, daß man es kaum sieht. Im Herbst ziehen die meisten Buchfinken in den wärmeren Süden.

Büffel sind Wildrinder mit breiten Hörnern. Es gibt verschiedene Arten. In Afrika lebt der Schwarzbüffel oder Kaffernbüffel. In Indien und Ostasien wird der Wasserbüffel (siehe Bild) als Haustier gehalten. Er ist ein vorzügliches Zug- und Lasttier. Die riesigen „Büffelherden“ Nordamerikas, von denen man in Abenteuerbüchern liest, waren keine Büffel, sondern Bisons. Das ist eine andere Rinderart. Die Bisons wurden von den weißen Siedlern fast ausgerottet. Sie stehen unter Naturschutz.

Bühne nennt man jene Fläche in einem Theater, auf der Schauspieler, Sänger oder Tänzer ihre Kunst vorführen. Sie ist meist etwas erhöht und von den Zuschauern durch einen Vorhang getrennt. Wenn sich der Vorhang öffnet, beginnt das Stück. Beim Krippenspiel vor Weihnachten ist auch Barbara schon einmal auf einer Bühne gestanden.

Bundeskanzler heißt der Chef der Bundesregierung. Er wird von den Abgeordneten des Bundestages (in Österreich des Nationalrates) gewählt.

Bundespräsident Er ist in der Bundesrepublik Deutschland und in Österreich das Staatsoberhaupt. In der Schweiz ist er der Vorsitzende des Bundesrates.

b

Burg Die ☛ Ritter des Mittelalters lebten in Burgen. Diese dienten ihnen und ihren Angehörigen, aber auch den Dorfbewohnern als Schutz vor Feinden. Burgen standen meist auf einer steilen Anhöhe, die schwer zu ersteigen war. Jede Burg war von einer starken Wehrmauer und einem Graben umgeben. Wenn sich Feinde näherten, wurde die Zugbrücke hochgezogen. Ein hoher Turm, der Bergfried, überragte alle Gebäude. Das Wohngebäude mit seinen dicken Mauern heißt Palas. Die Frauen wohnen im Frauenhaus mit heizbaren Räumen, den Kemenaten. Im großen Burghof waren die Wohnungen für das Gesinde, die Ställe für die Tiere und die Werkstätten der Handwerker.
Manche Burgen lagen auf einer Insel im Wasser; man nennt sie Wasserburgen. Als man gegen Ende des Mittelalters Kanonen erfand, wurden viele Burgen zerstört. Sie sind heute ☛ Ruinen.

Bürger waren ursprünglich die Bewohner einer Burg. Später wurde diese Bezeichnung auf die Bewohner der Städte übertragen. Heute sind alle Menschen Bürger des Staates, in dem sie leben. Auch du bist ein Staatsbürger. Wenn du erwachsen bist, kannst du an Wahlen und Volksabstimmungen teilnehmen und genießt alle „Bürgerrechte“. Du mußt aber auch die Gesetze deines Landes beachten, das sind die „Bürgerpflichten“.

Bürgermeister ist das Oberhaupt einer Gemeinde oder einer Stadt. Er wird von den Bürgern der Gemeinde gewählt und regiert im Gemeindeamt oder im Rathaus.

Büro Das Büro ist der Kopf eines ☛ Betriebes oder Unternehmens. Hier arbeitet der Chef mit seiner Sekretärin. Da werden die Bestellungen der Kunden entgegengenommen, Warenangebote gemacht, Rechnungen ausgestellt, Briefe geschrieben und Löhne ausbezahlt. Die Büroangestellten arbeiten mit Schreibmaschinen, Rechenmaschinen und mit Computern.

Bussard Er gehört zur Familie der Greifvögel und sieht einem ☛ Adler ähnlich, ist aber kleiner. Man erkennt ihn an seinem kurzen Schwanz und seinem klagenden Ruf „Hiäh, hiäh“, der so ähnlich klingt wie das Miauen einer Katze. Am häufigsten ist bei uns der Mäusebussard. Er ernährt sich hauptsächlich von Feldmäusen. Seinen Horst baut er meist auf hohen Bäumen.

Butter wird aus ☛ Milch gewonnen. Wenn man die Sahne (in Österreich Rahm genannt) längere Zeit schlägt, ballen sich die Fettklümpchen zu Butter zusammen. Früher haben das viele Bauern mit einer Buttermaschine selbst gemacht. Heute kommt die Butter meist aus einer Molkerei. Für 1 kg Butter braucht man rund 30 Liter Milch. Sie ist ein vorzüglicher Brotaufstrich. Man verwendet sie auch zum Kochen.

Camping ist ein englisches Wort (sprich: kämping) und bedeutet: in einem Zelt wohnen. In vielen Ferienorten gibt es einen Campingplatz. Er sieht aus wie ein kleines Dorf aus Zelten und Wohnwagen. Es gibt da Wasch- und Duschanlagen, Toiletten, Kochstellen und einen Laden zum Einkaufen. Christas Freundin war mit den Eltern auf Campingurlaub. Da hat sie viele Kinder kennengelernt.

Chamäleon Dieses Tier gehört zu den Echsen, ist also mit den Eidechsen verwandt. Es lebt auf Bäumen und Büschen in Afrika und Indien, aber auch in Südspanien. Bei Gefahr wechselt es die Farbe und paßt sich ganz seiner Umgebung an. Das grüne Tier kann dann orangefarben, rostbraun oder auch blaugrau werden. Mit seiner langen klebrigen Zunge, die blitzschnell aus dem Maul schießt, fängt es Heuschrecken und andere Insekten.

Chor Die Kinder in der Schule singen gemeinsam ein Lied. Man sagt: Sie singen im Chor. „Ich war in einem Konzert“, erzählt Christian. „Da hat ein Chor Volkslieder gesungen.“ In der Kirche ist der Chor der Raum um den Hauptaltar.

Christbaum Jedes Kind freut sich auf den Weihnachtsbaum. Ursprünglich war es ein heidnischer Brauch, zum Jahreswechsel grüne Zweige ins Haus zu holen. Vor mehr als 400 Jahren wurde daraus der Lichterbaum. Heute gibt es diesen schönen Brauch in fast allen Ländern.

Christentum ist die von Jesus Christus vor rund 2000 Jahren gegründete Religion. Sie wurde zuerst von den ☛ Aposteln verbreitet und ist heute eine Weltreligion, der rund eine Milliarde Christen angehören. Lies auch: Bibel.

Computer (sprich: kompjuter) sind elektronische Apparate. Sie bestehen aus einem Bildschirm und einem Gerät mit Tasten ähnlich einer Schreibmaschine. Wenn man eine Frage eintippt, erscheint auf dem Bildschirm blitzschnell die Antwort. Um das zu können, braucht der Computer ein „Programm", nach dem er arbeitet. Dieses Programm schreibt der Programmierer. Selbständig „denken" kann der Computer nicht. In der Schule wird der Computer zum Lernen verwendet. Es gibt auch Computerspiele für Kinder, da kommt es auf Geschicklichkeit und rasches Denken an.

Clown (sprich: klaun) nennt man den Spaßmacher im Zirkus. Er kann alles, aber nichts richtig. Das heißt, er tut nur so. Wenn er musiziert, spielt er zuerst ganz falsch, aber zuletzt spielt er wunderbar. Immer stolpert er mit seinen viel zu großen Schuhen, aber zum Schluß schlägt er tolle Saltos. Er bringt die Zuschauer zum Lachen und ist der Liebling der Kinder.

Comics sind Bildgeschichten. Das englische Wort bedeutet etwas „Komisches". Die Geschichten erscheinen in Heften mit vielen Fortsetzungen, zum Beispiel ☛ Micky Maus, ☛ Donald Duck oder Asterix. Was die Figuren in den Comics denken und reden, steht in einer Blase. Oft sind es nur Laute wie „bum, rums, paff, boing". Besonders klug sind diese Texte meist nicht und auch nicht immer komisch, denn in den Geschichten geht es oft schrecklich grausam zu. Kindern, die nur Comics verschlingen, fällt das Lesen schwer. Und das ist gar nicht komisch!

Cowboy (sprich: kauboi) bedeutet im Englischen Kuhhirte. Auf den riesigen Weideflächen in Nordamerika gibt es Herden mit vielen tausend Rindern. Die Hirten sind Cowboys. Sie sind tollkühne Reiter und können vom Pferd aus mit dem Lasso ein Rind mitten aus der Herde heraus einfangen. Beim Maskenfest hat sich Christian als Cowboy verkleidet. Er trug einen breitkrempigen Hut, ein buntes Hemd, eine Hose mit Fransen und Stiefel.

Dackel Daniel wünscht sich einen Langhaardackel. Der kleine Hund mit den kurzen Beinen und den Hängeohren ist ein beliebter Haushund. Man kann ihn gut in Wohnungen halten. Es gibt auch Kurzhaardackel und Rauhhaardackel. Der Dackel ist ein guter Jagdhund. Er ist klug und feinfühlig, aber nicht besonders folgsam.

Dach Jedes Haus hat ein Dach. Es schützt vor Regen und Schnee, vor Kälte und Hitze. Das Dach kann steil, flach oder spitz sein. Bei uns baut man meist Steildächer, damit der Schnee abgleiten kann und das Dach nicht eindrückt. In wärmeren Ländern sind Flachdächer üblich. Das Dach ist meist gedeckt mit Dachziegeln, Schieferplatten oder Blech. Es hat eine Dachrinne, die das Regenwasser auffängt und in den Boden ableitet.

Dachs In der Fabel heißt er „Meister Grimbart". Er ist mit dem Marder verwandt. Sein Kopf mit der spitzen Schnauze zeigt schwarze und weiße Streifen. Mit seinen kräftigen Grabkrallen gräbt er tief in die Erde seinen Bau. Der ist oft mehrere Meter lang und hat viele Gänge und Kammern. Der Dachs ist scheu und lebt allein. In der Nacht sucht er Nahrung, meist Pflanzen, Insekten und kleine Tiere. Er hält eine Winterruhe, die er nur unterbricht, um von seinen Vorräten zu fressen.

Dahlie Im Spätsommer und im Herbst leuchten in den Gärten die großen weißen, gelben, rosaroten und dunkelroten Blütensterne der Dahlie. Sie heißt auch Georgine, weil sie von der wilden Georgine aus Mexiko abstammt.

Damm Um einen Damm zu errichten, werden Sand, Kies und Steine zu einem Wall aufgeschüttet. Dämme stauen Wasser auf und schützen vor Überschwemmungen. Beim Bau von Eisenbahnen wird ein Bahndamm errichtet, auf dem die Gleise laufen. Auch eine Insel kann man durch einen Damm mit dem Festland verbinden.

Dampf Auf dem Herd steht ein Kochtopf mit Wasser. Der Deckel hebt sich klappernd, und darunter zischt und pufft der Dampf hervor. Das Wasser kocht und verwandelt sich dabei in Dampf. Dampf aber braucht mehr Platz als Wasser, deshalb drückt er den Deckel hoch.

Dampfmaschine Der Dampf in einem Kochtopf hat soviel Kraft, daß er den Deckel hochhebt. Um wieviel größer ist die Dampfkraft, die in einem großen Kessel erzeugt wird, etwa in dem Kessel einer Lokomotive. Der Wasserdampf wird in einen Zylinder geleitet. Der hohe Druck bewegt einen Kolben, dieser bewegt über die Kurbelwelle die Räder – die Lokomotive fährt. Dampfmaschinen können auch Maschinen in Fabriken und Schiffe antreiben. Die Dampfkraft wird auch zur Erzeugung von elektrischem Strom genutzt. Der Erfinder der Dampfmaschine war der Engländer James Watt (1765).

Dänemark ist ein Nachbarland Deutschlands im Norden. Die Hauptstadt ist Kopenhagen. Dort lebte der Märchendichter Hans Christian ☛ Andersen.

Darm Alles, was wir essen, kommt in den Magen, vom Magen in den Darm: das Essen wird verdaut. Der Darm des Menschen ist ungefähr 8 Meter lang. Im Dünndarm wird der Speisebrei so aufgelöst und verflüssigt, daß die Nahrungsstoffe vom ☛ Blut aufgenommen werden können. Die unbrauchbaren Reste werden im Dickdarm eingedickt und als Stuhl ausgeschieden: Du mußt auf die Toilette gehen.

Dattel Mutter war einkaufen und hat eine Schachtel honigbrauner Datteln mitgebracht. Doris mag sie gern, weil sie so süß schmecken. Datteln sind die Früchte der Dattelpalmen. Diese Bäume wachsen in Nordafrika und Arabien, besonders in den ☛ Oasen der Wüste. Die Dattelpalmen haben einen hohen Stamm, keine Äste, nur an der Spitze ein Büschel riesenlanger Blätter. Unterhalb der Blätter sind die Früchte. Sie sind das „tägliche Brot" der Wüstenbewohner.

Datum „Was für ein Datum haben wir heute?“ fragt Doris. Sie schreibt gerade einen Brief. „Schau doch auf den Kalender“, sagt die Mutter. Es ist der 9. Jänner 1992. Wie gut, daß man mit dem Datum angeben kann, an welchem Tag, in welchem Monat und Jahr etwas geschah.

Delphin Er lebt im Meer, ist aber kein Fisch, sondern ein Säugetier. Delphine gehören zur Familie der Wale. Sie sind sehr klug, lassen sich leicht dressieren und freunden sich mit Menschen an. Im Zoo kannst du sie bewundern, wie sie hoch aus dem Wasser springen und andere Kunststücke vollführen. Sie geben unter Wasser helle Laute von sich und verständigen sich über weite Strecken mit anderen Delphinen. Man glaubt, daß sie eine eigene Sprache haben. Sie haben auch Menschen vor dem Ertrinken gerettet.

Demokratie ist eine Regierung durch das Volk und für das Volk. In einem demokratischen Staat haben alle Bürger die gleichen Rechte. Sie wählen die Abgeordneten, die im Parlament die Gesetze beschließen. Die Mehrheit entscheidet. Deutschland, Österreich und die Schweiz sind Demokratien.

Deutschland ist ein Land in Mitteleuropa. Die Bundesrepublik Deutschland erstreckt sich von der ☛ Nord- und ☛ Ostsee bis zu den Alpen im Süden, von Frankreich im Westen bis Polen im Osten. Im nördlichen Teil liegt eine fruchtbare Tiefebene. Den Süden bildet das Alpenvorland, hier liegt auch der höchste Berg Deutschlands, die Zugspitze (2962 m hoch). Die größten Flüsse sind ☛ Rhein, Weser und Elbe, sie münden in die Nordsee. Die Oder an der Grenze zu Polen fließt in die Ostsee, die ☛ Donau fließt nach Osten ins Schwarze Meer.
Deutschland zählt zu den wichtigsten Industriestaaten der Welt. Das größte Industriegebiet liegt an der Ruhr in Nordrhein-Westfalen. Dort gibt es auch große Kohle- und Eisenvorkommen. Die wichtigsten Erzeugnisse der Industrie sind Autos, chemische und elektrische Produkte. Kennst du Autos, die in Deutschland hergestellt werden?
Nach dem Zweiten Weltkrieg wurde Deutschland geteilt: in die Bundesrepublik Deutschland (abgekürzt BRD) und in die Deutsche Demokratische Republik (abgekürzt DDR). Zwischen den beiden Staaten und ihren Verbündeten herrschte lange Jahre ein „kalter Krieg“. Erst nachdem im Herbst 1989 in der DDR die kommunistische Regierung gestürzt worden war, wurden die Grenzen geöffnet: Am 3. Oktober 1990 (jetzt Nationalfeiertag) wurden die beiden Staaten wieder vereinigt. Deutschland hat jetzt rund 80 Millionen Einwohner. Die Hauptstadt ist ☛ Berlin. Das Zusammenwachsen der beiden Staaten bedeutet eine große Aufgabe, denn die Lebensbedingungen im Westen und im Osten waren zu verschieden:
Die *Bundesrepublik Deutschland* war damals der größere der beiden Staaten. Ihr gehören die Länder Bayern, Baden-Württemberg, Saarland, Rheinland-Pfalz, Hessen, Nordrhein-Westfalen, Niedersachsen, Schleswig-Holstein, Bremen und Hamburg an. Dazu kam noch West-Berlin (☛ Berlin).

Regierungssitz war und ist heute noch Bonn. Die größten Städte neben Berlin sind Hamburg, München, Köln, Frankfurt, Stuttgart. Die durch den Krieg zerstörten Städte wurden rasch wieder aufgebaut. Die Bundesrepublik erlebte ein „Wirtschaftswunder", die Menschen kamen zu Wohlstand. Die BRD schloß sich dem westlichen Staatenbündnis und der Europäischen Gemeinschaft (☛ EG) an.

Deutsche Demokratische Republik hieß der zweite deutsche Staat. Er gehörte dem östlichen Staatenbündnis an und hatte eine kommunistische Regierung, die den Menschen alle Freiheit nahm und die Wirtschaft lähmte. Im Herbst 1989 kam es zu einer friedlichen Revolution, die Regierung wurde gestürzt. Im Oktober 1990 wurden die beiden deutschen Staaten vereinigt. Die früheren Länder Sachsen, Sachsen-Anhalt, Thüringen, Brandenburg und Mecklenburg-Vorpommern wurden wieder errichtet. Die größten Städte neben Berlin sind Leipzig und Dresden. Die Menschen in der ehemaligen DDR hoffen nun auf eine rasche wirtschaftliche Entwicklung und auf bessere Lebensbedingungen.

d

Dialekt oder Mundart ist die ursprüngliche Sprache eines Gebietes. Die deutsche Sprache hat viele Dialekte, zum Beispiel den norddeutschen, den bairisch-österreichischen, den schwäbischen Dialekt. Im täglichen Leben spricht man meist eine Umgangssprache, sie steht zwischen der Mundart und der Schriftsprache. In der Schule lernst du die Schriftsprache, in der auch die Bücher geschrieben sind und die alle deutschsprechenden Menschen verstehen.

Diamant Er ist der wertvollste und härteste Edelstein. Ein geschliffener Diamant heißt Brillant. Er glitzert und spiegelt die Lichtstrahlen farbig wider. Brillantschmuck ist sehr teuer. Wegen seiner Härte wird der Diamant auch zum Glasschneiden und in Bohrmaschinen verwendet. Die meisten Diamanten werden in Afrika gefunden.

Dichtung Ein Gedicht, eine Geschichte, ein Roman, ein Theaterstück werden von Dichtern geschrieben; wir nennen sie Dichtungen.

diktieren Der Lehrer diktiert den Schülern einen Text. Langsam spricht er Wort für Wort. Nachher prüft er, was richtig oder falsch geschrieben wurde. Daniel hat in seinem Diktat nur drei Fehler. Im Büro diktiert der Chef der Sekretärin einen Brief. Er diktiert auch in ein Diktiergerät. Die Sekretärin kann es später abhören und die Texte schreiben.

Diät Wenn du dir den Magen verdorben hast, darfst du nicht alles essen. Die Mutter gibt dir Diätkost. So nennt man die Schonkost, die bei Krankheiten vorgeschrieben wird. Manche müssen fettlos, andere fleischlos oder salzlos essen.

Dirigent Er leitet ein Orchester oder einen Chor bei der Aufführung eines musikalischen Werkes. Dirigiert er einen Sängerchor, heißt er Chorleiter, dirigiert er ein kleineres Orchester, eine Kapelle, heißt er Kapellmeister.

Diskothek ist eine Sammlung von Schallplatten und Tonbändern. Darum heißt auch das Tanzlokal, in dem man nach Schallplattenmusik tanzt, Diskothek.

diskutieren Die Schüler sprechen in der Schule über ein Buch, das sie gelesen haben, sie diskutieren. Jedes Kind sagt, was ihm gefallen und was ihm nicht gefallen hat. Sie haben verschiedene Meinungen. Das Gespräch führt zu einer lebhaften Diskussion, sie darf aber nicht mit einem Streit enden.

Disteln Doris sieht am Straßenrand schöne violette Blumen stehen. Es sind Disteln. Ihre Blätter und Stengel haben Stacheln. Deshalb heißen sie auch Kratzdisteln. Sie können mehr als einen Meter hoch werden. Für den Bauer sind Disteln ein lästiges Unkraut, weil sie viele Samen haben und sich daher auf seinen Feldern stark vermehren.

Dogge Dieser schlanke, sehr große Hund wird wegen seiner Größe und Kraft gefürchtet. Daniel geht ihm aus dem Weg, auch wenn er von seinem Herrchen an der Leine geführt wird. Die Dogge ist zutraulich und gutmütig zu jenen, die zu ihrem Herrn gehören. Fremde müssen sich vor ihr hüten. Es gibt gelbe, schwarze und gefleckte Doggen. Der Name kommt von dem englischen Wort „dog“, das heißt Hund.

Dohle Sie sieht ihrer Verwandten, der Krähe, sehr ähnlich, ist aber kleiner. Ihr Gefieder ist oben schwarz, unten dunkelgrau. Sie nistet gemeinsam mit vielen anderen in Kirchtürmen, hohen Gebäuden und in Baumhöhlen. Dohlen lassen sich zähmen und lernen Worte nachsprechen. Die *Bergdohle* ist tiefschwarz, hat einen gelben Schnabel und rote Beine. Lies: Alpentiere.

Dom Das ist eine große Kirche, meist eine Bischofskirche. Sie heißt auch Kathedrale. Der Dom hat einen großen Hauptaltar und mehrere Nebenaltäre.

Dompteur (sprich: domptör) Daniel hat im Zirkus Löwen gesehen, die durch brennende Reifen springen, Affen, die radfahren, Bären, die aufrecht tanzen. Der Dompteur ist der Tierbändiger, der die Tiere abrichtet, sie dressiert, und ihnen diese Kunststücke beibringt. Hinter jeder Zirkusnummer stehen oft Jahre harter, gefahrvoller Arbeit und viel Liebe zu den Tieren.

Donald Duck Welches Kind kennt nicht die komische Ente mit dem breiten Schnabel und den Watschelfüßen? Sie ist neben „Micky Maus" die beliebteste Comic-Figur. (☛ Comics) Sie wurde von dem Amerikaner Walt Disney geschaffen. „Duck" (sprich: dak) ist das englische Wort für Ente. Die Comic-Hefte mit den Abenteuern des Donald Duck erscheinen regelmäßig. Es gibt sie auch als Zeichentrickfilme.

Donau Dieser Fluß entspringt im Schwarzwald in Deutschland und fließt durch halb Europa. Wenn du in Regensburg in ein Schiff steigst, so fährst du in Österreich durch das liebliche Tal der Wachau, vorbei an der Hauptstadt Wien, in Ungarn durch die Hauptstadt Budapest, in Jugoslawien durch die Hauptstadt Belgrad. Zwischen Bulgarien und Rumänien bildet die Donau die Grenze. Dann mündet sie in das Schwarze Meer. Die Donau ist der zweitlängste Fluß Europas (noch länger ist die Wolga in Rußland). Sie wird von vielen Schiffen befahren.

Donner hört man bei ☛ Gewitter. Er folgt immer auf den ☛ Blitz. Durch den Blitz wird die Luft so stark erhitzt, daß sie sich explosionsartig ausdehnt. Man hört ein fürchterliches Krachen, das ist der Donner. Wir sehen den Blitz früher, als wir den Donner hören. Denn der Schall braucht länger als das Licht, bis er zu uns dringt.

Dorf Daniels Großeltern wohnen in einem Dorf. Er verbringt die Ferien bei ihnen. Die Häuser stehen rund um den Dorfplatz, den Anger. Dahinter liegen Gärten und Felder. „Früher war der Anger Sammelplatz für das Weidevieh“, sagt der Großvater. „Unser Dorf ist ein *Angerdorf*. Nicht alle Dörfer sehen so aus. In einem *Straßendorf* stehen die Häuser in einer Reihe zu beiden Seiten der Straße. In einem *Haufendorf* stehen sie in Gruppen, und es gibt ganz winkelige Gassen.“

Daniel gefällt das Leben im Dorf. Er kennt die Leute, die ihm auf der Straße begegnen, er grüßt sie. Alles liegt nah beieinander. Im Nu ist er auf dem Sportplatz. Dort trifft er seine Freunde zum Fußballspielen. Nicht weit weg fließt ein Bach. Da gehen sie baden und lassen Schiffchen schwimmen. Oft hilft er den Großeltern im Garten. Da kann er frisches Obst von den Bäumen und Beeren von den Sträuchern pflücken, das schmeckt! Am Sonntag geht er mit den Großeltern in die Kirche. Sie ist ein Treffpunkt für die Dorfbewohner. Manche gehen nachher noch ins Gasthaus. Heute ist ein Feuerwehrfest, da probieren die Feuerwehrmänner die neuen Löschgeräte aus. Der Bürgermeister ist da, der Lehrer und alle wichtigen Leute der Gemeinde. Am Abend spielt die Musikkapelle.

Daniel geht gerne zum Kaufmann einkaufen. Auch einen Fleischer, Tischler, Schneider und Schuster gibt es im Dorf. Einen Schmied gibt es nicht mehr, jedoch einen Automechaniker, eine Tankstelle, einen Elektriker und einen Friseur.

„Vieles hat sich im Dorf geändert“, sagt der Großvater. „Früher hat es hier nur ☛ Bauern und ☛ Handwerker gegeben. Heute arbeiten viele Dorfbewohner in Fabriken oder anderen Betrieben, denn von der Landwirtschaft allein könnten sie nicht leben. In vielen Dörfern gibt es Arbeitersiedlungen. Und am Dorfrand haben sich Leute aus der Stadt Häuser gebaut.“

Drache Von Drachen wird in Sagen und Märchen erzählt. Sie sind Ungeheuer mit vielen Köpfen, die Feuer speien und Unglück über die Menschen bringen. Oft hütet der Drache einen großen Schatz. Ein Held zieht aus, um ihn zu töten, zum Beispiel Siegfried in der Nibelungensage oder der heilige Georg. Der Kampf mit dem Drachen gilt als große Heldentat.In manchen Sagen heißt der Drache Lindwurm. Ein kleiner Nachkomme dieser furchterregenden Drachen ist das „Krokodil“ im Kasperltheater. In vielen Kindergeschichten gibt es auch freundliche Drachen.

Drachen Wie lustig ist es, im Herbst, wenn der Wind weht, einen bunten Drachen steigen zu lassen! Du kannst ihn auch selbst basteln: Ein leichtes Stabgerüst wird mit buntem Papier bespannt und daran eine lange Schnur befestigt. Dann wird der Drachen schräg gegen den Wind gehalten, und schon steigt er hoch in den Himmel hinauf.

Drogerie ist ein Geschäft, in dem früher vor allem Drogen verkauft wurden. So nennt man Kräuter, Blüten und Wurzeln, die für Heilmittel verwendet werden. Auch die gefährlichen Rauschmittel, die süchtig machen, heißen Drogen. Sie dürfen nur gegen Rezept in der ☛ Apotheke abgegeben werden. Heute bekommst du in der Drogerie vielerlei: Mittel für die Gesichts- und Körperpflege, Seifen, Waschpulver, Putzmittel, Farben, Parfum und Filme für deinen Fotoapparat.

Dromedar Das ist ein ☛ Kamel mit nur einem Höcker. In den heißen Wüstengebieten Nordafrikas und Arabiens ist es ein unentbehrliches Haustier. Als Reittier kann es bis 80 km am Tag zurücklegen, als Lasttier in Karawanen bis 50 km. Tagelang kann es ohne Wasser auskommen. Das Dromedar liefert Milch und Fleisch. Es wurde in die Wüstengebiete Australiens und Amerikas eingeführt.

Drosseln sind Singvögel, die in vielen Arten über die Erde verbreitet sind. Zu ihnen gehören die ☛ Amsel (Schwarzdrossel), die Rotschwänze, das ☛ Rotkehlchen und die ☛ Nachtigall. Drosseln sind fast so groß wie ☛ Krähen. Auf dem Boden hüpfen sie in großen Sprüngen dahin und zukken dabei lebhaft mit den Flügeln und dem Schwanz. Bei Gefahr flüchten sie mit lauten Warnrufen in die Büsche. Die *Singdrossel*, die man an den rostbraunen und gelblichen Flügelunterseiten erkennt, ist eine Meisterin des Gesanges. Drosseln fressen Insekten, Würmer, Beeren und Früchte. Fast alle Drosseln sind Zugvögel.

Dschungel ist das undurchdringliche, meist sumpfige Busch- und Schilfdickicht in heißen Ländern. Der Mensch kann sich oft nur mühsam mit dem Buschmesser den Weg durch den Dschungel bahnen. Lies auch: Urwald.

Dudelsack Es ist ein altes volkstümliches Musikinstrument. Der Dudelsackpfeifer bläst in einen ledernen Sack, den er unter den Arm preßt. An dem Sack sind mehrere Pfeifen angebracht. Auf einer wird die Melodie gespielt, die anderen blasen gleichbleibende Brummtöne mit. Weltbekannt sind die Dudelsackpfeifer aus Schottland in den karierten Röcken.

Dünen sind Sandhügel, die der Wind an Meeresufern und in der Wüste anhäuft. Da der Wind den Sand immer wieder weiterweht, wandern die Dünen. Sie können so ganze Landstriche mit Sand zudecken. Werden die Dünen mit Gräsern und Sträuchern bepflanzt, können sie nicht mehr wandern. Die Wurzeln festigen den Sand.

Dünger Mutter düngt die Blumen, damit sie besser wachsen. Die Pflanzen holen sich ihre Nahrung aus dem Boden. Wenn sie nicht ausreicht, verkümmern die Pflanzen. Der Dünger führt ihnen neue Nährstoffe zu. Ein natürlicher Dünger ist Komposterde und Stallmist. In Fabriken wird Kunstdünger erzeugt. Zuviel Kunstdünger ist schädlich, er vergiftet das Grundwasser und die Flüsse.

Ebbe und Flut Bist du schon einmal an der Nordsee gewesen? Bis an den Fuß des hohen Deiches klatschen die Wellen. Es ist „Flut“, das Wasser steigt. Nach ungefähr sechs Stunden läuft das Wasser wieder ab, es beginnt die „Ebbe“. Sie dauert ebenfalls sechs Stunden. Bei Ebbe entsteht ein breiter, fast trockener Küstenstreifen, das Watt. Da kann man weit hinauswandern. Aber wehe, wenn man im Watt von der nächsten Flut überrascht wird! Den Wechsel von Ebbe und Flut nennt man Gezeiten. Sie sind an allen Meeresküsten zu beobachten und entstehen durch die Anziehungskraft des Mondes und der Sonne auf die Erde.

Echo „Hallo!“ ruft Erich laut in den Wald hinein. „Hallo!“ tönt es zurück. Das ist das Echo, der Widerhall. Der dichte Wald oder eine Felswand werfen die Schallwellen zurück. Der Vater sagt: „Ruf einmal laut: Was essen die Studenten?“ Zurück kommt: „. . . Enten!“

Edelmetalle sind ☛ Metalle, die von Luft, Wasser und Säuren nicht angegriffen werden, sie rosten nicht. ☛ Gold, ☛ Silber und Platin gehören dazu. Sie sind sehr kostbar und werden meist zu Schmuck und Münzen verarbeitet.

Edelsteine Mutters liebstes Schmuckstück ist ein Ring mit einem ☛ Diamanten. Das ist ein glasklarer Edelstein, der prächtig glitzert und funkelt. Es gibt auch farbige Edelsteine: rote Rubine, blaue Saphire, grüne Smaragde. Sie sind alle sehr kostbar, weil man sie nur selten findet. In der Auslage des Juweliers hat Ellen schon oft Schmuckstücke mit solchen Edelsteinen bewundert. – Es gibt auch Steine, die man häufiger findet, wie den wasserhellen Bergkristall, den violetten Amethyst, den hellblauen Aquamarin, den orangeroten Karneol und andere. Sie sind nicht so wertvoll wie die Edelsteine und werden Halbedelsteine genannt.

EG Das ist die Abkürzung für „Europäische Gemeinschaft". Sie ist eine Vereinigung von europäischen Staaten, die ihre Wirtschaft gemeinsam gestalten, die Grenzen abbauen und einmal einen europäischen Staatenbund bilden wollen.

Edelweiß ist eine ☛ Alpenpflanze. Jeder Edelweißstern hat mehrere weißgelbe Blütenköpfchen, die von weißen filzigen Blättern sternförmig umgeben sind. Das Edelweiß wächst in Felsspalten und auf steinigen Almen im Hochgebirge. Bergwanderer haben es früher viel gepflückt und fast ausgerottet. Heute steht es unter ganz strengem Naturschutz.

Ehe Eva war mit ihren Eltern bei einer ☛ Hochzeit. Ehe nennt man den Lebensbund zwischen einem Mann und einer Frau. Das Brautpaar wird im Standesamt getraut. Anschließend lassen sich viele Paare auch in der Kirche trauen und laden dazu Verwandte und Freunde ein.

Ei Elfi ißt gerne ein hartes Hühnerei. Sie schlägt die Kalkschale auf und teilt das Ei. Da sieht sie in der Mitte den gelben Dotter, rundherum das Eiweiß. Alle Vogeleier sehen so aus, nur sind sie verschieden groß. Eier bilden sich im Körper eines Weibchens. Wenn sie durch den Samen eines Männchens befruchtet werden, entsteht daraus ein junges Lebewesen. Vögel legen ihre Eier in ein Nest und brüten sie aus. Bei Säugetieren und Menschen bleibt das Ei im Körper der Mutter, bis sich das neue Lebewesen so weit entwickelt hat, daß es geboren werden kann.

Efeu ist eine Kletterpflanze. Mit kleinen Haftwurzeln klammert sie sich an Mauern oder Baumstämmen fest und kann bis zu 30 Meter hoch wachsen. Die lederartigen Blätter bleiben auch im Winter grün. Im Herbst trägt der Efeu kleine hellgrüne Blüten. Im Frühjahr entwickeln sich daraus schwarze Beeren, die giftig sind. Der Efeu kann mehrere hundert Jahre alt werden.

Eiche Dieser Laubbaum wird Königin des Waldes genannt. Er hat einen mächtigen Stamm und eine breite Krone. Eine Eiche kann bis zu tausend Jahre alt werden. Ihre Früchte sind die Eicheln. Früher hat man diese an Schweine verfüttert. Das Holz der Eiche ist sehr hart. Es wird zu Möbeln und Fußböden verarbeitet. In vielen Wäldern sterben die Eichen wegen der Luftverschmutzung.

Eichhörnchen Es hat seinen Namen, weil es gerne auf Eichen lebt. Man kann es im Park und im Wald, aber auch auf anderen Bäumen sehen. Da klettert und springt es von Ast zu Ast und von Baum zu Baum. Mit seinem langen buschigen Schwanz steuert es dabei seine Sprünge. Das Eichhörnchen ist ein ☛ Nagetier und frißt Eicheln, Nüsse und Samen aller Art. Auch Vogeleier verschmäht es nicht. Einmal hat ein Eichhörnchen im Park eine Nuß aus Ediths Hand geholt. Mit den Vorderpfoten hat es die Nuß gehalten und mit seinen spitzen Zähnen die Schale aufgeknackt. Im Herbst legen Eichhörnchen in Baumhöhlen und in der Erde Vorräte an. Sie halten keinen Winterschlaf, nur eine Winterruhe.

Eidechse In der Gartenmauer hat eine Eidechse ihr Schlupfloch. Um die Mittagszeit sonnt sie sich auf einem Stein, denn sie braucht viel Wärme. Eidechsen sind Kriechtiere. Die kurzen Beine sind zu schwach, um ihren Körper zu tragen. Bei Gefahr werfen die Eidechsen ihren langen Schwanz ab. Er wächst wieder nach. Auch ihr Schuppenkleid streifen sie mehrmals im Jahr ab: sie häuten sich. Eidechsen fressen Insekten, Würmer und Schnecken. Wenn der Winter beginnt, fallen sie in Kältestarre. Am häufigsten ist bei uns die Zauneidechse. Sie ist grün und hat braune Flecken. Auch die Blindschleiche, die oft für eine Schlange gehalten wird, ist eine Eidechse.

Eis Wenn das ☛ Thermometer unter null Grad sinkt, gefriert das Wasser zu Eis. Teiche, Seen und sogar Flüsse frieren in strengen Wintern zu. Das salzige Meerwasser gefriert erst bei minus zwei Grad. Eis ist leichter als Wasser, deshalb schwimmen die Eisschollen an der Oberfläche. Glatteis nennen wir die dünne Eisschicht, die sich im Winter bei Nebel oder Regen auf den Straßen bildet. Da kommt es leicht zu Unfällen.

Eisberge brechen von den Gletschern der Polargebiete ab und stürzen ins Meer. Sie treiben immer weiter ins Meer hinaus. Dabei ist nur die Spitze des Eisbergs zu sehen, der größte Teil ist unter Wasser. Eisberge sind für die Schiffahrt eine große Gefahr. Im Nördlichen Eismeer kennt man einen Eisberg, der über 100 km lang und 1000 m hoch ist. Im Jahr 1912 hat ein Eisberg das größte Schiff, das es damals gab, die „Titanic", zum Sinken gebracht.

Eisbär An den Küsten der ☛ Arktis ist der Eisbär zu Hause. Sein zottiger Pelz und eine dicke Speckschicht darunter schützen ihn vor der grimmigen Kälte. Der Eisbär jagt Fische und Seehunde, aber auch die Eier der Seevögel schmecken ihm gut. Sein weißes Fell ist sehr wertvoll. Im Zoo besucht Elisabeth immer die Eisbären.

Eisen ist das wichtigste und am meisten verwendete Metall. Es ist achtmal so schwer wie ein gleich großes Stück Holz. Eisen wird aus Eisenerz gewonnen, das in Hochöfen geschmolzen wird. Es wird zu Werkzeugen, Geräten, Maschinen, Brükken, Schienen, Fahrzeugen und vielen anderen Dingen verarbeitet. An der Luft oder im Wasser beginnt Eisen zu rosten. Eiserne Geräte müssen deshalb durch einen Anstrich vor Rost geschützt werden. Aus Eisen kann ☛ Stahl erzeugt werden, der härter und elastischer ist als Eisen.

①

②

③

④

⑤

Eisenbahn „Zum Wochenende wollen wir die Großeltern besuchen“, sagt der Vater. „Da fahren wir mit der Bahn.“ (Lies auch: Bahnhof.) Vor der Erfindung der Autos war die Eisenbahn das wichtigste Verkehrsmittel für weite Strecken. Sie hat ihren Namen von den eisernen Schienen, auf denen sie fährt. Die erste Eisenbahn, die von einer Dampflokomotive (☛ Dampfmaschine) gezogen wurde, fuhr 1825 in England (1). Für eine Strecke von 16 km brauchte sie rund eine Stunde. Viele Menschen meinten, daß man eine so große Geschwindigkeit nicht ertragen könne. Aber bald darauf wurden in vielen anderen Ländern Eisenbahnen errichtet. Die Züge hatten Lokomotiven (2), die durch Dampfkraft angetrieben wurden. Ihr rußiger Rauch und der Dampf waren für die Fahrgäste nicht angenehm.

Zu Beginn unseres Jahrhunderts fand man eine neue Antriebskraft: den elektrischen Strom (☛ Elektrizität). Elektrolokomotiven (3) erhalten den Strom durch eine Oberleitung, die über den Schienen läuft. Auf nicht elektrifizierten Strecken fahren Diesellokomotiven (4), die mit Dieselöl angetrieben werden. Heute hat sich die elektrische Lokomotive durchgesetzt. Sie ist umweltfreundlich, weil sie keine schädlichen Abgase in die Luft abgibt.

Die Eisenbahn beschäftigt viele tausend Menschen. Lokomotiven und Waggons, Schienen und Leitungen müssen instand gehalten werden. Eisenbahnzüge fahren mit unterschiedlicher Geschwindigkeit. Lokalzüge oder Personenzüge, die in jeder Station halten, sind viel langsamer als Fernzüge oder Schnellzüge, die große Städte verbinden. In solchen Zügen gibt es einen Speisewagen, bei Nachtfahrten auch Schlafwagen. Moderne Züge (5) können Geschwindigkeiten von 200 bis 300 km in der Stunde erreichen. Heute werden immer mehr Strecken für so hohe Geschwindigkeiten ausgebaut. Güterzüge fahren langsam. Sie haben viele Waggons, und jeder kann 20 Tonnen Last aufnehmen. Die Eisenbahn ist für den Transport von Menschen und Gütern unentbehrlich.

Eishockey ist ein Kampfspiel zweier Mannschaften auf dem Eis. Jede Mannschaft besteht aus sechs Spielern, die auf Schlittschuhen laufen. Sie versuchen mit einem Hockeyschläger, eine Hartgummischeibe, den Puck, in das Tor des Gegners zu schlagen. Der Kampf dauert dreimal 20 Minuten und ist sehr anstrengend.

Eislaufen ist für Erika der schönste Wintersport. Am Wochenende geht sie mit ihrer Freundin auf den Eislaufplatz. Zur Musik ziehen sie da ihre Kreise. Sie wollen auch eistanzen lernen. Im Fernsehen sieht Erika gerne den Eiskunstläufern zu, wenn sie ihre Figuren und Sprünge zeigen. Es gibt auch Eisschnelläufer, die auf einer Eisbahn um die Wette laufen.

Eisvogel Bei einem Spaziergang in der Au sieht Ernst einen Eisvogel. Sein Rücken schillert blaugrün, sein Bauch ist rostrot. Plötzlich fliegt er auf, stößt pfeilschnell zum Wasser hinab und holt mit seinem langen Schnabel einen Fisch heraus. Eisvögel werden immer seltener, denn sie können im verschmutzten Wasser ihre Beute nicht erkennen.

Eiszeit Vor mehr als zehntausend Jahren waren weite Gebiete unserer Heimat von Eis bedeckt. Da die Menschen nicht verhungern wollten, zogen sie in wärmere Gegenden. In der Eiszeit lebte das riesige ☛ Mammut, der Höhlenbär und das wollhaarige Nashorn. Als es langsam wärmer wurde, begann das Eis zu schmelzen. Die Gletscher wurden kleiner, Wälder breiteten sich aus, es gab mehr Tiere. Das Leben wurde leichter.

Elch In den sumpfigen Wäldern der nördlichen Teile von Europa, Asien und Amerika ist der Elch zu Hause. Er ist der größte Hirsch und ein guter Schwimmer. Im Sommer lebt er an Seen und Flüssen. Die männlichen Elche haben ein schaufelartiges Geweih. Leider wird der Elch viel gejagt und ist heute schon selten.

Elefant Erich war mit seinem Vater im Zirkus. Am besten haben ihm die Elefanten gefallen. „Der größere mit den großen Ohren ist der afrikanische Elefant, der kleinere mit den Hängeohren der indische", sagt der Vater. Elefanten sind Dickhäuter. Sie sind die größten und schwersten Tiere, die es auf der Erde gibt. In großen Herden ziehen sie durch die Wälder. Mit dem langen Rüssel atmen und trinken sie und pflücken Blätter und Zweige von den Bäumen. Dieses große Tier frißt sehr viel und muß daher oft den Futterplatz wechseln. Seine langen Stoßzähne liefern das wertvolle Elfenbein. Deshalb wurde der Elefant viel gejagt. Jetzt ist er geschützt. Gezähmte Elefanten sind Reit- und Arbeitstiere.

Elektrizität ist eine Naturkraft. Sie beruht auf der Energie jener winzigen Teilchen der ☛ Atome, die man Elektronen und Protonen nennt. Elektrische Energie wird in Kraftwerken erzeugt. Von dort führen Stromleitungen über das Land. Jede Stadt, jedes Dorf, jedes Haus ist angeschlossen. So können wir elektrischen Strom aus der Steckdose beziehen.

Viele Kraftwerke werden mit Wasserkraft betrieben: man nennt sie Wasserkraftwerke. Andere Kraftwerke werden mit Dampf betrieben. Dazu wird Kohle oder Gas verbrannt. Kernkraftwerke arbeiten mit ☛ Atomkraft. Für die Stromleitungen verwendet man Metalle, vor allem Kupfer. Sie werden „Leiter" genannt. Manche Stoffe, wie Gummi oder Kunststoff, leiten den elektrischen Strom nicht. Wir nennen sie „Nichtleiter" oder „Isolatoren".

Der elektrische Strom bringt Glühbirnen zum Leuchten, er heizt Öfen und betreibt Elektromotoren, Maschinen und Elektrogeräte. Radio und Fernsehen wären ohne Elektrizität nicht möglich, ebenso das Telefon. Auch das Auto könnte ohne elektrische Zündung nicht fahren. Wohin man schaut, ohne Elektrizität wäre unser Leben heute nicht vorstellbar. Dabei ist die Glühbirne nicht einmal hundert Jahre alt. Danach aber hat sich die Elektrotechnik rasch in der ganzen Welt verbreitet.

Elfen kommen in Märchen und Sagen vor. Sie sind Naturgeister, die in der Erde, in der Luft und im Wasser leben.

Elster heißt ein Vogel, der mit den Raben verwandt ist. Die Elster hat ein schwarzweißes Gefieder, blauschillernde Flügel und einen langen grünschillernden Schwanz. Sie ist ein Feind der Singvögel, weil sie Eier und junge Vögel frißt. Gefangene Elstern lernen Lieder nachpfeifen und Wörter sprechen wie die Papageien. Sie stehlen und verstecken gerne glänzende Gegenstände.

Energie bedeutet Kraft, auch Tatkraft. Ein energischer Mensch ist ein tatkräftiger Mensch. Tiere und Menschen können mit der Kraft ihrer Muskeln Arbeit leisten. Das war in alter Zeit die wichtigste Energieform. Später hat man andere Energiequellen entdeckt und nutzbar gemacht: Kohle, Erdöl und Erdgas. Daraus gewinnt man durch Verbrennen ☛ Dampfkraft, das bedeutet Wärmeenergie. Sie wird meist in elektrische Energie umgewandelt. In neuester Zeit hat man auch die ☛ Atomkraft als Energiequelle entdeckt. Sie ist aber gefährlich. Man sucht deshalb nach neuen Energiequellen, etwa die Wärme der Sonnenstrahlen oder die Kraft des Windes.

England nennen wir meist den Staat Großbritannien, der auf den britischen Inseln liegt. England ist aber nur ein Teil dieses Staates. Die Hauptstadt ist London. Die englische Sprache ist eine Weltsprache, die auch du einmal in der Schule lernen wirst.

entdecken In alter Zeit kannten die Menschen nur einen kleinen Teil der Erde. Aber immer wieder trieben sie Neugier und Abenteuerlust auf Entdeckungsreisen. Vor rund 500 Jahren entdeckte der Seefahrer Christoph Kolumbus ☛ Amerika, etwa 100 Jahre später wurde ☛ Australien entdeckt. Nach 1900 erreichte man erstmals den Nordpol und den Südpol. 1969 landeten die ersten Menschen auf dem Mond.

Enten Im Park besucht Eva gerne die Enten, die dort im Teich schwimmen. Mit ihren Schwimmhäuten zwischen den Zehen paddeln sie rasch dahin. Oft tauchen sie mit dem Kopf tief ins Wasser und suchen im Schlamm nach Futter, sie „grundeln". Auf dem Land watscheln sie tolpatschig dahin. Die männliche Ente, der Erpel, hat ein buntes Gefieder, das Weibchen ist bräunlich. *Stockenten* sind unsere größten Enten, sie können auch gut fliegen. *Hausenten* sind meist weiß.

Enzian gehört zu den ☛ Alpenpflanzen. Am häufigsten finden wir den stengellosen Enzian mit seinen dunkelblauen Blüten. Man darf Enzian nicht pflücken, er steht unter Naturschutz.

Erbsen „Heute gibt es grüne Erbsen als Gemüse", sagt die Mutter. Die kleinen kugeligen Erbsen sind Hülsenfrüchte, weil die Samen in Hülsen heranreifen. Die grünen Hülsen heißen auch Schoten.

Erdäpfel nennt man in Österreich und in Teilen Bayerns die ☛ Kartoffeln.

Erdbeben Im Fernsehen hat Erich Bilder einer Erdbebenkatastrophe gesehen. Da sind Häuser und Brücken eingestürzt, Bäume wurden entwurzelt, viele Hunderte Menschen fanden den Tod. Wieso kommt es, daß „die Erde bebt"? Wenn sich im Innern der ☛ Erde Gesteinsmassen verschieben oder Hohlräume einstürzen, dann kommt es zu Erdbeben. Auch bei Vulkanausbrüchen kann es dazu kommen. Erdbeben dauern zwar nur wenige Sekunden, es folgen aber oft mehrere Beben aufeinander. Jedes Jahr gibt es unzählige Erdbeben. Zum Glück sind die meisten so schwach, daß sie nur von feinen Meßgeräten aufgezeichnet werden. Das schwerste Erdbeben in diesem Jahrhundert ereignete sich 1976 in China. Dabei sind etwa eine halbe Million Menschen umgekommen.

Erdbeere Im Garten gibt es ein Beet mit großen Gartenerdbeeren. Die Erdbeere ist keine echte ☛ Beere, sie sieht nur so aus. Ihre saftige rote Frucht besteht aus vielen winzigen Nüßchen, das sind die eigentlichen Früchte. Walderdbeeren wachsen wild und haben kleinere Früchte, die besonders gut schmecken.

Erde Das ist der ☛ Planet, auf dem wir leben. Die Erde kreist um die Sonne: dazu braucht sie ein Jahr. Sie dreht sich dabei um sich selbst: dazu braucht sie einen Tag. Die Sonne wärmt und beleuchtet die Erde. Ein Sonnenstrahl braucht etwa acht Minuten, bis er die Erde erreicht. Die Wärme und das Licht der Sonne machen das Leben von Pflanzen, Tieren und Menschen auf der Erde möglich. Umgeben ist die Erde von einer Lufthülle, die man Atmosphäre nennt. Das Innere der Erde besteht aus glühenden flüssigen Gesteinsmassen. Die Oberfläche ist eine dünne Kruste festen Gesteins. Zwei Drittel der Erdoberfläche sind von Wasser bedeckt, nur ein Drittel ist Land. Astronauten haben auf ihren Flügen ins Weltall Aufnahmen von der Erde gemacht. Sie sieht wie eine blauschimmernde Kugel aus. Auf diesem „blauen Planeten" leben heute mehr als fünf Milliarden Menschen. Lies: Erdteile.

Erdöl ist ein wichtiger Rohstoff. Es ist eine übelriechende braune Flüssigkeit, die tief in der Erde lagert. Zur Förderung des Erdöls werden Bohrtürme errichtet, deren riesige Bohrer oft mehrere tausend Meter tief ins Erdreich dringen. Manche Erdölfelder liegen unter dem Meeresboden. Dann werden künstliche Bohrinseln errichtet. Erdöl wird zu Benzin, Dieselöl und Heizöl verarbeitet. Man kann daraus aber auch Kunststoffe, Fette, Farben, sogar Arzneien herstellen. Ähnlich wie Erdöl wird auch Erdgas aus der Tiefe geholt, es wird zum Heizen verwendet.

Erdteile Es gibt sieben Erdteile: Asien, Afrika, Nord- und Südamerika, Europa, Australien und die Antarktis. Die Erdteile werden auch Kontinente genannt.

Ernährung „Essen und Trinken hält Leib und Seele zusammen", sagt ein Sprichwort. In alten Zeiten mußten sich die Menschen von dem ernähren, was ihnen ihre Umwelt bot. Oft gab es Hungersnöte. Heute leben wir im Überfluß. In den Lebensmittelgeschäften werden Nahrungsmittel aus aller Welt angeboten. Aber diese Fülle ist nicht ungefährlich. Wer zuviel ißt, ist meist nicht gesund! Gesunde Ernährung – so sagen die Ärzte – muß die Grundstoffe enthalten, die der Körper braucht: Eiweiß (ist in Milch und Fleisch enthalten), Fett, Kohlehydrate (in Brot, Kartoffeln, Getreide, Zucker), Mineralstoffe und Vitamine (in Obst und Gemüse). Eine gemischte Kost ist am gesündesten.

Regelmäßige Mahlzeiten sind Frühstück, Mittag- und Abendessen. Ein Kind, das ohne Frühstück zur Schule geht, wird rasch müde und unaufmerksam. Gegen den kleinen Hunger am Vormittag hilft ein Pausenbrot und die Schulmilch. Und wer am Nachmittag Appetit verspürt, kann Tee trinken und Obst essen. Die Speisen, die mittags und abends auf den Tisch kommen, sind nicht überall gleich. Im Ausland kann man manche Überraschung erleben. So sind in Frankreich Weinbergschnecken ein besonderer Leckerbissen. Und die Chinesen verspeisen nicht nur Haifischflossen, sondern auch Regenwürmer. Möchtest du das auch einmal kosten?

Auch beim Trinken gibt es verschiedene Gewohnheiten. Für Kinder gibt es überall Fruchtsäfte, Milch und Mineralwasser. Brunnenwasser war einmal das wichtigste Getränk. Leider ist es heute in vielen Orten verunreinigt und darf deshalb nicht mehr getrunken werden.

Ernte In den Ferien ist Ernst auf einem Bauernhof und sieht, wie das ☛ Getreide geerntet wird. Ein mächtiger Mähdrescher fährt das Feld auf und ab und mäht das Getreide. Dieselbe Maschine drischt auch die Körner aus den Ähren, füllt sie in Säcke und wirft das leere Stroh in Ballen ab. So einfach geht das heute, was früher schwere Arbeit war. Bei der Apfelernte in Großvaters Garten will Ernst selbst mithelfen.

Esel Im Urlaub in Griechenland hat Elfi mit einem Esel Freundschaft geschlossen. Jeden Morgen kam da ein Mann mit einem grauen Esel vorbei, der zwei schwere Tragkörbe mit Obst auf seinem Rücken trug. Während der Mann das Obst verkaufte, hat Elfi dem Esel Brot ins Maul gesteckt und ihn zwischen seinen langen Ohren gekrault. Bei einem Ausflug durfte sie sogar auf einem Esel reiten. Esel sind geduldig, fleißig und sehr genügsam. Sogar Disteln mögen sie. Sie sind klug, keineswegs dumm, manchmal aber ein wenig störrisch. Sie sind mit dem Pferd verwandt. In den Ländern um das Mittelmeer werden sie als Haustiere gehalten. Wilde Esel gibt es in Asien und Afrika.

Erste Hilfe Elfis Freundin ist beim Laufen gestolpert und der Länge nach hingefallen. Sie schreit laut auf. Ihr Knie ist aufgeschlagen und blutet. Elfi holt rasch die Mutter, die das Knie reinigt und notdürftig verbindet. Richtige Erste Hilfe, bevor Arzt oder Rettung eintreffen, hat schon manchem Verletzten das Leben gerettet. Wer Zeuge eines Unfalls wird, muß Erste Hilfe leisten und die Rettung verständigen (Notruf wählen). *Wie* man Erste Hilfe leistet, das muß gelernt werden. Das ☛ Rote Kreuz hält Erste-Hilfe-Kurse ab. Auch Schulkinder lernen schon die wichtigsten Erste-Hilfe-Regeln, damit sie sich im Notfall richtig verhalten.

Eskimos wohnen in den nördlichsten Teilen Amerikas, vor allem auf der Insel Grönland. Sie sind klein und kräftig, haben eine gelbbraune Haut und glattes schwarzes Haar. Der Name „Eskimo" bedeutet „Rohfleischesser". Sie ernähren sich von Fischen, Seehunden und Rentieren. Zum Fischfang haben sie kleine, wendige Boote, die Kajaks, die mit Seehundfellen bespannt sind. Auch ihre warme Oberkleidung, der Anorak, ist aus Seehundfellen. In den kurzen Sommermonaten leben die Eskimos in Zelten. Für den langen Winter bauen sie aus Schneeblöcken halbkugelförmige Hütten, die Iglus. Heute ziehen immer mehr Eskimos in die kleinen Städte, die in Grönland entstanden sind. Es gibt noch etwa 80.000 Eskimos. Sie sind friedliche Menschen, in ihrer Sprache gibt es kein Wort für Krieg.

Eulen sind Vögel, die in Baumhöhlen, Ruinen oder ähnlichen Schlupfwinkeln hausen. Ihre großen unbeweglichen Augen sind von einem Kranz heller Federn, einem „Schleier", umgeben. In der Dunkelheit streichen sie fast lautlos über den Boden und jagen nach Mäusen und anderen kleinen Tieren. Die größte Eule ist der ☛ Uhu. Häufig sind bei uns der Waldkauz und die Schleiereule. Die Eulen sind geschützt.

Eulenspiegel ist ein Spaßmacher, über den es viele Geschichten gibt. Es ist nicht sicher, ob Till Eulenspiegel wirklich gelebt hat oder ob er nur eine erfundene Gestalt ist. Angeblich soll er vor 700 Jahren durch die Lande gezogen sein und sich über die Dummheit der Menschen lustig gemacht haben. Er trug ein Narrenkleid mit Glöckchen und einen Spiegel. Seine Streiche kannst du in Kinderbüchern nachlesen.

Europa ist der Erdteil, in dem wir leben. Er ist der zweitkleinste Erdteil. Auf dem ☛ Globus sieht er fast wie ein Anhängsel Asiens aus. Im Osten bildet das Uralgebirge in der Sowjetunion die Grenze gegen Asien. Im Norden grenzt Europa an das Eismeer, im Westen an den Atlantischen Ozean, im Süden an das Mittelmeer. Die Alpen sind das höchste Gebirge Europas, die Wolga in Rußland und die Donau sind die größten Flüsse. In Europa leben rund 700 Millionen Menschen. Sie gehören vielen Völkern an und sprechen 70 verschiedene Sprachen. Europa ist der am dichtesten besiedelte Erdteil.

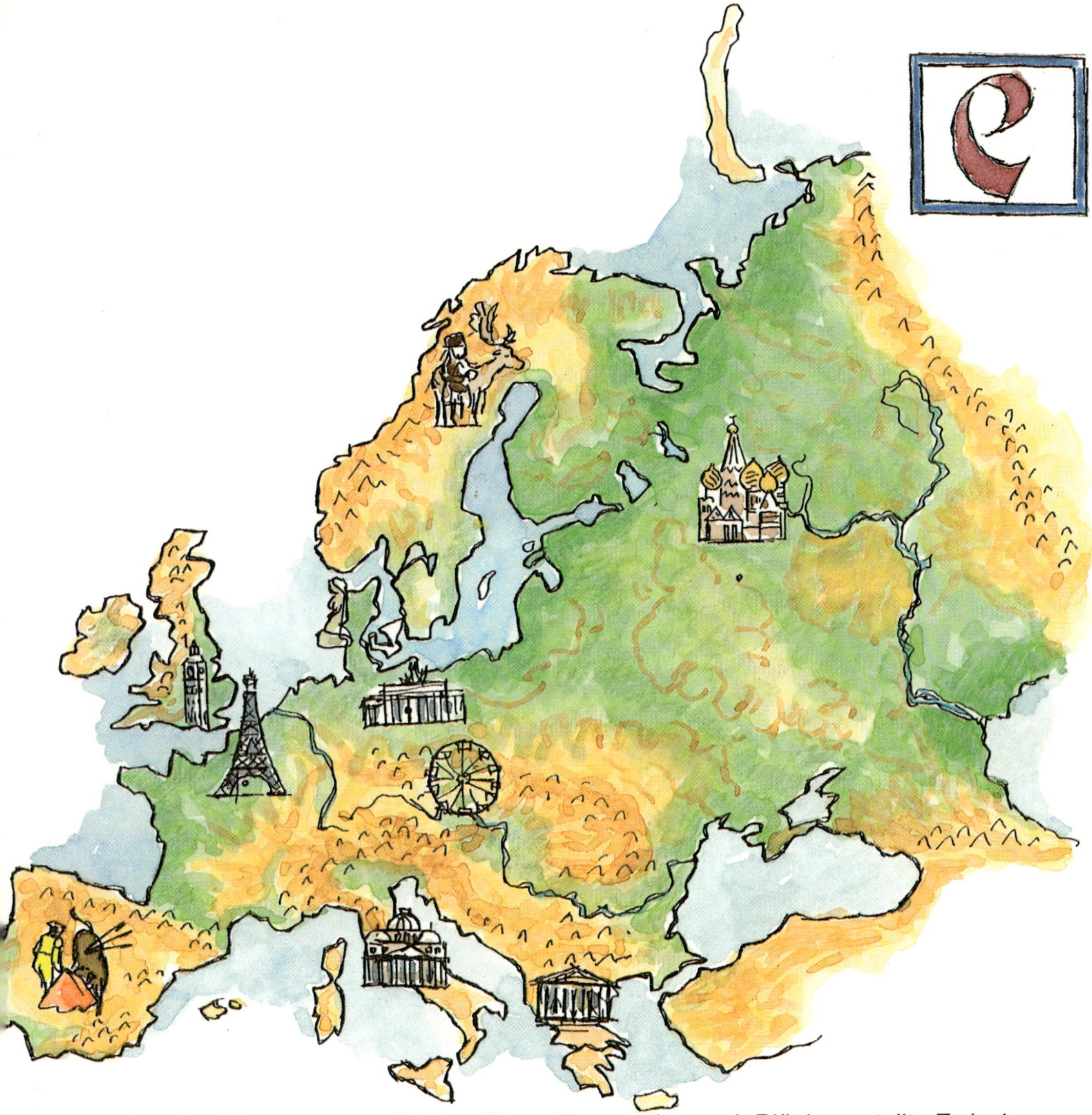

Europa ist die Wiege unserer Kultur. Hier entstand auch die moderne Technik, die heute für unser Leben so wichtig ist. Europa ist reich an Bodenschätzen aller Art, vor allem an Eisen und Kohle. Die Industrie ist besonders in Westeuropa hoch entwickelt. Das Klima in Europa ist überwiegend mild, nur im Norden und Nordosten sind die Winter lang und kalt. In den Ländern um das Mittelmeer sind die Sommer trocken und heiß. In Europa gibt es viele Tierarten, aber ihr Lebensraum ist durch die dichte Besiedlung und die Verschmutzung der Umwelt bedroht.

Nach dem Zweiten Weltkrieg 1945 wurde Europa in zwei Blöcke geteilt: Zwischen Westeuropa und dem kommunistischen „Ostblock“ gab es kaum Beziehungen. Man sprach vom „Eisernen Vorhang“. Die Länder Westeuropas schlossen sich enger zusammen. Sie gründeten die Europäische Gemeinschaft (abgekürzt ☛ EG). In Westeuropa kehrte Wohlstand ein. Den Menschen in Osteuropa ging es schlecht. Im Herbst 1989 zwangen sie ihre Regierungen, die Grenzen zum Westen zu öffnen. Seitdem wurden überall freie Wahlen abgehalten. Man spricht man von einem gemeinsamen „europäischen Haus“ für alle Völker Europas.

Fahnen „Warum wehen heute Fahnen an den Häusern?“ fragt Fritz. „Heute ist Staatsfeiertag“, sagt Vater. Die Fahnen, die das Zeichen eines Staates tragen, heißen Flaggen. Jedes Land hat seine Nationalflagge mit den Nationalfarben, zum Beispiel Deutschland: Schwarz-Rot-Gold, Österreich: Rot-Weiß-Rot, die Schweiz: ein weißes Kreuz auf rotem Grund. Eine schwarze Fahne bedeutet Trauer, eine weiße Fahne Frieden, das rote Kreuz auf weißem Grund ☛ Erste Hilfe.

Fabel Ein Löwe hielt seinen Mittagsschlaf. Da lief ihm ein Mäuschen über die Nase. Der Löwe erwachte und hielt das Mäuschen mit seiner Tatze fest. Das Mäuschen bat flehentlich um sein Leben. Der großmütige König der Tiere schenkte ihm die Freiheit. Nicht lange danach fing sich der Löwe in einem Netz. Er konnte sich nicht befreien. Da kam das Mäuschen, zernagte die Stricke und befreite den Löwen. Diese kleine Geschichte ist eine Fabel. In der Fabel sprechen und handeln die Tiere wie Menschen. Jede Fabel enthält eine Lehre. Unsere Geschichte sagt dir: Auch dem Stärksten kann die Dankbarkeit eines Schwachen nützen.

Fabrik Früher mußte der Mensch alles, was er brauchte, mit der Hand herstellen. Heute werden die Güter in Fabriken von Maschinen erzeugt. In der Fabrik arbeiten viele Menschen. Es werden große Mengen an Waren erzeugt. In vielen Fabriken stehen die Maschinen nie still. Das Arbeitsstück wird auf einem „laufenden Band“, dem Fließband, langsam von einem Arbeiter zum anderen weiterbefördert. Die Arbeiter machen Tag für Tag dieselben Handgriffe. Es gibt auch automatische Maschinen, die noch viel schneller arbeiten. Sie benötigen nur wenige Arbeiter.

Fähre Das ist ein Boot oder Schiff, das Menschen und Fahrzeuge über einen Fluß, einen See oder eine Meerenge befördert. Die Eisenbahnfähre kann einen ganzen Eisenbahnzug, die Autofähre viele Autos und Autobusse aufnehmen.

Fahrrad Kannst du schon auf dem Fahrrad fahren? Vielleicht auf einem Kinderfahrrad? Wenn du zehn Jahre alt bist und eine Radfahrprüfung ablegst, darfst du mit dem Rad in die Schule fahren. Du mußt die Verkehrsregeln und Verkehrszeichen (☛ Verkehr) gut kennen und darfst niemals vergessen, besonders vorsichtig zu sein. Denn die Autos sind für Radfahrer sehr gefährlich. Wichtige Regeln für Radfahrer: Fahre ganz rechts am Straßenrand oder benutze einen Radfahrweg. Fahre nicht freihändig und nimm niemanden auf dem Gepäckträger mit. Mehrere Radfahrer sollen niemals nebeneinander, sondern hintereinander fahren. Das Fahrrad muß zwei Bremsen haben, gelbe Rückstrahler auf den Pedalen, vorne eine Lampe und eine Klingel, hinten einen roten Rückstrahler am Schutzblech. Das Fahrrad ist das umweltfreundlichste Fahrzeug. Es verpestet nicht die Luft und braucht wenig Platz auf der Straße.

Fährte Das sind die Fußabdrücke von Reh, Hirsch, Gemse, Steinbock, Wildschwein. Bei anderen Tieren werden die Fußabdrücke Spur genannt. Der Jäger erkennt aus der Fährte und Spur, welches Tier da gelaufen ist.

fair (sprich: fär) ist ein englisches Wort und bedeutet anständig, ehrlich. „Das ist ein fairer Kampf“, sagt der Reporter bei der Übertragung eines Fußballspiels, weil alle die Regeln einhalten und die Gegner nicht gefährden.

Falke „Falkenauge“ heißt in Indianergeschichten ein Jäger, der besonders gut sieht. Falken sind Greifvögel. Der Baumfalke ist der schnellste Flieger unter unseren Vögeln. Er kann sogar Lerchen und Schwalben im Flug erjagen. Der Turmfalke lebt in Türmen und alten Gemäuern. Du kannst ihn beobachten, wie er hoch oben seine Kreise zieht oder „rüttelnd“, das heißt mit kleinen schnellen Flügelschlägen, auf einer Stelle steht. Dann stürzt er sich blitzschnell auf seine Beute, meist Mäuse oder Eidechsen, herab.

Fallschirm Im Fernsehen sieht Fritz, wie aus einem Flugzeug Fallschirmspringer abspringen. Sie fallen zuerst ein Stück frei, dann erst öffnet sich der Schirm entweder automatisch oder wenn der Springer an einer Leine zieht. Der große Schirm bläht sich auf, bremst so den schnellen Fall und gleitet langsam zu Boden. Der Springer hängt in einem Traggurt, der durch Seile mit dem Schirm verbunden ist. Bei einem Flugzeugunglück kann der Fallschirm Leben retten. Fallschirmspringen ist auch ein Sport, er verlangt hartes Training.

Familie Vater, Mutter und Kinder sind eine Familie. Zu einer Großfamilie gehören auch die Großeltern, Tanten und Onkel und deren Kinder. Früher gab es viele Großfamilien. Heute leben wir meist in Kleinfamilien. Fritz wohnt mit seinen Eltern zusammen. Sie sorgen für ihn und haben ihn lieb. Nicht alle Kinder können in einer Familie aufwachsen. Fritz hat eine Freundin, die mit ihrer Mutter allein lebt. Manche Kinder wohnen in Heimen, weil sie keine Eltern mehr haben oder weil ihre Eltern nicht für sie sorgen können.

Farben Es gibt viele Farben. Im ☛ Regenbogen siehst du Rot, Orange, Gelb, Grün, Hellblau, Dunkelblau und Violett. Es sind die sieben Hauptfarben, aus denen sich die weiße Farbe des Lichts zusammensetzt. Wenn wir Farben mischen, entstehen neue Farben, zum Beispiel wird aus Rot und Blau Violett, aus Blau und Gelb Grün. Die Farben haben oft eine bestimmte Bedeutung: Weiß ist die Farbe des Friedens, Schwarz die Farbe der Trauer. Rot bedeutet Liebe, Blau Treue, Gelb Neid, Grün Hoffnung.

Farm So heißt ein großer Bauernhof in Nordamerika. Der Farmer ist der Bauer. Bei uns gibt es Geflügelfarmen und Pelztierfarmen, wo diese Tiere in Massen gezüchtet werden.

Farn An schattigen, feuchten Plätzen im Wald begegnen wir oft dieser buschigen Blätterpflanze. Sie hat keine Blüten. Die langen zungenförmigen Blätter haben viele kleine Blättchen, die federartig angeordnet sind. Farne finden sich in vielen Arten auf der ganzen Erde. In heißen Ländern gibt es Baumfarne. Vor Millionen von Jahren bildeten farnartige Pflanzen riesige Wälder.

Fasan Dieser große Hühnervogel lebt auf Feldern und in Auwäldern. Er kann nicht gut fliegen. Der Hahn hat einen schönen langen Schwanz und ein glänzendes farbenprächtiges Federkleid. Die kleinere Henne ist schlicht gelblichbraun. Sie brütet ihre Eier auf dem Boden aus. Der Fasan wird gerne gejagt, denn ein gebratener Fasan schmeckt gut.

Faultier Es trägt seinen Namen zu Recht. Stundenlang hängt das Faultier mit seinen sichelförmigen Krallen an Zehen und Fingern, mit dem Rücken nach unten, in den Bäumen der südamerikanischen Regenwälder. Seine Nahrung sind Blätter. Auf dem Boden kann es sich nur langsam fortbewegen. In der Regenzeit ist sein Fell grün von Algen. Dann ist es in dem Blätterdach kaum zu sehen.

Fasching Er heißt auch Fastnacht oder Karneval. Es ist die Zeit der fröhlichen Umzüge, des Tanzes, der Maskenfeste und der närrischen Späße. Der Fasching beginnt am Dreikönigstag im Januar und endet am Aschermittwoch im Februar. Das ist der Tag, an dem die Fastenzeit beginnt. Am ausgelassensten geht es in den letzten drei Tagen des Faschings zu. Da macht man in vielen Städten Karnevalsumzüge. Fritz hat am Rosenmontag viele Masken gesehen, Teufel, Hexen und Clowns waren darunter. Am Faschingdienstag ist er zu einem Maskenfest eingeladen. Er will sich als Indianer verkleiden. Mit seiner Gesichtsmaske wird ihn bestimmt niemand erkennen. Mutter bäckt am Faschingsonntag Faschingskrapfen.

f

Feder Jeder Vogel hat Federn. Alle Federn zusammen bilden das Gefieder. Die weichen kleinen Flaumfedern wärmen das Tier, die darüberliegenden Deckfedern schützen es vor Nässe. Die Schwungfedern an den Flügeln helfen beim Fliegen, mit den Schwanzfedern steuert der Vogel. Früher benutzte man Gänsefedern zum Schreiben. Heute sind die Schreibfedern aus Metall. Es gibt auch andere Federn aus Metall: Das sind elastische Drähte, die „federn“, das heißt, sie fangen zum Beispiel die Stöße im Auto ab.

Federball Fanni und ihre Freundin spielen Federball im Garten. Sie haben zwischen zwei Stangen eine Schnur gespannt. Darüber schlagen sie mit Schlägern einen kleinen leichten Ball mit Federn. Fällt der Ball zu Boden, gilt das als Fehler. Wird Federball auf einem Spielfeld nach Regeln gespielt, so heißt das Spiel Badminton (sprich: bädmintn).

Feige ist die süße, saftige Frucht des Feigenbaums, der in südlichen Ländern wächst. Mutter kauft getrocknete Feigen, sie sind auf einer Bastschnur zu einem Kranz gebunden. Frische Feigen sind grün, die getrockneten braun.

Fell Viele Tiere haben ein Fell. Es ist das Haarkleid, das sie vor Kälte und Nässe schützt. Im Winter ist das Fell dichter als im Sommer. Felle werden zu Pelzen verarbeitet. Viele Tiere mit wertvollem Fell wurden so sehr gejagt, daß sie fast ausgestorben sind.

Fernrohr Mit einem Fernrohr können wir Dinge, die wir mit bloßem Auge nicht erkennen, groß und nah vor uns sehen. Der Feldstecher, den der Jäger und Wanderer braucht, ist ein Fernrohr, ebenso das Opernglas. In das Fernrohr sind geschliffene Linsen aus Glas eingebaut, die entfernte Gegenstände größer erscheinen lassen. In Sternwarten stehen große Fernrohre. Mit ihnen kann man Sterne beobachten.

Fernsehen So einfach geht das: Du drückst auf einen Knopf, und schon bist du in Afrika und siehst Elefantenherden und Löwen. Du drückst noch einmal, und du bist auf einem Fußballplatz. Ist das nicht wie Zauberei? Wie kommen diese Bilder zu uns ins Haus?

Die Bilder, die du auf dem Bildschirm deines Fernsehgeräts siehst, werden von einer Fernsehkamera aufgenommen. Sie zerlegt die Bilder in Punkte und verwandelt diese in elektrische Signale, die zu einem Sender geleitet werden. Die Töne werden von einem Mikrofon ebenfalls in elektrische Signale umgewandelt. Bild- und Tonsignale werden vom Sender als unsichtbare Wellen ausgestrahlt. Unsere ☛ Antenne auf dem Dach oder im Zimmer fängt sie auf und leitet sie zum Fernsehgerät. Hier werden die Signale wieder umgewandelt: Wir sehen das Bild und hören den Ton.

Die meisten Sendungen werden auf Videoband aufgezeichnet und erst später gesendet. Bei einer Live-Übertragung (sprich: laif-) sehen wir ein Fußballspiel zur selben Zeit wie die Zuschauer auf dem Fußballplatz. Das Fernsehen hat sich nach 1950 über die ganze Welt verbreitet. Freds Großvater hat es als Kind noch nicht gekannt. Heute werden über riesige Antennen Fernsehbilder in den Weltraum gestrahlt und über ☛ Satelliten von allen Ländern empfangen.

Fred sitzt nicht stundenlang vor dem Fernseher. Er sieht sich mit seiner Mutter das Fernsehprogramm an und wählt aus, was er sehen möchte. Am liebsten hat er Sendungen über Tiere und Sport. Aber auch viele Kindersendungen findet er gut. Es gibt auch Nachrichtensendungen für Kinder. Seine Schwester darf nicht fernsehen, sie ist noch zu klein. Mutter achtet auch darauf, daß Fred nicht zu nahe beim Fernsehgerät sitzt, denn das schadet den Augen. Bei schönem Wetter spielt Fred lieber auf dem Spielplatz.

f

Feste Alle Kinder freuen sich auf die beiden schönsten Feste des Jahres: auf ☛ Ostern, das Fest im Frühling, und auf ☛ Weihnachten, das Fest im Winter. Das neue Jahr wird auf der ganzen Welt gefeiert, allerdings nicht überall am selben Tag. Auf ein Fest freut sich Fred besonders: auf seinen Geburtstag. Alle seine Freunde sind eingeladen und bringen Geschenke mit. Zu seinem siebenten Geburtstag haben sieben Kerzen auf der Geburtstagstorte gebrannt. Fred vergißt auch nie auf den Festtag für seine Mutter: den Muttertag. Er wird am zweiten Sonntag im Mai gefeiert. Fred bringt der Mutter einen Blumenstrauß und dankt für ihre Liebe und Fürsorge. Der 1. Mai ist der Tag der Arbeit, ein Festtag für alle Menschen, die arbeiten.

Fett ist ein wichtiger Nährstoff, er erzeugt Wärme und Kraft in unserem Körper. Wir erhalten Fett von Pflanzen und Tieren: Aus Oliven, Sonnenblumenkernen, Kokosnüssen und anderen Früchten gewinnt man Öl und Margarine, aus Kuhmilch Butter, aus dem Schweinespeck Schmalz. Fett braucht man zum Kochen und Backen, aber auch für Seifen und Salben.

Feuer „Feuer, Feuer!“ war zu allen Zeiten ein Schreckensruf für die Menschen. Feuer kann Häuser, ganze Städte und Wälder vernichten. Aber Feuer ist auch ein Freund des Menschen. Es kocht unsere Nahrung, gibt uns Licht in der Dunkelheit und wärmt uns, wenn es kalt ist. Feuer erzeugt die Kraft des ☛ Dampfes und schmilzt das Eisen im Hochofen. Als die Menschen in der Urzeit lernten, wie man Feuer macht, begann ihr menschenwürdiges Leben: An der Feuerstelle kamen sie zusammen, brieten ihre Jagdbeute und wärmten sich. Sie erzeugten Feuer, indem sie sehr harte Steine gegeneinanderschlugen, so daß die Funken flogen. Oder sie rieben Hölzer aneinander, bis sie zu brennen anfingen. Mit Feuer mußt du vorsichtig umgehen. Ein weggeworfenes Zündholz allein kann schon einen großen Brand verursachen.

Feuerwehr „Trara, die Feuerwehr ist da!" Sie ist unser Helfer in der Not und ist immer einsatzbereit. Sobald es in der Feuerwehrzentrale Feueralarm gibt, springen die Feuerwehrmänner in die Löschfahrzeuge und rasen mit Blaulicht und lautem „Trara...trara" zum Brandort. Die Feuerwehr hat freie Fahrt, alle Autos machen Platz. In wenigen Minuten sind die Löschgeräte aufgestellt, die Schläuche an die Wasserzapfstellen angeschlossen, und schon spritzen große Wasserstrahlen in die Flammen. Die Feuerwehrmänner tragen feuerfeste Anzüge, Atemschutzgeräte und Helme. So dringen sie in das brennende Haus ein und holen, oft unter Lebensgefahr, Menschen und Tiere heraus. Aus hohen Gebäuden werden über lange Leitern Menschen gerettet, manchmal springen sie auch in ein Sprungtuch.

Die Feuerwehrmänner müssen viel lernen und üben, denn die Feuerwehr hilft nicht nur, wenn es brennt, sie hilft auch bei Verkehrsunfällen, bei Überschwemmungen und Stürmen. Sie rettet Ertrinkende und holt sogar kleine Tiere von Dächern oder hohen Bäumen herunter. In der Stadt gibt es eine Berufsfeuerwehr, auf dem Land die Freiwillige Feuerwehr.

Wie verständigst du rasch die Feuerwehr? Am besten, du telefonierst. Die Notrufnummer der Feuerwehr steht auf der Deckelseite des Telefonbuchs. In wichtigen Gebäuden gibt es elektrische Feuermelder.

Feuerwerk Beim Sommerfest sehen Fred und Fanni ein großes Feuerwerk: Am dunklen Nachthimmel erblühen feurige Blumen in den grellsten Farben. Es knallt und zischt, Funkenregen fällt hernieder. Rote, gelbe und grüne Sterne leuchten auf. Die Kinder können sich nicht satt sehen an der strahlenden Pracht. Freds Vater sagt, Feuerwerkskörper sind Papierhülsen, die mit brennbarem Pulver gefüllt sind und gezündet werden. Auch in der letzten Nacht des Jahres, zu Silvester, werden Feuerwerkskörper gezündet. Oft gibt es dabei auch Verletzte!

F

Fibel Fanni geht in die erste Klasse. Ihr erstes Lesebuch ist die Fibel. Da stehen die Buchstaben und Wörter, die sie lesen und schreiben lernt.

Fichte Einmal im Jahr kommt die Fichte ins Haus: als Weihnachtsbaum! Dieser ☛ Nadelbaum ist der häufigste Baum unserer Bergwälder. Er kann bis zu 50 Meter hoch werden. Seine Blätter, die Fichtennadeln, sind spitz und steif. Sie sind immergrün und erneuern sich alle sechs Jahre. Die Zapfen mit den Samen hängen nach unten und fallen ab, wenn sie reif sind.

Fieber Fanni ist so müde. Ihr Kopf und ihre Hände sind heiß. „Du hast Fieber“, sagt die Mutter. Sie steckt ihr ein Fieberthermometer unter den Arm. Nach fünf Minuten zeigt es 39 Grad. „Du bist krank. Bei gesunden Kindern zeigt das Thermometer zwischen 36 und 37 Grad.“

Film Fred und Fanni gehen ins Kino. Da sehen sie auf einer großen Leinwand, wie Filmschauspieler die Geschichte von ☛ Pippi Langstrumpf spielen.Der Film zeigt bewegte Bilder, die von einer Filmkamera aufgenommen wurden. Die Kamera macht in einer Sekunde viele Bilder hintereinander. Jede Bewegung von Pippi Langstrumpf wird in viele Einzelbilder zerlegt. Auf der Filmleinwand laufen die Einzelbilder in so rascher Folge ab, daß wir eine zusammenhängende Bewegung sehen. Unser Auge kann so schnell ablaufende Bilder einzeln nicht erkennen. Das nutzen auch die Zeichentrickfilme: Viele einzelne Zeichnungen werden schnell hintereinander abgespielt, und du siehst die gezeichneten Figuren laufen. Beim Tonfilm hören wir auch die Sprache, Geräusche und Musik. Die meisten Filme sind Farbfilme. Sie werden im Kino oder im ☛ Fernsehen gezeigt. Mit einer Filmkamera oder einer Videokamera kann man auch selbst einen Film drehen. Film heißt auch der lichtempfindliche Streifen, den man beim ☛ Fotografieren in die Kamera einlegt.

Finken sind eine große Singvogelfamilie. Sie bewohnen fast die ganze Erde und fressen meist Körner. Bei uns leben vor allem ☛ Buchfink, ☛ Gimpel, ☛ Stieglitz und ☛ Zeisig.

Fische Wie gut sind doch Fische dem Leben im Wasser angepaßt! Ihr glitschiger Körper ist stromlinienförmig und gleitet mühelos durch die Fluten. Die große Schwanzflosse treibt den Fisch vorwärts. Die Brust- und Bauchflossen dienen als Steuer, mit den Rückenflossen hält er sich aufrecht. Fische atmen durch Kiemen, die dem Wasser Atemluft entnehmen. Außerhalb des Wassers müssen sie ersticken. Viele Fische haben knöcherne Gräten. Ihr Körper ist mit Schuppen bedeckt. Die Körpertemperatur paßt sich der Temperatur des Wassers an. So spüren die Fische die Kälte nicht. Das Fischweibchen legt Eier (den Laich) ab, das Männchen gießt seine Milch, die Samen, darüber. Aus den Eiern schlüpfen die Jungen. – Fische sind wichtig für die Ernährung der Menschen. Fischfleisch schmeckt gut, du mußt nur aufpassen, daß du keine Gräte verschluckst. Mit riesigen Netzen werden aus dem Meer Hering, Dorsch und Thunfisch gefangen, aus den Flüssen und Seen kommen Zander, Hecht, Lachs und Aal. Karpfen (siehe Bild) und Forellen werden meist in Teichen gezüchtet. Durch die Verschmutzung der Meere und Flüsse sterben viele Fische.

Fledermaus Das ist keine Maus, sie heißt nur so, weil ihr Körper mausgroß ist und ein graues Fell hat. Die Fledermaus ist das einzige Säugetier, das fliegen kann. Ihre Flügel sind eine dünne Flughaut, die sich zwischen den Armen, Beinen und dem Körper spannt. Daumen und Zehen sind frei, sie dienen zum Klettern und Anklammern. Tagsüber hängen die Fledermäuse mit dem Kopf nach unten in Kirchtürmen und Höhlen. Nachts suchen sie ihre Nahrung. Dabei stoßen sie ganz hohe Töne aus. Wenn diese auf ein Hindernis treffen, werden sie als Echo zurückgeworfen. Jetzt wissen die Fledermäuse: da ist ihre Beute oder hier geht es nicht weiter. Fledermäuse fressen Insekten und sind daher sehr nützlich. Sie halten einen Winterschlaf und stehen unter Naturschutz.

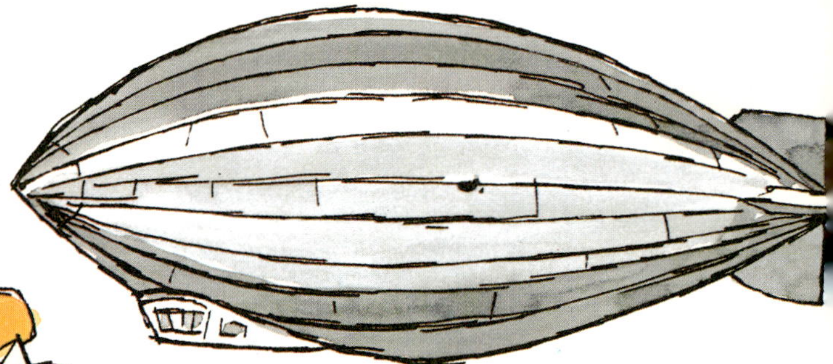

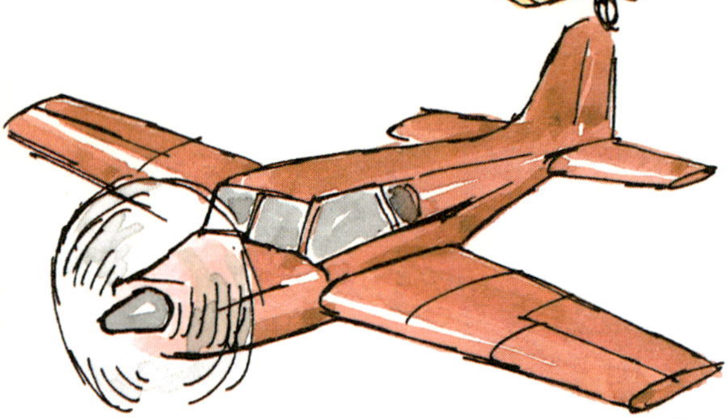

Fliege Es gibt viele Fliegenarten.Sie sind auf der ganzen Erde verbreitet. Fred kennt am besten die Stubenfliege, weil sie sich in der Küche auf alles Eßbare setzt. Sie hat glasklare Flügel und einen saugenden Rüssel. Vater tötet sie mit dem Fliegenfänger. Fliegen können nämlich gefährliche Krankheiten übertragen. Die Tsetsefliege in Afrika zum Beispiel ist die Überträgerin der Schlafkrankheit. Fliegen legen ihre Eier in Mist ab und vermehren sich in ungeheurer Zahl. Die Müllabfuhr trägt dazu bei, daß es bei uns jetzt viel weniger Fliegen gibt.

Fliegen Seit uralten Zeiten war es ein Traum der Menschen, wie ein Vogel durch die Lüfte zu fliegen. Viele Flugversuche hat es gegeben, bis der Mensch lernte, Flugzeuge zu bauen, die uns heute in wenigen Stunden über Meere und hohe Gebirge in ferne Länder bringen. Das erste Fluggerät, mit dem sich Menschen in die Luft erheben konnten, war ein ☛ Ballon. Er wurde vor mehr als 200 Jahren von zwei Franzosen gebaut. Aus dem Luftballon entwickelte sich das Luftschiff. Es war wie der Ballon mit Gas gefüllt, doch hatte es auch Motoren, die es antrieben und lenkten. Der deutsche Graf Zeppelin baute 1900 ein Luftschiff, das Personen beförderte und zwischen Deutschland und Amerika verkehrte. Es brauchte etwa 60 Stunden für den Flug. Das Fliegen mit Flugzeugen, wie wir sie heute kennen, begann mit dem Bau von Motorflugzeugen. Die Kraft des Motors bewegt eine Luftschraube, den Propeller. Die Tragflächen der Flügel halten die Maschine in Schwebe. 1903 machte man in Amerika die ersten Flüge mit einem Motorflugzeug. Das erste Verkehrsflugzeug aus Metall wurde 1919 von dem Deutschen Junkers erbaut. Von da an setzte eine stürmische Entwicklung der Luftfahrt ein. 1939 wurde der erste regelmäßige Flugverkehr zwischen Amerika und Europa eröffnet. Im Zweiten Weltkrieg wurden die Düsenflugzeuge entwickelt. Lies auch: Flugzeuge.

Flöhe Freds Hund kratzt sich oft. „Sicher hat er Flöhe“, sagt die Mutter. Diese Insekten sitzen im Fell von Hund, Katze und anderen Tieren, auch im Gefieder der Vögel, und saugen mit ihrem Stechrüssel das Blut. Sie haben keine Flügel, dafür aber sehr lange Hinterbeine, mit denen sie hoch und weit springen können. Früher war der Menschenfloh bei uns eine häufige Plage, heute ist er nur noch selten. Katzen- und Hundeflöhe können auf den Menschen überwechseln. Flöhe können gefährliche Krankheiten übertragen.

Flohmarkt Ist das ein Markt, auf dem es Flöhe für den Flohzirkus gibt? – Nein, hier werden alte Sachen, zum Beispiel alte Lampen, Bilder, Gläser, Kleider, Schmuck, Bücher verkauft. Das meiste ist recht billig. Manchmal kann man auf dem Flohmarkt auch schöne seltene Dinge entdecken.

Floß Das ist ein Wasserfahrzeug aus Baumstämmen, mit dem auf Flüssen meist Holz transportiert (geflößt) wird. Der Flößer lenkt mit Flößerstangen das Floß.

Flöte Fred spielt die ☛ Blockflöte. Sie ist eine Langflöte. Für Konzerte werden Querflöten aus Holz oder Metall verwendet. Sie haben das Blasloch an der Seite, ebenso die Tonlöcher. Die Flöte ist eines der ältesten Musikinstrumente.

Flüchtlinge In den Nachrichten hört Fred immer wieder, daß tausende Menschen ihre Heimat verlassen und auf der Flucht sind. Sie fliehen, weil sie in ihrem Land von Verfolgung bedroht, ja in Lebensgefahr sind. Als Ostdeutschland noch unter kommunistischer Herrschaft stand, flüchteten viele nach Westdeutschland. Menschen verlassen aber auch ihre Heimat, wenn die Not so groß ist, daß sie nicht genug zu essen haben, oder wenn sie keine Arbeit finden. Viele wandern aus, weil sie einem anderen Volk oder einer anderen Rasse angehören und deshalb verfolgt werden. Die Flüchtlinge werden zunächst in Lagern aufgenommen. Es dauert oft lange, bis sie wieder eine neue Heimat finden.

Flughafen Er ist für die Flugzeuge dasselbe wie der ☛ Bahnhof für die Eisenbahn: Hier starten und landen die Flugzeuge aus vielen Ländern. Im Flughafengebäude sind die Abfertigungshallen mit den Schaltern für Flugkarten und Gepäck. Auch Verkaufsläden, Gaststätten und Banken gibt es hier. Im Kontrollturm sorgen die Fluglotsen für die Sicherheit der Flüge. Sie sehen die Flugzeuge auf einem Radarschirm und leiten die abfliegenden und ankommenden Maschinen durch Funk sicher auf die Start- und Landebahnen. Auf großen Flughäfen verlassen die Passagiere das Flugzeug über eine Fluggastbrücke. Sie führt direkt in die Abfertigungshalle.

Flugzeuge Heute ist ☛ Fliegen so selbstverständlich wie das Fahren mit der Eisenbahn. Fred fliegt zum ersten Mal.Am Morgen ist er mit den Eltern abgeflogen, zu Mittag sind sie schon an ihrem Urlaubsziel weit im Süden. Sie fliegen mit einem Düsenflugzeug. Der Flugkapitän und sein Vertreter, der Kopilot, sitzen im Cockpit und steuern das Flugzeug. Stewardessen (sprich: stjuardessen) betreuen die Fluggäste. Das größte Verkehrsflugzeug für Reisen in andere Erdteile ist der Jumbo-Jet (sprich: dschambo dschät). Er kann mehr als 400 Fluggäste aufnehmen und fliegt fast 1000 km in der Stunde. Es gibt auch Flugzeuge, die schneller fliegen als der Schall, also mehr als 1200 km in der Stunde. Außer Verkehrsflugzeugen gibt es auch Sport- und Segelflugzeuge, Kampfflugzeuge und ☛ Hubschrauber.

Fluß Er entspringt aus einer oder mehreren Quellen, die aus der Erde sprudeln. Große Flüsse nennt man Ströme. Sie haben viele Nebenflüsse und münden ins Meer. Oft verzweigt sich der Fluß in mehrere Arme, er mündet mit einem Delta, zum Beispiel die ☛ Donau ins Schwarze Meer. Der längste Fluß der Erde ist der Nil in ☛ Afrika. Er ist 6670 km lang.

Flut Lies: Ebbe und Flut.

Föhre Sie heißt auch Kiefer und ist ein weitverbreiteter ☛ Nadelbaum in unseren Wäldern. Die Nadeln stehen in Zweiergruppen und sind länger als die der ☛ Fichte; die Zapfen dagegen sind kürzer und fallen nicht ab. Im Frühjahr wachsen junge Zweige aus braunen Knospen. Die Legföhre, auch Bergkiefer oder Latsche genannt, wächst in den ☛ Alpen bis zur Baumgrenze. Dort sieht sie oft wie ein Strauch aus.

Forelle In kalten, klaren Gebirgsbächen lebt die kleine Bachforelle. Die größere Regenbogenforelle wird meist in Teichen gezüchtet. In Alpenseen sind die großen Seeforellen zu Hause, in der Nord- und Ostsee die Meerforellen. Beide ziehen zum Laichen in die Flüsse. Forellen sind lachsähnliche Fische und fressen Fische, Frösche und Insekten. Sie zählen zu den feinsten Speisefischen. Lies auch: Fische.

fotografieren Fred hat zum Geburtstag einen Fotoapparat bekommen. Vater zeigt ihm, wie man fotografiert. Fred richtet den Sucher auf seine Schwester, die er aufnehmen will. Dann drückt er auf den Auslöser. Einen Augenblick lang fällt Licht durch die Linse der Kamera. Im Innern der Kamera ist ein ☛ Film, der das Bild der Schwester auf einer lichtempfindlichen Schicht festhält. Im Fotolabor wird der Film entwickelt, und Fred kann bald die Fotos abholen. Bei einer Sofortbildkamera kann man gleich nach der Aufnahme das fertige Foto herausziehen.

Frankreich ist Deutschlands größter Nachbarstaat im Westen. Die Hauptstadt ist Paris.

Friseur Mutter geht mit Fred zum Friseur. Es ist ein Frisiersalon für Damen und Herren. Der Friseur schneidet Fred die Haare. Eine Friseurin wäscht die Haare der Mutter, dreht sie mit Lockenwicklern ein und läßt sie unter einer Fönhaube trocknen. Danach kämmt sie die Haare zu einer schicken Frisur auf. Manchmal läßt sich Mutter die Haare färben und Dauerwellen machen.

Frosch Frösche leben im Wasser und an Land, sie sind Lurche. Der grüne Wasserfrosch hält sich in Teichen und Wassergräben auf. Er schwimmt und springt mit seinen kräftigen Hinterbeinen. Im Frühjahr hört man die Männchen quaken. Der Grasfrosch ist braun. Der kleinere grüne Laubfrosch kann gut klettern und lebt auf Bäumen und Sträuchern. Die Frösche ziehen im Frühjahr zu jenen Teichen zurück, wo sie selbst ausgeschlüpft sind. Die Froschweibchen legen dort ihre Eier ab. Daraus schlüpfen die Kaulquappen, die wie Fische durch Kiemen atmen. Wenn sie zu Fröschen herangewachsen sind, bekommen sie Lungen und kriechen an Land. Frösche stehen unter Naturschutz.

Frost Die Lufttemperatur sinkt unter null Grad Celsius, das Wasser gefriert zu Eis. Frost, der im Frühling auftritt, kann Pflanzen und Obstbäume schwer schädigen. Gefürchtet sind bei den Bauern die Tage der „Eisheiligen" im Mai.

Früchte Viele Bäume und Sträucher haben Früchte, die wir essen können. Es ist das ☛ Obst. Wenn die ☛ Blüten bestäubt werden, entwickelt sich aus dem Fruchtknoten die Frucht mit den Samen, die vom Fruchtfleisch umschlossen sind. Es gibt verschiedene Früchte: Im roten Fruchtfleisch der Kirsche ist der Same von einer steinharten Schale umgeben. Sie ist eine *Steinfrucht.* Auch Pflaumen, Aprikosen, Pfirsiche sind Steinfrüchte. Wir essen das saftige Fruchtfleisch, den Kern spucken wir aus. Im Fruchtfleisch des Apfels und der Birne liegt ein Kerngehäuse, in dem die Samen, die Kerne, liegen. Solche Früchte nennt man *Kernfrüchte* oder Kernobst. Im Fruchtfleisch der Weinbeere, der Stachelbeere, der Johannisbeere sind mehrere kleine Samenkerne eingebettet. Das sind die *Beerenfrüchte.* Das Fruchtfleisch der Erdbeere, Himbeere und Brombeere ist aus vielen kleinen Früchten zusammengesetzt. Diese Früchte nennt man *Sammelfrüchte.*

Erbsen, Bohnen, Linsen sind *Hülsenfrüchte.* Ihre Frucht ist eine Hülse. Sie umschließt die Samen bis zur Reife, dann springt sie auf.

Frühling „Heute ist der 21. März“, sagt die Mutter. „Das ist der Tag, an dem der Frühling beginnt. Tag und Nacht sind heute gleich lang. Der Frühling dauert bis zum Sommeranfang, das ist der 21. Juni. Langsam werden jetzt die Tage länger und die Nächte kürzer.“ Im Frühling beginnt alles zu grünen und zu blühen. Zu den ersten Frühlingsblumen gehören die Schneeglöckchen. Kaum ist der Schnee geschmolzen, sieht man schon ihre weißen Glockenblüten. Der Laubwald ist übersät mit blauen Leberblümchen und weißen Buschwindröschen. Auf Feldern und Wiesen blühen gelbe Primeln und Schlüsselblumen, violette Krokusse, Gänseblümchen und das wohlriechende Märzveilchen. Die ersten Gartenblumen sind Tulpen, Narzissen und Hyazinthen.

Fuchs Das Lied „Fuchs, du hast die Gans gestohlen“ ist eine wahre Geschichte. Der Fuchs kann eine Gans ebensogut davontragen wie ein Rehkitz. Diesen großen Appetit hat er aber nur im Frühjahr, wenn die Jungen zur Welt kommen, sonst begnügt er sich mit Mäusen, Maulwürfen und Fröschen. Der Fuchs ist ein Raubtier. In unseren Wäldern lebt der Rotfuchs. Er hat ein dichtes rötliches Fell und einen buschigen Schwanz. Füchse graben einen unterirdischen Bau, wo die Füchsin die Jungen zur Welt bringt. Füchse sind auch nützlich, weil sie Mäuse vertilgen.

Fußball Fred ist ein begeisterter Fußballspieler. Am liebsten möchte er einmal ein berühmter Stürmer werden.Fußball ist ein Kampfspiel zwischen zwei Mannschaften. Jede Mannschaft besteht aus zehn Spielern und einem Tormann. Die Spieler spielen den Ball einander zu und versuchen, vor das Tor des Gegners zu kommen und ein Tor zu schießen. Der Ball darf dabei nie mit der Hand berührt werden. Das Tor wird vom Tormann bewacht. Nur er darf den Ball mit den Händen fangen. Der Schiedsrichter gibt acht, daß die Spielregeln eingehalten werden. Es ist verboten, einen Gegner festzuhalten oder zu treten. Das Spiel dauert zweimal 45 Minuten. Die Mannschaft, die die meisten Tore schießt, ist Sieger.

Gabel Als Teil des Eßbestecks kennen wir sie alle. Sogar der kleine Gert kann schon mit Messer und Gabel essen und hält dabei die Gabel in der linken Hand, wie es sich bei uns gehört. Es gibt auch noch andere Gabeln: der Bauer hat eine Heugabel, das Fahrrad hat zwei Gabeln für das Vorderrad und das Hinterrad. Wenn sich ein Ast verzweigt, entsteht eine Astgabel. Auch ein Weg kann sich teilen: er bildet eine Weggabel.

Gans Dieser Schwimmvogel ist größer als die ☛ Ente. Er hat einen längeren Hals und längere Beine. Zwischen den Zehen hat die Gans Schwimmhäute. Sie kann damit gut und rasch schwimmen. *Graugänse* sind Wildgänse. Sie sind Zugvögel, die den Winter in wärmeren Ländern verbringen. Die weiße *Hausgans,* die von ihnen abstammt, wird wegen ihres Fleisches gezüchtet. Mit ihren Federn werden Federbetten gefüllt. Wenn eine Gänseschar dahinwandert, gehen die Tiere stets „im Gänsemarsch" hintereinander und haben dabei immer etwas zum Schnattern.

Gänseblümchen Jedes Kind kennt dieses bescheidene Blümchen, das auf Wiesen, in Gärten und in Parkanlagen wächst. Es blüht vom Frühjahr bis in den Herbst. In manchen Gegenden heißt es Maßliebchen, Augenblümchen, Tausendschön oder noch anders. Seine winzigen Blüten sitzen in dem gelben Körbchen, die weißen Blätter ringsherum sind Hüllblätter.

Garage (sprich: garasche) nennen wir den Abstellraum für Autos. Bei kleinen Häusern ist die Garage meist in einem Anbau oder im Keller untergebracht. In den größeren Städten gibt es Hochgaragen, die mehrere Stockwerke hoch sind. Tiefgaragen sind unter der Erde, auch sie haben meist mehrere Stockwerke. In allen Garagen ist Rauchen verboten, weil sich die Benzindämpfe leicht entzünden könnten. Da die Zahl der Autos zunimmt und es zu wenig Garagen gibt, müssen viele Autos auf der Straße abgestellt werden.

Garten Gabis Großeltern wohnen in einem Haus am Stadtrand. Es ist von einem Garten umgeben. Da gibt es Beete für Gemüse und Blumen. Auf der Rasenfläche kann Gabi mit dem Ball spielen. Daneben sind Obstbäume. Zur Straße hin ist der Garten von einer Sträucherhecke abgeschlossen. Da blüht im Mai der Flieder. In einer Ecke des Gartens steht ein Holzhäuschen, in dem Gartengeräte aufbewahrt werden: Spaten, Rechen und Hauen sind da, ein Rasenmäher und ein Schubkarren. Denn der Garten muß das ganze Jahr über gepflegt werden. Im Frühjahr werden die Beete angelegt und Gemüse und Blumen angebaut oder gepflanzt. Großvater düngt den Boden am liebsten mit Komposterde (☛ Dünger). In einer Ecke des Gartens ist der Komposthaufen, auf dem alles Gras, Laub und die Abfälle aus der Küche gesammelt werden. Daraus entsteht die Komposterde. Auch der Rasen muß oft gemäht werden, damit er kurz und dicht bleibt.

Im Garten gibt es immer wieder Schädlinge, wie Läuse und Raupen, die Gemüse und Obstbäume befallen. Großvater versucht, ohne giftige Spritzmittel auszukommen. Auch Singvögel fressen Schädlinge. Darum hat Großvater drei Nistkästen im Garten aufgehängt.

Wenn die Beete im Herbst abgeerntet sind, gräbt der Großvater einen Teil um. Die anderen Beete bedeckt er mit Gras und Laub. Wenn er im Frühjahr die Beete wieder abdeckt, ist die Erde locker und krumelig. So gibt es im Garten immer viel zu tun. Aber Großvater sagt: „Das ist mein ☛ Hobby, das mache ich gerne."

Für Gärtner ist die Arbeit im Garten ihr Beruf. Ihre Gemüsebeete sind oft so groß wie Felder. In Glashäusern, die gedeckt sind und zeitweise geheizt werden, ziehen sie die jungen Gemüsepflanzen heran, die dann verkauft werden. Dort gedeihen auch Blumen aller Art. Die großen Obstgärten der Gärtner und Obstbauern nennt man auch Plantagen.

Gas Man kann es nicht anfassen, man kann es nicht einmal sehen, oft auch nicht riechen. Die Luft, die wir atmen, ist ein Gasgemisch. Es gibt auch giftige Gase, wie die Abgase der Autos. Manche Gase sind brennbar, zum Beispiel das Stadtgas, das im Gaswerk aus Kohle gewonnen wird und oft mit Erdgas vermischt zum Kochen und Heizen dient. Vor der Erfindung der ☛ Glühlampe hat man Gas auch zur Beleuchtung verwendet.

Gastarbeiter nennen wir die Menschen, die aus dem Ausland zu uns gekommen sind, um hier zu arbeiten. Sie sprechen eine fremde Sprache und haben andere Sitten. Sie haben es bei uns nicht leicht. Ihre Kinder finden in der Schule oft keine Freunde. Wir sollten ihnen helfen, damit sie rasch unsere Sprache erlernen und sich bei uns wohl fühlen.

Gazellen gehören zu den ☛ Antilopen. Diese langbeinigen, zierlichen Tiere leben in den Steppen Afrikas und Asiens. Sie können sehr gut laufen und springen. Die Männchen tragen Hörner.

Gebirge Lies: Berge.

Geburt Wenn ein Kind neun Monate lang im Körper der Mutter herangewachsen ist, wird es geboren. Die Mutter spürt starke Schmerzen, die man Wehen nennt. Meist bringt sie ihr Kind im Krankenhaus zur Welt, wo sich ein Arzt und eine Hebamme um sie kümmern. Unter heftigen Wehen kommt zuerst der Kopf, dann das ganze Kind durch die Scheide aus dem Bauch der Mutter. Die Nabelschnur, die das Kind mit der Mutter verbindet, wird vom Arzt durchtrennt. Man nennt die Geburt deshalb auch „Entbindung". Sie ist für die Mutter sehr schmerzhaft. Aber glücklich nimmt sie ihr neugeborenes ☛ Baby in die Arme.

Geburtstag Jedes Jahr feiern wir unseren Geburtstag. Gerti darf dazu ihre Freundinnen und Freunde einladen. Mutter hat eine Torte gebacken, auf der sieben Kerzen stecken, denn Gerti ist sieben Jahre alt.

Gedächtnis Gustav hat in der Schule eine neue Geschichte gehört. Er hat sich alles gemerkt, weil er ein gutes Gedächtnis hat. Das Gedächtnis ist eine Fähigkeit des Gehirns. Dem Großvater fällt oft ein Name nicht ein, wenn er etwas erzählen will. Er hat kein so gutes Gedächtnis mehr. Schöne Erlebnisse merken wir uns länger, Unangenehmes vergessen wir leichter. In jungen Jahren ist unser Gedächtnis am besten.

Gedicht Gerti hat im Kindergarten ein neues Gedicht gelernt:
Guten Morgen, guten Morgen,
die Sonne ist wach,
drei Spatzen sitzen schon auf dem Dach.
Sie zwitschern und tschilpen
und freuen sich so,
weil die Sonne scheint.
Komm, steh auf und sei froh!
Die Zeilen eines Gedichtes heißen Verse. Oft reimen sich die Verse. Lies: Reim.

Geflügel Alle Vögel, die als ☛ Haustiere gehalten werden, bezeichnet man als Geflügel: Hühner, Enten, Gänse und Truthühner. Sie werden wegen ihres Fleisches, ihrer Eier und ihrer Federn gezüchtet, meist in Geflügelfarmen. Auch auf vielen Bauernhöfen gibt es Geflügel.

Gehirn Alles, was unsere Augen, Ohren, Nase, Haut und Zunge wahrnehmen, wird durch Nerven in das Gehirn geleitet und dort verarbeitet: Wir sehen, hören, riechen, fühlen, schmecken. Das Gehirn lenkt unsere Bewegungen, unser Denken, Sprechen und alles, was wir tun und empfinden. Es ist das wichtigste Organ des Menschen. Unser Gehirn wiegt etwa eineinhalb Kilogramm. Es besteht aus vielen Milliarden Nervenzellen. Durch die Schädelknochen ist es gut geschützt. Auch während du schläfst, arbeitet das Gehirn: es schenkt dir Träume.

Geige Die Geige ist ein Streichinstrument. Sie hat vier Saiten, die mit einem Bogen gestrichen werden. Man nennt sie auch Violine.

Gemüse nennen wir alle jene Pflanzen, die wir essen. Von manchen Gemüsepflanzen essen wir die Früchte, zum Beispiel von den Tomaten (1) und Gurken (2). Von anderen essen wir die Blätter, wie vom Spinat (3) und Salat(4), oder die Wurzeln, zum Beispiel von Radieschen (5) und Karotten (6). Alle Gemüsesorten sind gesund, weil sie viele ☛ Vitamine enthalten. Gerda geht mit der Mutter gerne ins Gemüsegeschäft. Sie kennt fast alles, was es da zu sehen gibt: Kohlrüben (7), Kürbisse (8), Weißkraut (9) und Rotkraut, Kohl (10), Blumenkohl (11), Broccoli (12), Erbsen (13) und Bohnen (14), Sellerie (15), Zucchini (16), Kartoffeln (17). Gemüse wird von Gärtnern und Bauern angepflanzt. Wer einen ☛ Garten besitzt, hat meist auch ein paar Gemüsebeete. Wir können auch im Winter frisches Gemüse kaufen. Es kommt aus dem Ausland oder aus den Gewächshäusern der Gärtner.

Geld Man braucht es jeden Tag, wenn man etwas kaufen und bezahlen will. Auch du hast dein eigenes Geld: das Taschengeld. Erwachsene verdienen Geld durch ☛ Arbeit. In alter Zeit, als es noch kein Geld gab, tauschte man Ware gegen Ware. Man nennt das Tauschhandel. Dann wurden die Münzen erfunden. Sie waren aus Metall, meist aus Silber und Gold. Heute gibt es auch Papiergeld (Banknoten). Münzen und Papiergeld darf nur der Staat herstellen. Jedes Land hat sein eigenes Geld, es ist die Währung des Landes. Deutschland hat die Deutsche Mark (DM), Österreich den Schilling (öS), die Schweiz den Schweizer Franken (sFr.). Lies auch: Bank.

Gemse Sie ist ein ☛ Alpentier und lebt im Hochgebirge. Gemsen sind Horntiere wie Schafe, Ziegen und Rinder. Sie leben in Rudeln und können sehr gut klettern. Ihre schwarzen Hörner sind hakenförmig nach hinten gebogen. Der „Gamsbart“, den Jäger gerne auf ihrem Hut tragen, stammt nicht vom Bart der Gemse, sondern von ihren langen, kräftigen Rückenhaaren.

Geschichte Gerti hört gern Geschichten, die ihr die Mutter erzählt oder vorliest. Aber Geschichte kann auch etwas anderes bedeuten: In der Schule gibt es Geschichtsunterricht. Da erfährt man, wie die Menschen in früherer Zeit gelebt haben. Die Vergangenheit der Menschen reicht viele tausend Jahre zurück. Sie beginnt mit den Höhlenmenschen, die in der ☛ Steinzeit gelebt haben, und reicht herauf bis in unsere Tage. „Nur wer die Geschichte kennt, kann auch die Gegenwart richtig verstehen“, sagt der Lehrer.

Gericht In der Zeitung steht, daß ein Mann festgenommen wurde, den man lange gesucht hat. Er soll eine Bank überfallen haben. Nun wird er vor Gericht gestellt. Ein Richter untersucht, ob er wirklich der Bankräuber ist. Dazu werden Zeugen einvernommen. Dem Angeklagten hilft ein Verteidiger. Zuletzt verkündet der Richter das Urteil. Der Bankräuber wird zu einer Freiheitsstrafe verurteilt, das heißt, er kommt ins Gefängnis.

Geschlecht Gudrun weiß, daß Männer und Frauen verschieden aussehen. Wenn sie nackt sind, kann man sie an ihren Geschlechtsteilen unterscheiden. Ihr Bruder hat zwischen den Beinen ein Glied (auch Penis genannt) und einen Hodensack. Gudrun hat Schamlippen und eine Scheide. Später wird sie auch einen Busen bekommen, das heißt, ihre Brüste werden größer. Wenn eine Frau ein Kind zur Welt bringt, legt sie es an die Brust, damit es Milch trinken kann. Das ist die erste Nahrung für das ☛ Baby. Lies: Geburt.

Geruch „Hier riecht es aber gut“, sagt Gisela. Es ist der Kuchen im Backrohr, der so gut duftet. Manche Gerüche sind unangenehm, es „stinkt“. Menschen und viele Tiere riechen mit der Nase, Insekten mit den Fühlern. Tiere sind meist bessere Riecher als der Mensch. Ein Hund zum Beispiel erkennt jeden Menschen an seinem Geruch und kann sogar seiner Spur folgen.

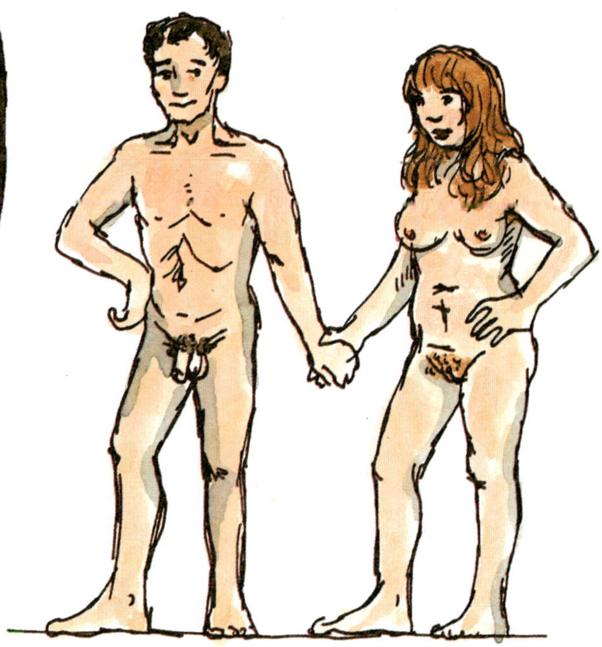

Gespenst Es gibt angeblich Menschen, die an Gespenster glauben. Meist geistert das Gespenst des Nachts in alten Schlössern und erscheint den Schloßbewohnern. „Es spukt“, sagen sie, und es gruselt sie. Aber Gert weiß, daß es in Wirklichkeit keine Gespenster gibt.

Gesundheit ist der größte Schatz, das wissen wir alle. Was können wir tun, damit wir gesund bleiben? Richtige ☛ Ernährung, vernünftige Kleidung und ausreichend Bewegung durch Spiel und Sport halten uns gesund und fit. Wenn wir aber krank werden, gehen wir zum ☛ Arzt.

Getreide ist die wertvollste Frucht, die auf den Feldern wächst. Die Getreidepflanzen sind Gräser mit langen Halmen. Roggen und ☛ Weizen geben dem Menschen das „tägliche Brot“ (☛ Brot). Gerste und Hafer sind Futtermittel für die Haustiere. Gerste braucht man auch zum Brauen von ☛ Bier. ☛ Reis ist die Hauptnahrung der Menschen in Ostasien. Aus Amerika stammt der ☛ Mais, ein wichtiges Nahrungs- und Futtermittel. In früherer Zeit war auch Hirse als Nahrungsmittel beliebt. Sie wird jetzt wenig gepflanzt. Roggen (1), Weizen (2) und Gerste (3) haben ☛ Ähren, in denen die Körner stecken. Hafer (4) und Reis (5) bilden Rispen. Die Maispflanze (6) bildet dicke Fruchtkolben. Kennst du die Getreidearten, die bei uns wachsen?

Geweih heißt der Kopfschmuck der männlichen Hirsche und Elche. Bei Rehen spricht man von Gehörn.Das Geweih wird von den Tieren als Waffe verwendet. Im Frühling wird es abgeworfen, und sogleich beginnt ein neues zu wachsen. Das hat meist um ein Ende mehr. Die Zahl der Geweihenden wächst also mit dem Alter des Tieres, aber nicht regelmäßig. Bei den Rentieren haben auch die Weibchen ein Geweih. Sie brauchen es, weil sie damit unter der Schneedecke nach Futter suchen. Geweihe werden von Jägern gerne als Wandschmuck verwendet.

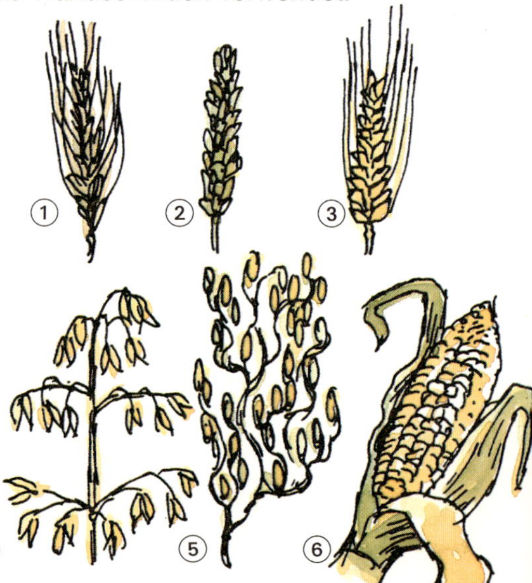

Gewicht „Bitte, wieg das Mehl für den Kuchen ab. Ich brauche ein halbes Kilogramm“, sagt die Mutter zu Gretl. Das Gewicht wird in Kilogramm gemessen. Ein Kilogramm (abgekürzt kg) hat 100 Dekagramm (abgekürzt dag). In Deutschland rechnet man meist in Pfund: Ein Pfund ist ein halbes Kilogramm. Auch unser eigenes Gewicht sollten wir manchmal überprüfen. Es ist nicht gut, wenn jemand „übergewichtig“, also zu dick ist.

Gewitter Am Himmel türmen sich schwarze Wolken auf. Gleich darauf prasselt schwerer Regen nieder. Jetzt zuckt ein ☛ Blitz auf, dem ein krachender ☛ Donner folgt. Gewitter bilden sich meist im Sommer. Sie entstehen plötzlich und gehen ebenso rasch vorüber. Bei manchen Gewittern kann auch ☛ Hagel fallen, der oft großen Schaden anrichtet.

Gewürze In Mutters Gewürzkästchen gibt es Pfeffer, Paprika, Kümmel, Lorbeerblätter, Majoran. Für süße Speisen verwendet sie Vanille, Anis, Gewürznelken, Zimt, Muskat. Außerdem hat sie immer frische Gewürzkräuter im Haus: Schnittlauch und Petersilie, Zwiebeln und Knoblauch. Zu jeder Speise passen bestimmte Gewürze. Sie verbessern den Geschmack.

Gifte schaden unserer Gesundheit, sie können schon in geringen Mengen tödlich sein. Es gibt Pflanzen, die giftig sind (Giftpflanzen). Manche Tiere haben einen Giftstachel (Biene) oder Giftzähne (Schlangen). Auch Zigaretten und alkoholische Getränke enthalten Giftstoffe. Die Gifte in verschmutzter Luft schädigen Menschen, Tiere und Pflanzen. Durch verschmutztes Wasser werden oft viele Fische vergiftet.

Giftpflanzen Weißt du, daß fünf Beeren der Tollkirsche (1) ein Kind töten können? Giftig sind auch viele andere Blumen und Sträucher: der Seidelbast, der Stechapfel (2), das Bilsenkraut (4), der Fingerhut (5), der Goldregen, sogar das liebliche Maiglöckchen (6). Auch die Herbstzeitlose (3) und die Küchenschelle, die auf den Wiesen blühen, sind giftig. Die Giftstoffe mancher Pflanzen dienen in geringen Mengen als Heilmittel. Besonders giftig sind manche ☛ Pilze.

Tollkirsche

Stechapfel

Herbstzeitlose

Bilsenkraut

Fingerhut

Maiglöckchen

Gitarre ist ein Saiteninstrument mit sechs Saiten, die mit den Fingern der rechten Hand gezupft werden. Gleichzeitig greifen die Finger der linken Hand am Griffbrett die gewünschten Töne. Man kann mit der Gitarre Lieder begleiten, aber auch Konzerte geben.

Gimpel Dieser bunte Vogel ist mit den Finken verwandt. Er nährt sich von Pflanzensamen und Baumknospen und bleibt auch im Winter bei uns. Brust und Bauch des Männchens sind rot, Kopf, Flügel und Schwanz schwarz. Der Gimpel wird auch Dompfaff genannt und manchmal im Käfig gehalten.

Giraffe Mit ihren langen Beinen und dem langen Hals kann sie sechs Meter hoch werden. Giraffen leben in Herden in den Steppen Afrikas. Sie nähren sich vom Laub der Bäume. Die Araber haben sie „zurafa" genannt, das heißt „die Liebliche". Daraus ist das Wort Giraffe geworden.

Glas wird aus Quarzsand, Kalk und Soda hergestellt. Diese Stoffe werden im Glasofen geschmolzen. Die zähflüssige Masse kann dann auf verschiedene Weise verarbeitet werden: Gläser und Flaschen werden geblasen. Flaches Glas für Fensterscheiben und Spiegel wird ausgewalzt. Glasziegel werden gegossen. In alter Zeit war Glas so kostbar wie Silber oder Gold. Gebrauchte Glasgefäße und Flaschen werden gesammelt. Man kann sie einschmelzen und die Glasschmelze wiederverwerten.

Gletscher Im Hochgebirge ist es auch im Sommer so kalt, daß der Schnee nicht schmilzt. Riesige Schneemassen sammeln sich an und werden allmählich zu einem Eisfeld, dem Gletscher. Zungenförmige Eisströme fließen langsam talab. Man nennt sie Gletscherzungen. Wenn die Eismasse reißt, entstehen Gletscherspalten. Sie sind für Bergsteiger sehr gefährlich. Die Gletscher in den ☛ Alpen sind mehrere hundert Meter dick. Die Gletscher im Gebiet des Nord- und Südpols erreichen eine Stärke von mehreren tausend Metern.

Globus Günthers Vater hat einen Globus. Das ist eine Nachbildung der ☛ Erde. Günther kann darauf alle ☛ Erdteile erkennen. Sie sind grün, das ist das flache Land, und braun, das sind die Berge. Der größte Teil des Globus ist aber blau: das ist das Wasser der Weltmeere. Man sieht, daß es auf der Erde viel mehr Wasser gibt als Land.

Glocke Auf dem Dorf hat Gretl oft das Läuten der Glocke gehört. Sie hängt im Kirchturm und ruft die Menschen zum Gebet oder zum Gottesdienst. Glocken werden in der Glockengießerei aus Metall gegossen. Je größer sie sind, umso tiefer und stärker ist ihr Klang. Wenn die Glocke läutet, schlägt ein Klöppel aus Metall an die Glockenwand an. Kirchenglocken sind oft sehr groß: Die Glocke im Kölner Dom wiegt über 24 Tonnen.

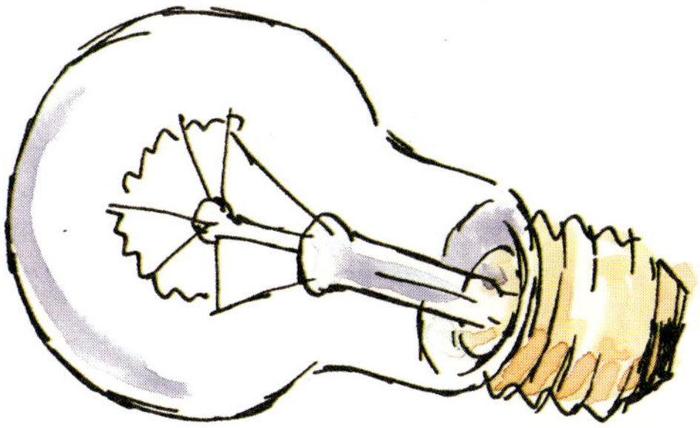

Glühlampe Sie sieht aus wie eine Birne und wird deshalb auch Glühbirne genannt. Im Inneren des luftleeren Glaskörpers befindet sich ein dünner gewundener Draht. Dieser wird durch den elektrischen Strom zum Glühen gebracht und spendet uns helles Licht. Vor der Erfindung der Glühlampe mußte man Petroleumlampen oder Kerzen anzünden, wenn es dunkel wurde. Noch helleres Licht spenden die Leucht- oder Neonröhren. Sie sind mit Gas gefüllt, das leuchtet, wenn Strom hindurchfließt.

Gold ist das bekannteste ☛ Edelmetall. Es wird aus dem Sand von Flüssen gewaschen oder in Bergwerken gewonnen. Das meiste Gold stammt aus Südafrika. Seit alters her wurde Gold von den Menschen sehr geschätzt. Aus Gold macht man Münzen und wertvolle Schmuckstücke. Vater und Mutter tragen Eheringe aus Gold.

Goldfisch Im Becken des Stadtbrunnens schwimmen goldfarbene Fische. Manche sind auch rötlich oder braun. Diese Zierfische stammen aus China, wo man sie aus einer Karpfenart gezüchtet hat. Goldfische werden gerne im ☛ Aquarium gehalten.

Gondel In der Stadt Venedig in Italien gibt es fast keine Straßen, aber viele Kanäle. Als Verkehrsmittel benutzt man lange schmale Boote, die Gondeln. Sie haben einen hochstehenden Bug. Der „Gondoliere" steht mit seinem langen Ruder am Ende der Gondel und rudert. Gondeln heißen auch die Kabinen einer ☛ Seilbahn. Gisela ist beim Skifahren schon öfter mit einer Gondelbahn gefahren.

Gorilla In den Urwäldern Afrikas lebt der Gorilla, der größte Menschenaffe. Gorillas können über zwei Meter groß werden. Ihr Fell ist schwarz oder schwarzgrau. Sie leben in Gruppen zusammen. Ein großes, kräftiges Männchen führt sie an. Gorillas sehen zwar gefährlich aus, sind aber friedliche Tiere. Sie greifen nur an, wenn sie sich bedroht fühlen. Gorillas fressen nur Pflanzen. Lies auch: Affen.

Gras wächst auf unseren Wiesen und Weiden. Es gibt mehrere tausend Arten von Gräsern. Sie haben einen meist hohlen Halm, lange schmale Blätter und Rispen oder Ähren. Auch ☛ Getreide, Schilfrohr, ☛ Bambus, Zuckerrohr sind Gräser. Das Vieh frißt im Sommer das Gras auf der Weide, im Winter bekommt es Heu.

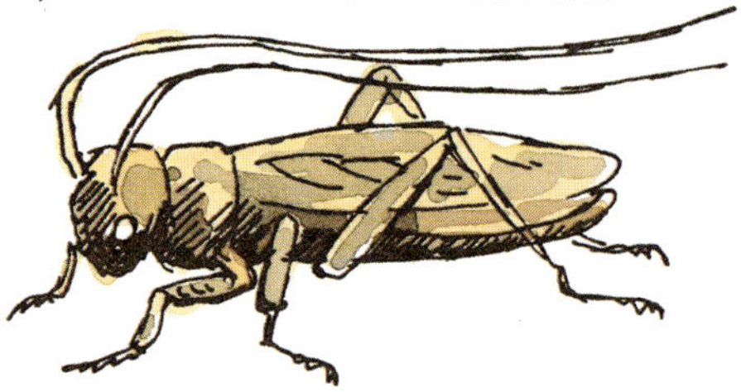

Grille „Hörst du die Grillen zirpen?" fragt Gert. An warmen Sommerabenden veranstalten diese Insekten mit dem glänzendschwarzen dicken Kopf ein richtiges Konzert. Grillen sind ☛ Heuschrecken und wohnen in selbstgegrabenen Erdlöchern. Sie sind Schädlinge, weil sie die Wurzeln von Pflanzen abbeißen. Das Zirpen entsteht dadurch, daß die Männchen ihre Flügeldecken aneinander reiben.

grillen „Heute abend wollen wir grillen", sagt der Großvater. „Ein Grillfest im Garten macht Spaß." Der Großvater hat auf den Grill schon Holzkohle gelegt. Sobald sie glüht, legt er gewürzte Fleischstücke auf den Rost. Das duftet und schmeckt! Es gibt auch elektrische Grillgeräte, die man im Haus verwendet.

Grimm Wer kennt nicht die Märchen von Rotkäppchen, Schneewittchen oder Hänsel und Gretel? Wir verdanken sie den Brüdern Grimm. Es ist bald 200 Jahre her, da sammelten sie die Märchen, die man in den deutschen Ländern erzählte, und schrieben sie auf. Noch heute sind die Grimm'schen „Kinder- und Hausmärchen" ein Lieblingsbuch aller Kinder.

Großeltern sind die Eltern von Vater und von Mutter. Du hast also zwei Großmütter und zwei Großväter. Gundi freut sich, wenn die Großeltern zu Besuch kommen. Denn niemand kann so schön Märchen erzählen wie die Oma. Mit dem Opa spielt sie gerne „Mensch, ärgere dich nicht!" Von ihm hat sie gelernt, daß man auch verlieren kann, ohne sich zu ärgern.

Gummi Wenn es regnet, zieht Gert seine Gummistiefel an. Sie lassen kein Wasser durch. Auch Reifen und Schläuche des Fahrrads und des Autos sind aus Gummi. Sie sind luftdicht und elastisch, das heißt, sie sind biegsam und federnd. Gummi wird aus dem milchigen Saft des Kautschukbaumes gewonnen, der in Ostasien und Südamerika wächst. Es gibt auch künstlichen Kautschuk, der aus Kohle oder Erdöl gewonnen wird.

Gurke Gurken sind ein beliebtes ☛ Gemüse. Sie sind Kürbispflanzen, die sich ranken und liegend wachsen. Aus Gurken wird meist Gurkensalat gemacht. Kleine Gurken werden in Essig eingelegt.

Gymnastik „Heute nachmittag habe ich Gymnastikstunde", sagt Gretl. Gymnastik betreibt man, um körperlich fit und beweglich zu bleiben. Die Übungen werden oft von Musik begleitet. Vater macht regelmäßig Morgengymnastik, denn er sitzt täglich viele Stunden an seinem Schreibtisch. Das Wort Gymnastik stammt aus dem Griechischen. Schon im Altertum haben die Griechen Gymnastik betrieben.

Habicht Dieser Greifvogel heißt auch Hühnerhabicht. Er lebt im Wald, kommt aber auf seiner Jagd nach Hühnern, Hasen oder Eichhörnchen nahe an Dörfer und Städte heran. Dabei streicht er in niedriger Höhe über dem Boden dahin und stößt dann plötzlich auf seine Beute herab. Der Habicht hat einen langen Schwanz, ist oben graubraun, die Unterseite ist schwarz und weiß gestreift. Seinen bis ein Meter großen Horst baut er in hohe Bäume.

Haar Hilde will sich die Haare wachsen lassen. Jetzt sind sie noch ganz kurz, aber bald werden sie länger sein. Mutter sagt, das Haar wächst in einer Woche etwas mehr als zwei Millimeter. Hilde hat blondes Haar. Es gibt auch Kinder mit schwarzem, braunem oder rotem Haar. Das schwarze Haar der Japaner ist ganz glatt, das der Schwarzen ist kraus. Das Haar älterer Menschen verliert die Farbstoffe, es wird weiß. Der Mensch hat ungefähr hunderttausend Haare auf dem Kopf. Sie fallen alle 2–4 Jahre aus und wachsen wieder nach. Auch die meisten Säugetiere haben ein Haarkleid, das ☛ Fell.

Hafen Was der Bahnhof für die Eisenbahn, ist der Hafen für die Schiffe. Heike steht an der Kaimauer. Ein Passagierschiff hat hier angelegt. Passagiere (sprich: passaschire) verlassen das Schiff über eine Landungsbrücke.
In einem großen Seehafen kommen Schiffe aus vielen Ländern an und fahren wieder aufs Meer hinaus. Ein Damm, die Mole, schützt den Hafen vor den hohen Wellen des offenen Meeres. Vater sagt, große Schiffe dürfen nicht selbst in den Hafen einfahren, sie werden von Schleppbooten zu den Anlegeplätzen am Kai gezogen. Bei einem kleineren Schiff kommt ein Lotse an Bord, der es in den Hafen steuert. In einem anderen Teil des Hafens liegen Frachtschiffe. Mit riesigen Kränen werden dort Waren eingeladen oder ausgeladen. Im Ölhafen landen Tanker. Im Dock werden Schiffe repariert. Der größte deutsche Hafen ist Hamburg.

Hagebutten Im Herbst leuchten am Waldrand die roten Früchte der ☛ Heckenrose, die Hagebutten. Hast du schon einmal so eine Hagebutte aufgemacht? Da siehst du viele kleine dicht behaarte Körner. Die seidigen Härchen jucken auf der Haut. Hagebutten sind gesund. Aus ihnen macht man Marmelade und einen erfrischenden Tee.

Hagel Am Himmel ziehen dunkle Gewitterwolken auf. Plötzlich prasselt es auf die Erde nieder. Es sind nicht schwere Regentropfen, sondern Eiskörner, so groß wie Erbsen und manchmal noch größer. Hagel entsteht, wenn Regentropfen in hohen, kalten Luftschichten zu Eisklümpchen erstarren. Diese Eiskörner können auf Feldern und in Gärten großen Schaden anrichten. Zum Glück geht der Hagel meist schnell vorbei.

Hahn „Kikeriki" kräht der Hahn schon am frühen Morgen auf dem Hühnerhof. Er lockt die Hennen zum Futter. Der Hahn ist das männliche, die Henne das weibliche Huhn. Er ist größer als die Henne und prächtig gefärbt, besonders die langen Schwanzfedern. Auf dem Kopf hat er einen großen leuchtendroten Kamm. Hahn heißt auch das Männchen anderer Vögel, zum Beispiel der ☛ Auerhahn.

Hai Er wird auch Haifisch genannt. Man erkennt ihn an der dreieckigen Rückenflosse, die oft aus dem Wasser ragt und schon von weitem zu sehen ist. Haie sind meist gefräßige Räuber. Am gefährlichsten für den Menschen ist der Weißhai, der bis zu zwölf Meter lang wird und schon Badende angefallen hat. Auch der kleinere Blauhai und der Hammerhai sind gefährlich. Aber der größte lebende Fisch der Welt, der Walhai, der bis zu 20 Meter lang werden kann, ist harmlos. Er frißt nur kleine Meerestiere. Viele Haie bringen lebende Junge zur Welt, andere legen Eier.

Hampelmann Seht nur den bunten Hampelmann, wie der hampeln und strampeln kann! Er hängt an der Wand, hebt die linke Hand und die rechte Hand, das linke Bein und das rechte Bein. Wie macht er das nur? Du ziehst an der Schnur, und schon hampelt er und strampelt er, der lustige Hampelmann.

Hamster Hannes hat einen kleinen Goldhamster als Haustier. Seine Wohnung ist ein Drahtkäfig. – Der Hamster, der in den Feldern lebt, ist etwas größer. Er hat ein rötlich-braunes Fell und kann gut laufen, springen und schwimmen. Er ist ein Nagetier und gräbt in den Ackerboden eine tiefe Wohnhöhle mit langen Gängen. Mit seinen großen Backentaschen trägt er meist Getreidekörner in seinen Bau und sammelt dort große Vorräte an. Er „hamstert“ oft mehr als 15 kg, die er im Winter braucht. Er unterbricht nämlich oft seinen Winterschlaf, um zu fressen. Das Weibchen bringt bis zu zehn Junge zur Welt.

Hand Die Hände sind unser bestes Werkzeug: Du schneidest, hämmerst, nähst und schreibst mit der Hand. Aber du arbeitest nicht nur mit den Händen, du spielst Klavier, spielst Tennis. Du reichst deinem Freund die Hand zum Gruß, du streichelst deinen Hund. Kein anderes Lebewesen besitzt ein „Werkzeug“, das sich so vielseitig gebrauchen läßt. Die Hand hat fünf Finger: Daumen, Zeigefinger, Mittelfinger, Ringfinger, den kleinen Finger. Die Haut der Fingerspitzen ist mit feinen Linien bedeckt, die bei jedem Menschen verschieden sind. Den Fingerabdruck benutzt die Polizei, um Verbrechen aufzuklären. Die Fingersprache ist eine Zeichensprache, mit der sich taube Menschen verständigen.

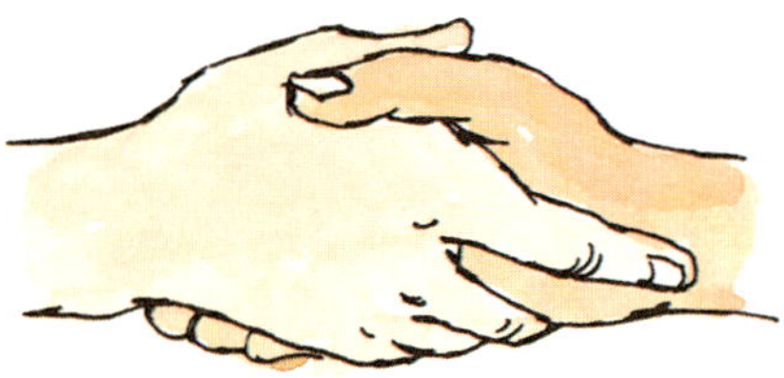

Handball ist ein Ballspiel zwischen zwei Mannschaften, ähnlich dem ☛ Fußball. Nur daß hier der Ball nicht mit dem Fuß, sondern mit den Händen gespielt und in das Tor des Gegners geworfen wird. Die Spielzeit beträgt zwei mal 30 Minuten. Handball wird in der Halle und im Freien gespielt.

Großhändler kaufen beim Erzeuger (dem Produzenten) die Waren in großen Mengen ein und beliefern damit viele Einzelhändler. Das sind die Geschäfte oder Läden, in denen wir einkaufen. Hier finden wir Waren aus nah und fern, aus dem Inland und aus dem Ausland. Es gibt Fachgeschäfte für Kleider, Schuhe, Möbel, Elektrogeräte, Autos und anderes. Im ☛ Supermarkt gibt es Nahrungsmittel und vieles für Küche und Haus. Im Großkaufhaus sind mehrere Geschäfte untergebracht. Hier kann man Kleidung, Sportgeräte, Geschirr, Bücher, Einrichtungsgegenstände und vieles andere kaufen.

Handel Wir gehen in ein Geschäft und kaufen ein, was wir brauchen: zum Essen, zum Anziehen, zum Wohnen und noch vieles andere. Mit diesen Waren versorgt uns der Handel. Viele Waren müssen durch viele Hände gehen und einen weiten Weg zurücklegen, bis wir sie im Laden kaufen können. Oft kommen sie aus fremden Ländern. Sie werden eingeführt (importiert), weil sie in unserem Land nicht erzeugt werden. Kaffee kommt zum Beispiel aus Brasilien, Tee aus Indien, Orangen und Bananen aus den wärmeren Ländern im Süden. Waren, die in unserem Land erzeugt werden, werden nicht nur hier verkauft. Viele werden auch in andere Länder ausgeführt (exportiert).

„Einkaufen muß man verstehen“, sagt die Mutter. Sie vergleicht die Preise und die Qualität und achtet auch auf die Verpackung. Oft sind Waren unnötig viel verpackt, sie kosten mehr Geld und machen mehr Abfall. Mutter nimmt auch keine Plastiktasche, sie hat ihre eigene Einkaufstasche. „Leider“, sagt sie, „habe ich heute wieder mehr eingekauft, als ich wollte. Die Warenangebote waren so verlockend.“
Der Handel ist wichtig. Wenn es ihn nicht gäbe, würden wir das meiste, das wir kaufen möchten, nicht bekommen. Warst du schon einmal allein in einem Geschäft einkaufen?

Handwerk „Ich muß das Auto reparieren lassen“, sagt Vater und geht zum Mechaniker. Der Installateur repariert den tropfenden Wasserhahn, der Elektriker die Lichtleitung, der Schuster die Schuhe. Die Handwerker reparieren aber nicht nur, sie stellen auch selbst Dinge her: Der Tischler macht Möbel, der Bäcker bäckt Brot, der Schneider näht Kleider. Sie alle arbeiten mit der Hand, brauchen aber auch Werkzeuge. Manche Handwerksberufe gibt es heute nicht mehr, wie den Dorfschmied, der früher die Pferde beschlagen hat.
Jedes Handwerk muß erlernt werden. Nach einer dreijährigen Lehrzeit legt der Lehrling die Gesellenprüfung ab. Später kann er die Meisterprüfung machen und einen eigenen Handwerksbetrieb eröffnen. Früher waren die Handwerker, die dasselbe Handwerk ausübten, in einer Zunft zusammengeschlossen. Sie arbeiteten und wohnten in derselben Straße. Noch heute erinnern Straßennamen daran, zum Beispiel Bäckerstraße. Die Gesellen gingen mehrere Jahre auf die Wanderschaft und lernten so auch andere Länder kennen.

Hase Wenn du über die Felder wanderst, kannst du vielleicht „Meister Lampe“ sehen, wie er gemütlich über den Weg hoppelt oder ein Männchen macht und seine langen Ohren, die „Löffel“, spitzt. Ist der Hase auf der Flucht, schlägt er einen Haken nach dem anderen, das heißt, er läuft im Zickzack, um den Feind zu täuschen. Der Hase hört gut und kann sehr schnell laufen. Das verdankt er seinen langen Hinterbeinen. Hasen fressen Pflanzen und wohnen in einer Mulde am Boden. Sie sind mit den ☛ Kaninchen verwandt. – Einen furchtsamen Menschen nennt man „Angsthase“ oder „Hasenfuß“.

Haselnuß Einen Haselstrauch erkennst du im Frühling an den hängenden Blütenkätzchen. Die Haselnuß ist seine Frucht. Sie wird gegen Ende des Sommers reif. Wenn du ihre harte braune Schale knackst, kannst du die Nuß essen. Sie schmeckt aber nicht nur dir, sie schmeckt auch den Eichhörnchen.

Haus Es gibt große und kleine Häuser, alte und neue. Heike wohnt in einem modernen Wohnhaus. Es hat drei Stockwerke und mehrere ☛ Wohnungen. Das Haus hat einen ☛ Lift, ein Dachgeschoß mit einer Dachwohnung und einen Keller. Auch Garagen und ein Garten mit einem Spielplatz gehören zum Haus.
In uralter Zeit wohnten die Menschen noch nicht in Häusern. Sie suchten Schutz und Geborgenheit in Höhlen oder in Zelten aus Baumrinde oder Tierhäuten. Als sich ihre Lebensbedingungen allmählich besserten, entstanden in warmen Gebieten Hütten aus Lehm und Stein, aus Schilf oder Holz. In eisigen Gegenden bauten die ☛ Eskimos kreisrunde Schneehäuser aus Eisblöcken, die Iglus. Menschen, die an Flüssen und Seen lebten, errichteten ihre Häuser auf Pfählen im Wasser (Pfahlbauten) oder auf Booten. Solche Hausboote gibt es heute noch in Ostasien.
Dann wurden Häuser aus Stein und Ziegeln gebaut. Sie wurden immer größer und wohnlicher. Es entstanden Villen, Schlösser und Paläste, in den Städten große Mietshäuser, in denen viele Menschen zusammenleben. In Amerika gab es die ersten Hochhäuser. Sie sind aus Stahl und Beton erbaut und manchmal mehr als 400 Meter hoch. Heute leben die meisten Menschen in großen Häusern, in Wohnanlagen, die oft von Gärten umgeben sind, oder in Einfamilienhäusern.
In einem Haus, in dem viele Menschen zusammenwohnen, muß jeder auf den anderen Rücksicht nehmen. Kennst du die Leute in eurem Haus? Und grüßt du sie auch, wenn du sie triffst?

Haustiere Hannes wünscht sich ein Haustier, am liebsten hätte er einen Hund. Aber Mutter sagt, das müssen wir genau überlegen. Ein Tier braucht viel Zeit, viel Liebe und Geduld. Es muß regelmäßig gefüttert und gepflegt werden. Man muß auch über das Tier viel wissen, damit es gesund bleibt und sich wohl fühlt. Hat man ein Tier einmal gekauft, kann man es nicht leicht weggeben, weil es sich an uns gewöhnt hat.

Wir halten Heimtiere, weil sie uns Freude bereiten und weil wir sie liebhaben. Der Hund ist ein treuer Begleiter des Menschen, die Katze ist ein Schmusetier. Aber auch Hamster, Wellensittich, Schildkröten, Meerschweinchen sind beliebte Haustiere. Viele Tiere halten wir, weil sie nützlich sind. Sie helfen uns bei der Arbeit oder liefern uns Nahrung und Kleidung. Das Rind ist das wichtigste Haustier. Es gibt uns Milch, Fleisch, Butter , aus der Haut gerbt man Leder. Das Schwein liefert das meiste Fleisch, das Schaf Wolle und Fleisch, Hühner Eier, die Bienen Honig. Das Pferd zieht den Wagen und trägt den Reiter, der Hund bewacht das Haus und hilft bei der Jagd. Die Katze fängt Mäuse. Haustiere stammen von Wildtieren ab, die der Mensch gezähmt und dann gezüchtet hat. Der Hund ist das älteste Haustier.

Viele Tiere, die es bei uns nicht gibt, sind für die Menschen ferner Länder unentbehrlich: In heißen Wüstengebieten Asiens und Afrikas braucht man das ☛ Kamel. Der ☛ Elefant leistet durch seine Klugheit und Kraft wertvolle Dienste. Das ☛ Rentier ist für die Bewohner im hohen Norden dasselbe wie bei uns das Rind.

Wenn du dich mit einem Tier beschäftigt hast, vergiß nicht, dir nachher die Hände zu waschen.

Haut Heike war im Schwimmbad. Sie ist in der Sonne gelegen, weil sie braun werden will. Ihre Haut ist gerötet und schmerzt. Mutter sagt: „Zuviel Sonne schadet der Haut. Sie ist leicht verletzlich und muß richtig gepflegt werden.“ Die Haut bedeckt unseren ganzen Körper und schützt ihn vor Schmutz und Krankheitserregern. Mit der Haut spüren wir Wärme und Kälte, jede Berührung und auch den Schmerz. In der Haut liegen viele Schweißdrüsen, durch die täglich mehr als ein halber Liter Wasser und zugleich schädliche Stoffe ausgeschwitzt werden. Die Talgdrüsen versorgen die Haut mit Fett und halten sie geschmeidig. Aus der Haut wachsen die Haare und die Zehen- und Fingernägel. Nicht alle Menschen haben dieselbe Hautfarbe, sie kann weiß, gelb oder schwarz sein. Das hängt mit den Farbkörnchen, den Pigmenten, zusammen, die in der Haut gebildet werden. Wenn du in der Sonne liegst, lagern sich vermehrt solche Pigmente in der Haut ab, du wirst braun.

Hecht Dieser gefräßige Raubfisch jagt in unseren Flüssen und Seen. Alles, was sich im Wasser bewegt und kleiner ist als er, betrachtet er als seine Beute. Der Hecht kann bis eineinhalb Meter lang und 25 kg schwer werden. Sein weißes Fleisch schmeckt gut.

Heckenrose Diese Wildrose wächst an Waldrändern und im Gebüsch am Wegesrand. Ihre rote Frucht ist die ☛ Hagebutte.

Hefe braucht Mutter für den Kuchenteig, der Bäcker für das ☛ Brot und Gebäck. Hefe lockert den Teig. Sie ist reich an Vitaminen. In Österreich heißt sie Germ.

Heide ist eine weite, flache Landschaft. Auf dem sandigen Boden wachsen meist nur Gräser und niedrige Sträucher. Schön ist die Heide, wenn das Heidekraut, die Erika, blüht.

Heidelbeere Sie wird auch Blaubeere, Schwarzbeere oder Bickbeere genannt. Die schwarzblauen ☛ Beeren wachsen auf niedrigen Sträuchern in unseren Wäldern. Sie schmecken gut und werden für Saft, Kuchen und Marmelade verwendet.

Heilpflanzen „Gegen jede Krankheit ist ein Kraut gewachsen", sagt ein alter Spruch. Plagt dich ein böser Husten, so kocht Mutter einen Eibischtee oder gibt dir Spitzwegerichsaft. Schmerzt dich der Hals, so spülst du mit Kamillen- und Salbeitee (2). Pfefferminze, Kamille (1), Malve (3), Tausendguldenkraut, Melisse helfen bei Magenbeschwerden, Augentrost (4) bei Augenleiden. Baldrian (5) beruhigt die Nerven. Auch ☛ Giftpflanzen können heilende Wirkung haben. So gewinnt man zum Beispiel aus dem Fingerhut ein Heilmittel für Herzkranke. Heilpflanzen werden seit alters her zur Herstellung von Arzneimitteln verwendet.

heiraten Wenn ein Mann und eine Frau heiraten, schließen sie eine ☛ Ehe. Hannes sieht eine Hochzeit in der Kirche. Die Braut hat ein langes weißes Brautkleid an und einen weißen Schleier, in der Hand hält sie ein Brautbukett. Viele Hochzeitsgäste sind geladen. Feierliche Orgelmusik erklingt. Der Priester traut das Brautpaar. Vor dieser kirchlichen Hochzeit haben die beiden schon auf dem Standesamt geheiratet.

Heizung Draußen ist es kalt, wir müssen heizen. Im Haus gibt es eine Zentralheizung. Dort wird Wasser erhitzt und durch Rohre in die Heizkörper der Wohnungen geleitet. Geheizt wird meist mit Gas oder Öl. Fernheizanlagen versorgen oft ganze Stadtteile mit Wärme. Es gibt auch elektrische Heizungen. Früher hat man meist Kohle- oder Koksöfen verwendet. Kachelöfen werden mit Holz geheizt.

Herbst Die Früchte sind reif, die Felder werden abgeerntet. Das Laub färbt sich bunt und fällt ab, Herbstzeitlosen blühen. Vögel ziehen in wärmere Länder. Die Tage werden kürzer, die Nächte länger. Die ersten frostigen Tage kommen. Das ist der Herbst. Diese ☛ Jahreszeit beginnt am 23. September und dauert bis zum 21. Dezember.

Hering Dieser kleine Fisch ist etwa 30 cm lang und lebt in den nördlichen Meeren. Von Zeit zu Zeit ziehen die Heringe in riesigen Schwärmen an den Küsten entlang, um dort zu laichen. Die Fischer fangen sie in großen Netzen. Heringe sind die wichtigsten Fische für die Ernährung der Menschen. Du bekommst sie frisch, als Salzhering oder geräuchert als Bückling zu kaufen.

Herz Du siehst das Herz nicht, aber du spürst es. Wenn du läufst oder dich anstrengst, klopft es stark und schnell in deiner Brust. Das Herz ist ein hohler Muskel, ungefähr so groß wie deine Faust. Es pumpt das ☛ Blut durch die Adern unseres Körpers. Das Herz schlägt beim gesunden Erwachsenen 60–80mal in der Minute, beim Kleinkind 100mal, beim Säugling 130mal. Die Herzschläge kann man am Puls des Handgelenks fühlen und zählen. Wenn du Fieber hast, dann schlägt dein Herz schneller.

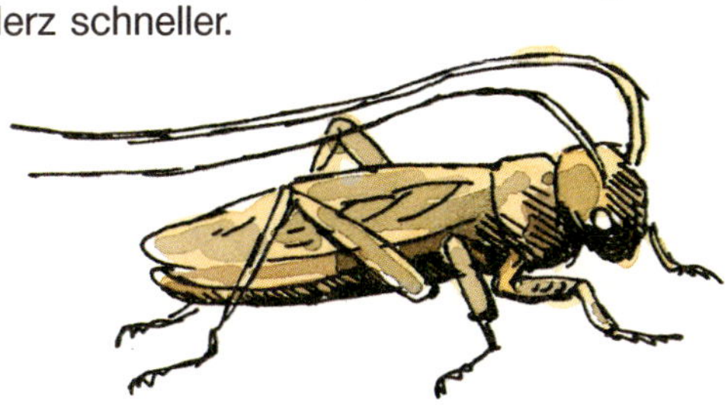

Heuschrecken Es gibt viele Heuschreckenarten. Auf frisch gemähten Wiesen kannst du bei uns dem Grashüpfer, dem grünen Heupferd oder der ☛ Grille begegnen. Am Abend hörst du die Männchen zirpen. Heuschrecken fressen Pflanzen, manche auch Insekten. Gefürchtet sind die Wanderheuschrecken in Afrika. In riesigen Schwärmen fliegen sie oft tausende Kilometer weit und fressen, wo sie sich niederlassen, alle Felder kahl.

Hexe Kennst du die böse Hexe, die Hänsel und Gretel in ihr Pfefferkuchenhaus lockt? Und vielleicht hast du auch von den Hexen gehört, die in der Walpurgisnacht auf ihrem Besen auf den Blocksberg reiten? Das sind alles böse Gestalten aus Märchen und Sagen. In Wirklichkeit gibt es keine Hexen.

Vor langer Zeit haben viele Menschen an Hexen geglaubt. Sie haben Frauen, die besondere Gaben besaßen, auf dem Scheiterhaufen verbrannt. Diese Zeit der Hexenverfolgungen war ganz schrecklich. – Es gibt auch Geschichten über gute Hexen, zum Beispiel „Die kleine Hexe“ von Otfried Preußler.

Himmelsrichtung Wenn Hannes am Morgen aufwacht, scheint an schönen Sommertagen bereits die Sonne in sein Zimmer. Das Fenster zeigt nach Osten, wo die Sonne aufgeht. Zu Mittag steht die Sonne hoch am Himmel, sie steht im Süden. Die entgegengesetzte Richtung ist Norden. Am Abend geht die Sonne im Westen unter. Auf einer Landkarte sind die vier Himmelsrichtungen leicht zu finden: oben ist Norden, unten Süden, rechts Osten, links Westen. Mit dem ☛ Kompaß kann man die Himmelsrichtung bestimmen.

Hirsch Man nennt ihn den König der Wälder. Männliche Hirsche tragen ein ☛ Geweih, das bei älteren Tieren viele Enden hat. Die Hirschkühe sind kleiner und haben kein Geweih. Hirsche nähren sich von Gras, Blättern und Zweigen. Sie leben in Rudeln, die von einer Hirschkuh angeführt werden. Alte männliche Hirsche sind Einzelgänger. In unseren Wäldern kommt vor allem der Rothirsch vor. Er ist der größte Hirsch und kann über 200 Kilogramm schwer werden. Die kleineren Damhirsche haben ein schaufelartiges Geweih, sie werden häufig in Gehegen gehalten. Der Hirsch ist eine begehrte Jagdbeute. Er ist mit dem Reh, dem Rentier und dem Elch verwandt.

Hirte nennt man den Hüter einer Viehherde. In früherer Zeit wurden in den Dörfern die Rinder und Schafe der Bauern von einem Hirten auf die Weide getrieben. Ein Hirtenhund begleitete ihn dabei. Noch heute gibt es in Afrika und Asien Hirtenvölker, die mit ihren Schafen, Ziegen, Rindern oder Kamelen von Weideplatz zu Weideplatz ziehen. Man nennt sie ☛ Nomaden. Reitende Hirten sind die ☛ Cowboys in Nordamerika.

Hobby ist das, was man in der Freizeit am liebsten macht. Das Wort kommt aus dem Englischen und bedeutet „Liebhaberei". Man kann dazu auch Steckenpferd sagen. Der Bruder sagt: „Mein Hobby ist Fotografieren." Auch der Vater hat ein Hobby, er sammelt Briefmarken. Die Mutter liest in ihrer Freizeit am liebsten ein Buch. Der Großvater sagt: „Mein Hobby ist der Garten." Fast alle Menschen haben Hobbies. So ist ihnen nie langweilig. Hast du auch ein Hobby?

Höhlen sind große unterirdische Hohlräume. Sie sind meist durch die Einwirkung von Wasser entstanden. Manche Höhlen sind über tausend Meter tief und viele Kilometer lang. Oft sind sie auch von Eis bedeckt, das sind die Eishöhlen. Hannes hat mit seinen Eltern eine Höhle besucht. „Da haben in der ☛ Steinzeit Menschen gewohnt", sagt die Mutter. „Man hat ihre Feuerstelle und Tierskelette gefunden." Die Menschen der Vorzeit werden deshalb auch „Höhlenmenschen" genannt.

Holunder ist ein weitverbreiteter Strauch, der in Gärten, Hecken und im Wald wächst. Er wird auch Holler genannt. Im Juni hat er große weiße Blütendolden. Die reifen schwarzen Beeren schmecken nicht nur Vögeln. Wir machen Marmelade, Kompott oder Saft daraus. Der Holunder ist seit alters her eine Heilpflanze.

Holz ist der feste Teil von ☛ Bäumen und Sträuchern, vor allem der Stamm. Manche Holzarten sind sehr hart (wie Eiche und Buche), andere sind weicher (wie Fichte und Linde). Holz ist das älteste Baumaterial. Unsere Vorfahren haben ihre Häuser meist aus Holz gebaut. Auch heute braucht man Holz für Dachbalken, Fenster, Türen, Möbel und Fußböden. Das Holz der Nadelwälder wird auch zu Papier und Zellstoff verarbeitet. Beim Wachsen eines Baumes entsteht im Frühling helles, später dunkles Holz. Wenn der Stamm abgeschnitten wird, kann man diese hell-dunklen Jahresringe gut erkennen. Wenn du sie abzählst, weißt du, wie alt der Baum ist.

Honig Dieser dicke, süße Saft wird von ☛ Bienen hergestellt. Sie sammeln den Nektar vieler Blüten und verwandeln ihn in ihrem Honigmagen zu Honig. Diesen speichern sie in den Waben des Bienenstocks. Der Imker erntet den Honig und verkauft ihn. Es gibt verschiedene Honigsorten, wie Blütenhonig, Heidehonig, Waldhonig. Honig ist sehr gesund.

Horizont Wenn du in die Ferne schaust, siehst du eine Linie – sie heißt Horizont –, auf der sich Himmel und Erde scheinbar berühren. In Wirklichkeit treffen Himmel und Erde nicht zusammen, wir sehen das nur so, weil die Erde rund ist.

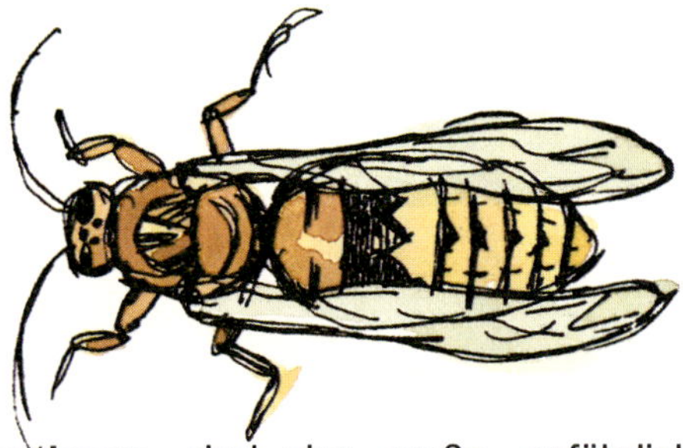

Hornissen sind eine große, gefährliche Wespenart. Sie können bis vier Zentimeter lang werden. Ihr Stich ist gefürchtet. Hornissen bauen ihre Nester in hohle Bäume, Mauerspalten oder ins Dachgebälk alter Häuser. Eine Freundin Hildes wurde von einer Hornisse gestochen. Sie mußte vom Arzt behandelt werden, weil der Arm stark anschwoll und furchtbar schmerzte.

Hotel Hannes hat mit seinen Eltern im Urlaub in einem Hotel gewohnt. Dort hatten sie ein schönes Zimmer mit drei Betten und einem Bad. Im ☛ Restaurant des Hotels haben sie die Mahlzeiten eingenommen. In Orten, die von vielen Fremden besucht werden, gibt es auch viele Hotels.

Hubschrauber nennt man Flugzeuge, die keine Tragflächen haben. Sie werden von großen Drehflügeln angetrieben, können senkrecht starten und landen und brauchen dazu ganz wenig Platz. Hubschrauber werden von der Polizei und vom ärztlichen Notdienst verwendet. Bei einem schweren Unfall kann der Rettungshubschrauber die Verletzten rasch ins nächste Krankenhaus bringen.

Hühner sind gackerndes Federvieh. Sie haben einen roten Kamm. Der ☛ Hahn hat schöne bunte Federn. Die Hennen legen Eier und brüten sie aus. Die kleinen Kük-ken sehen wie Wollbällchen aus. Hühner gibt es in vielen Arten auf der ganzen Welt. Ihre Eier und ihr Fleisch werden gerne gegessen. Die meisten Hühner hält man heute in Hühnerfarmen. Dort sind sie oft in enge Käfige gesperrt und werden von Automaten gefüttert. Ist das nicht Tierquälerei? Zu den wildlebenden Hühnern gehören ☛ Auerhahn und ☛ Fasan.

Hummel Sie ist mit der ☛ Biene verwandt, ist aber größer und hat einen Pelz. Wie die Biene fliegt sie von Blume zu Blume und saugt den Nektar aus den Blüten. Hummeln leben meist in Erdlöchern. Sie bilden Wachszellen für den Honig und andere, in die sie ihre Eier ablegen. Mit ihrem Stachel stechen sie nur in Notwehr.

~~**Hund** Herbert hat einen Hund. Es ist ein Boxer, er heißt Hasso. Jeden Tag geht Herbert zweimal mit ihm spazieren, und abends gibt er ihm sein Futter.~~ Hunde sind die ältesten Haustiere des Menschen. Sie stammen vom Wolf ab. Schon vor tausenden Jahren begleiteten sie die Menschen auf der Jagd und bewachten ihre Hütten. Heute gibt es über 300 verschiedene Hunderassen. Am größten sind die ☛ Bernhardiner und Neufundländer. Sie können bis zu achtzig Kilogramm schwer werden. Die kleinen Pekinesen dagegen wiegen nicht viel mehr als ein Kilogramm.

Hunde haben eine feine Nase. Sie können die Spur eines Wildes oder eines Menschen viele Kilometer weit verfolgen. Sie hören auch gut, nur ihre Augen sind nicht besonders scharf. Junge Hunde sollen erzogen werden. Dann verstehen sie die Befehle ihres Herrn und folgen ihm aufs Wort. Wenn Herbert Hasso ruft, kommt er sofort herbeigelaufen. Beim Spaziergang geht er folgsam an der Leine an Herberts linker Seite. Je nach der Aufgabe, die ein Hund hat, unterscheidet man Wachhunde (wie Schäferhunde, Doggen, Pudel), Jagdhunde (Setter, Spaniels, Dackel, Windhunde) und Diensthunde für die Polizei und Blinde. Dazu eignen sich besonders Schäferhunde, Schnauzer und Boxer. Viele Hunde sind aber einfach nur Hausgenossen des Menschen und Spielgefährten der Kinder. Junge Hunde nennt man Welpen, männliche Hunde heißen Rüden. Hunde, deren Eltern verschiedenen Rassen angehören, sind Mischlinge. Sie sind genauso anhänglich und treu wie Rassehunde. Oft sind sie sogar klüger.

Unser Bild zeigt verschiedene Hunderassen. Kennst du einige davon?

Igel Diesen drolligen Gesellen sieht man im Garten gerne. Er frißt Insekten, Mäuse, Schnecken, Würmer. Tagsüber hält er sich verborgen, nachts geht er auf Jagd. Sein Stachelkleid gibt ihm Schutz. Wenn Gefahr droht, rollt er sich einfach zusammen. Dann ist er eine kleine Kugel voll spitzer Stacheln. Mit diesen Stacheln spießt er Laub, Moos und Fallobst auf und trägt es in seinen Schlupfwinkel, wo er seinen Winterschlaf hält. Auf unseren Autostraßen werden viele Igel überfahren. Der Igel steht unter Naturschutz.

Impfung Zuerst hat Inge geweint, als sie geimpft werden sollte. Aber der Arzt hat ihr erklärt: „Wer gegen Scharlach, Diphtherie, Typhus, Pocken und Kinderlähmung geimpft ist, kann diese Krankheiten nicht bekommen. Darum müssen Kinder geimpft werden." Nachher denkt Inge: Der kleine Stich hat auch gar nicht weh getan.

Indianer sind die Ureinwohner Amerikas. Ihr Name geht auf einen Irrtum zurück. Als nämlich Amerika vor rund 500 Jahren entdeckt wurde, glaubten die Entdecker, sie wären in Indien gelandet. Deshalb nannten sie die Einwohner mit der gelblichbraunen Hautfarbe und dem glatten schwarzen Haar Indianer. Es gab damals mehrere hundert verschiedene Indianerstämme. In Mexiko und Südamerika hatten sie eine hohe Kultur entwickelt. Ihr Reichtum weckte aber die Gier der weißen Eroberer. Sie bekämpften die Indianer und zerstörten ihre Städte. Heute führen die Indianer in Südamerika ein ärmliches Leben.

Die Indianer Nordamerikas waren wandernde Jäger. Die Weißen nahmen ihnen ihr Land weg und rotteten die riesigen Bisonherden aus, von denen die Indianer lebten. Heute gibt es nur noch wenige Indianerstämme. Sie leben in Armut in sogenannten Schutzgebieten, den „Reservationen". Die Erinnerung an die Indianer und ihre Kämpfe gegen die weißen Eroberer ist durch Abenteuerbücher und Wildwestfilme noch sehr lebendig.

Infektion Ilse hat Masern. Niemand darf sie besuchen, denn es besteht die Gefahr der Infektion, auf deutsch: der Ansteckung. Schon durch das Berühren des Kranken kann man sich infizieren. Die ☛ Impfung schützt dich vor Infektionskrankheiten.

Insekten Bienen summen um die Blüten, ein Schmetterling gaukelt über die Wiese. Käfer und Ameisen krabbeln durch das Gras. Auf dem Tisch sitzen Fliegen, und eine Mücke sticht dich in den Arm. Alle diese kleinen Tiere gehören zur großen Familie der Insekten, die über eine Million verschiedener Arten zählt. Man nennt sie auch Kerbtiere, weil sie zwischen Kopf und Brust sowie zwischen Brust und Hinterleib eingekerbt sind. Sie haben sechs Beine, vier Flügel und am Kopf Fühler und oft sehr große Augen. Die meisten Arten können fliegen. Insekten verwandeln sich mehrmals während ihres Lebens. Aus den winzigen Eiern schlüpfen Larven oder ☛ Raupen. Wenn diese groß genug sind, spinnen sie sich ein und werden zu „Puppen“. Aus den Puppen schlüpfen nach einer Ruhezeit die fertigen Insekten. Unser Bild zeigt den Werdegang eines Schmetterlings vom Ei zur Raupe und zur Puppe.

Insel ist ein Land, das ringsum von Wasser umgeben ist. Im Meer, zum Beispiel in der Nordsee, gibt es viele Inseln. Die größte Insel der Erde ist Grönland in der ☛ Arktis. Auch in Flüssen und Seen gibt es Inseln. Halbinseln sind auf einer Seite mit dem Festland verbunden, so wie Italien.

Installateur (sprich: instalatör) nennt man einen Handwerker, der Wasser-, Elektro- und Gasleitungen im Haus verlegt oder repariert.

Interview Inge sieht im Fernsehen ein Interview (sprich: interwju) mit einer berühmten Sportlerin. Ein Reporter richtet an sie Fragen, die Sportlerin antwortet. So ein Gespräch nennt man Interview. Interviewt werden auch Künstler, Politiker und andere berühmte Leute. Das Interview wird im Radio oder Fernsehen gesendet oder in Zeitungen abgedruckt.

Italien ist ein Nachbarland Österreichs und der Schweiz im Süden. Hauptstadt ist Rom. Italien ist ein beliebtes Urlaubsland.

Jacht Jörg macht mit seinem Vater einen Ausflug zum Hafen. „Schau, was für eine tolle Jacht da liegt!“ sagt er und zeigt auf ein schönes Segelschiff. Jachten sind schnelle Boote für Wettfahrten und kleinere Schiffsreisen. Sie sind mit Segeln und Motoren ausgerüstet und haben bequeme Kabinen zum Schlafen.

Jagd Früher war Wild wichtig für die Ernährung des Menschen. Heute ist die Jagd vor allem Sport. Wenn der Jäger mit seinem Hund hinausgeht ins Revier, will er nicht nur Wild erlegen. Er kümmert sich auch um die Pflege des Wildes. Kranke und alte Tiere müssen abgeschossen werden. Im Winter brauchen die Tiere ausreichend Futter. Bei uns werden vor allem Hasen, Fasane, Füchse, Rehe und Hirsche gejagt. Im Frühling, wenn die Tiere ihre Jungen aufziehen, haben sie Schonzeit. Dann dürfen sie nicht gejagt werden. Wer ein Jäger werden will, muß eine Prüfung ablegen und einen Jagdschein erwerben.

Jaguar Das ist eine große Raubkatze, die in den Regenwäldern Mittel- und Südamerikas lebt. Sie wird bis zu zwei Meter lang und hat ein rostgelbes, geflecktes Fell. Der Jaguar ist dem ☛ Leoparden sehr ähnlich, doch etwas größer. Er ist ein gefürchteter Jäger, kann vorzüglich laufen und schwimmen und jagt Hirsche, Affen, Krokodile, Vögel und Fische.

Jahr Ein Jahr hat 365 Tage, die in zwölf Monate eingeteilt sind. So lange braucht die Erde, bis sie einmal um die Sonne kreist. Genau genommen dauert diese Umkreisung aber ein bißchen länger, nämlich 365 Tage und rund 6 Stunden. Damit die Zeitrechnung genau stimmt, wird deshalb alle vier Jahre ein Tag dazugezählt, und zwar im Februar. Dieser Monat hat dann nicht 28, sondern 29 Tage, und das Jahr wird Schaltjahr genannt. Wer am 29. Februar geboren ist, kann nur alle vier Jahre Geburtstag feiern. Ist das nicht ein Pech?

Jahreszeiten Das Jahr wird in vier Abschnitte geteilt, die wir Jahreszeiten nennen. Wir merken den Wechsel an der Länge der Tage, an der Temperatur, am Blühen, Reifen und Welken der Pflanzen. Im ☛ Frühling (Beginn 21. März) werden die Tage immer länger. Blumen und Bäume stehen in Blüte, die ganze Natur wird grün. Im ☛ Sommer (Beginn 22. Juni) sind die Tage am längsten. Die Sonne steht hoch am Himmel, es ist heiß. Wir können im Freien baden. Im ☛ Herbst (Beginn 23. September) reifen im Garten die Früchte. Die Tage werden langsam kürzer. Die Blätter der Bäume werden bunt und fallen schließlich ab. Im ☛ Winter (Beginn 22. Dezember) wird es kalt. Die Sonne steht ganz tief am Himmel, es wird früh dunkel. Schnee fällt vom Himmel.

Zur selben Zeit, wenn es bei uns kalt wird, beginnt auf der südlichen Hälfte der Erdkugel (in Südafrika, Australien, Südamerika) der Frühling und der Sommer. Der Winter fängt dort am 22. Juni an, das ist der Tag, an dem bei uns der Sommer beginnt. So geht es im ewigen Wechsel Jahr um Jahr. So verschieden die Jahreszeiten auch sind, es hat jede ihre schönen Seiten und Feste. Im Frühling ist das Osterfest ein richtiges Blütenfest. Im Sommer freuen wir uns auf die warme Sonne, auf das Baden im Freien und natürlich auf die Ferien. Im Herbst werden viele Früchte geerntet, und die Bäume im Park leuchten in allen Farben. Und im Winter freuen wir uns auf den Schnee, auf das Skifahren und Eislaufen und auf das Weihnachtsfest.
Welche Jahreszeit hast du am liebsten?

Jahrmarkt Jörg geht mit seinem Freund auf den Jahrmarkt. Dieser findet einmal im Jahr statt und ist ein Volksfest. Auf einer Wiese sind Buden aufgeschlagen, in denen man Waren aller Art kaufen kann. Ein ☛ Karussell dreht sich, eine Achterbahn ist da, eine Schießbude und ein Autodrom. Laute Musik ertönt. Aus dem Bierzelt duftet es nach Bratwürsten. Jörg fährt mit der Achterbahn. Dann kauft er sich ein Eis und auch ein Los. Vielleicht hat er Glück und gewinnt bei der Verlosung ein Fahrrad. – Auch beim Kirchweihfest gibt es oft einen Jahrmarkt.

Jeans (sprich: dschins) sind die Lieblingshosen von Jungen und Mädchen. Früher haben diese Baumwollhosen nur Farmer und ☛ Cowboys in Amerika getragen. Heute kann man sie überall auf der Welt kaufen. Ihre Farbe ist meist blau. Deshalb heißen sie auch Blue Jeans (sprich: bludschins). Jörg trägt eng anliegende Blue Jeans, die ganz verwaschen aussehen. Das hat er gern.

Jesus Christus Christus bedeutet: der Gesalbte. Er ist der Begründer der christlichen Religion. Mit seiner Geburt beginnt unsere Zeitrechnung. Er lebte ungefähr dreißig Jahre in Nazareth. Dann zog er mit seinen Jüngern, den ☛ Aposteln, durch das Land und verkündete seine Lehre vom Reich Gottes. Sein Leben und sein Tod am Kreuz werden in den Evangelien geschildert. Lies auch: Christentum.

Joghurt Die Mutter kauft jeden Tag frischen Joghurt. „Der ist doch so gesund“, sagt sie. Joghurt ist eine dicke Sauermilch. Das Wort stammt aus Bulgarien, ebenso das Rezept für die Herstellung. Joghurt wird auch mit Früchten vermischt.

Johannisbeeren „Die Johannisbeeren sind reif“, sagt Großvater. Jörg mag die rot leuchtenden Früchte mit den kleinen Kernen. Sie schmecken säuerlich und sind sehr erfrischend. Die Großmutter macht daraus Marmelade. Es gibt auch schwarze und weiße Johannisbeeren. In Österreich heißen sie „Ribisel“.

Juden Sie sind ein sehr altes Volk, das in der ganzen Welt verstreut lebt, aber durch seine Religion zusammengehalten wird. Im Altertum lebten sie in Palästina. Ihre Hauptstadt, in der ihr Tempel stand, war Jerusalem. Auch Jesus war Jude. Zu seiner Zeit war das Land von den Römern besetzt. Bald darauf wurde Jerusalem nach einem Aufstand zerstört. Die Juden flüchteten in alle Welt. Aber überall schlossen sie sich zu kleinen Gemeinden zusammen und hielten an ihren Gebräuchen und an ihrer Religion fest. Der siebenarmige Leuchter ist ein Symbol ihrer Religion.

Zur Zeit des Zweiten Weltkrieges wurden Millionen Juden in den Konzentrationslagern der Nationalsozialisten ermordet. Seit 1948 haben sie einen eigenen Staat Israel im ehemaligen Palästina. Aber die arabischen Palästinenser beanspruchen das Land ebenfalls als ihre Heimat. Heute leben etwa 14 Millionen Juden auf der ganzen Welt, vier Millionen davon in Israel.

Judo ist ein Kampfsport, der aus Japan zu uns gekommen ist. Dabei kommt es nicht auf Kraft, sondern auf Geschicklichkeit an. Beim Judo lernt man, sich ohne Waffen zu verteidigen. Die Kämpfer tragen einen weißen Anzug mit einem farbigen Gürtel. Der schwarze Gürtel ist das Kennzeichen der besten Kämpfer. – Jörg besucht einen Judokurs. Sein Judoanzug hat einen gelben Gürtel.

Jugendherbergen sind Unterkünfte, in denen Jugendliche, die eine Wanderung oder eine Radtour machen, billig übernachten können.

Jugendrotkreuz Das ☛ „Rote Kreuz“ ist eine weltweite Vereinigung, die Menschen in Not hilft. Die Jugendgruppe des Roten Kreuzes heißt Jugendrotkreuz. Ihm gehören Millionen Kinder und Jugendliche aus vielen Ländern der Welt an. Ihr Wahlspruch lautet: „Ich diene! Ich diene meiner Gesundheit, dem Nächsten, der Völkerverständigung.“ Die Rotkreuzjugend hilft alten Menschen, Behinderten und Kranken, sammelt für Opfer von Katastrophen und stellt Schulkisten für Kinder in Afrika und Südamerika zusammen. Die Zeitschriften des Jugendrotkreuzes werden von vielen Kindern gelesen.

Jugoslawien ist ein Nachbarland Österreichs im Südosten. Es liegt am Mittelmeer. Die Hauptstadt ist Belgrad. Jugoslawien wird von mehreren Völkern bewohnt. Das größte Volk sind die Serben. Die Slowenen und Kroaten wollen selbständig werden.

Käfer sind in vielen Arten über die ganze Erde verbreitet. Sie gehören zu den ☛ Insekten und bilden eine der größten Tiergruppen überhaupt. So verschieden Käfer auch aussehen, alle haben sechs Beine und zwei harte Flügeldecken, die wie ein Panzer den Leib oben schützen. Viele Käfer fressen Pflanzenteile und sind daher schädlich, zum Beispiel die ☛ Maikäfer oder die Kartoffelkäfer, die eine ganze Kartoffelernte vernichten können. Die sehr kleinen Borkenkäfer fressen sich in das Holz der Bäume und richten große Schäden in den Wäldern an. Andere Käfer vertilgen Insekten, Würmer oder Schnecken, sie sind daher nützlich, zum Beispiel Marienkäfer und ☛ Leuchtkäfer.

Kabel „Warum ist die Straße vor unserem Haus aufgegraben?“ fragt Karin. „Arbeiter reparieren ein Kabel“, sagt Vater. „Es ist unter der Straßendecke verlegt und leitet den elektrischen Strom in unser Haus.“ Ein Kabel besteht aus mehreren Metalldrähten. Sie sind von einer wasserdichten Schutzhülle umgeben. Es gibt auch Telefonkabel. Sie verbinden sogar Erdteile miteinander und liegen auf dem Meeresgrund. So kann man zum Beispiel von Europa nach Amerika telefonieren. Auch Fernsehprogramme können durch Kabel übertragen werden.

Kaffee Vor langer Zeit beobachtete ein Hirte in Afrika, wie seine Ziegen rote Beeren von einem Strauch fraßen und nachher munter herumsprangen. Er kostete selbst davon und fühlte sich darauf frisch und belebt. So wurde der Kaffee bekannt. Heute wächst der Kaffeestrauch auch in Asien und Amerika, zum Beispiel in Brasilien. Die roten kirschähnlichen Früchte enthalten zwei graugrüne Samenkerne, die Kaffeebohnen. Durch Rösten erhalten sie ihre braune Farbe und den guten Geschmack. Viele Menschen trinken gern Kaffee. Er enthält Koffein, das belebend wirkt.

K

Kalender Wenn du nicht weißt, welches ☛ Datum wir heute haben, brauchst du nur in den Kalender zu schauen. Er gibt dir Auskunft über die Tage, Wochen und Monate eines Jahres. Ein ☛ Jahr hat 52 Wochen, das sind 12 Monate. Die Monate heißen: Januar (Jänner), Februar, März, April, Mai, Juni, Juli, August, September, Oktober, November, Dezember. Die Monate haben 30 oder 31 Tage, nur der Februar hat 28 und alle vier Jahre 29 Tage; das ist ein Schaltjahr. Schon im Altertum hat man Kalender gekannt. Die Monatsnamen stammen von den Römern.

Kakao Zum Frühstück trinkt Kurt Kakao. Mutter gießt heiße Milch über das Kakaopulver, und fertig ist das Getränk. Es schmeckt nach Schokolade. Kakao wird von den Früchten des Kakaobaumes gewonnen. Sie enthalten viele Samenkörner, die zu Kakaopulver zermahlen werden. Aus Kakao wird ☛ Schokolade hergestellt. Kakaobäume wachsen in den heißen Ländern Amerikas, Afrikas und Asiens.

Kalk Kurt sieht, wie der Maurer einen dicken weißen Brei rührt. „Das ist gelöschter Kalk“, sagt der Maurer. In einem Steinbruch wird Kalkstein gewonnen, den man im Kalkofen brennt. Wird dieser gebrannte Kalk mit Wasser übergossen, so zischt und brodelt es, und es entsteht gelöschter Kalk. Vermischt mit Sand, wird er zu Mörtel, den der Maurer für seine Arbeit braucht. Der Mörtel wird hart und verbindet die Ziegel fest miteinander. Auch die Knochen der Menschen und Tiere sind aus Kalk aufgebaut.

Kaktus Auf Mutters Blumenfenster steht ein Kaktus mit herrlichen roten Blüten. Leider verwelken sie sehr schnell. Kakteen wachsen wild in steinigen Wüstengebieten, die meisten in Amerika. Statt Blätter haben sie oft Stacheln oder Haare. Kakteen haben sonderbare Formen: sie sehen oft wie Säulen, stachelige Kugeln oder wie dicke Blätter aus. Sie können klein, aber wie der Säulenkaktus auch mehr als 20 Meter hoch sein. Kakteen speichern Wasser, so können sie lange Trockenzeiten überstehen.

K

Kamel Es ist für das Leben in der Wüste gut gerüstet. Mit seinen breiten Schwielenpolstern an den Füßen sinkt das Kamel nicht im Sand ein. Es kann lange Zeit hungern und dürsten. In seinem Höcker speichert es Nahrung. Das Kamel ist das wichtigste Haustier in heißen Gebieten. Schwer beladen durchquert es die Wüste. Es liefert Milch, Fett, Fleisch und das wertvolle Kamelhaar. In Asien lebt das zweihöckerige Kamel, das Trampeltier, in Nordafrika das einhöckerige ☛ Dromedar, in Südamerika das ☛ Lama, das keinen Höcker hat.

Kamera Lies: Fernsehen, fotografieren.

Kamille ist eine ☛ Heilpflanze.

Kanal ist eine künstlich angelegte Wasserstraße. Kanäle verbinden Flüsse, Seen und Meere miteinander, sie sind für die Schiffahrt wichtig. In unterirdische Kanäle fließt das ☛ Abwasser aus Haushalt und Industrie. Kanäle werden auch angelegt, um Ackerland zu bewässern oder versumpfte Gebiete trockenzulegen.

Kanarienvogel Dieser gelbgrüne oder goldgelbe Finkenvogel lebt auf den Kanarischen Inseln westlich von Nordafrika. Weil er so schön singen kann, wird er bei uns gezüchtet und als Stubenvogel gehalten. Berühmt ist der „Harzer Roller“. Er beginnt sein Lied mit einer an- und abschwellenden Rolle, seine Töne sind glockenrein.

Känguruh Dieses sonderbare Tier lebt in Australien. Es hat vier Beine, kann aber nicht laufen, sondern nur springen. Seine Vorderbeine sind schwach und kurz, seine Hinterbeine lang und kräftig. Mit dem langen Schwanz stößt sich das Känguruh beim Springen vom Boden ab. Es kann bis zu 12 Meter weit und bis zu zwei Meter hoch springen. Das Auffälligste am Känguruh aber ist sein Beutel am Bauch, darin trägt es sein Junges mit sich. Es gehört zu den Beuteltieren. Es gibt große und kleine Känguruhs, sie grasen in großen Herden auf den weiten Steppen Australiens.

Kaninchen sind mit den ☛ Hasen verwandt. Sie sind kleiner als Feldhasen und haben auch kürzere Ohren. Mit ihren kräftigen Beinen graben die Wildkaninchen Erdhöhlen, in denen sie gesellig leben. Das Hauskaninchen wird wegen seines Fleisches und Pelzes gezüchtet.

Kanu Das ist ein leichtes Boot der Indianer aus Tierhaut oder aus einem ausgehöhlten Baumstamm. Es wird durch Paddeln fortbewegt. Aus dem Kanu haben sich die Sportboote Kajak, Paddelboot und Faltboot entwickelt. Im Kanusport werden Wettkämpfe im Wildwasserrennen und im Kanusegeln ausgetragen.

Karawane Durch die Wüste ziehen in langer Reihe ☛ Kamele. Sie sind schwer bepackt und bringen Waren von einem Handelsplatz zum anderen. Nachts rasten sie in einer ☛ Oase. Auf den Reitkamelen sitzen weißgekleidete Araber. Sie sind Kaufleute oder Pilger. Heute fahren sie meist in Autos, die das Reitkamel verdrängt haben.

Karfreitag heißt der Freitag in der Karwoche. Das ist die Woche vor Ostern. Er erinnert an das Leiden, die Kreuzigung und den Tod Christi. In der katholischen Kirche ist der Karfreitag der höchste Trauertag, in der evangelischen Kirche gilt er als höchster Feiertag.

Karneval Lies: Fasching.

Karpfen Zu Weihnachten, am Heiligen Abend, kocht die Mutter gewöhnlich einen Karpfen. Dieser Fisch lebt in Flüssen und Seen, wird bei uns aber meist in Teichen gezüchtet. Karpfen können mehr als einen Meter lang, bis zu 30 kg schwer und 40 Jahre alt werden. Sie fressen kleine Wassertiere und auch Pflanzenteile. Den Winter verbringen sie reglos in Winterstarre. Karpfen haben ein wohlschmeckendes Fleisch, du mußt nur beim Essen auf die feinen Gräten achten.

Karussell Es heißt auch Ringelspiel. Kurt ist auf dem ☛ Jahrmarkt. Wie lustig sich da die Karussells drehen! Auf Sitzen, die an langen Ketten hängen, dreht man sich im Kreis und fliegt durch die Luft. Karin fährt lieber mit dem Karussell, auf dem sich Schaukelpferde, Autos und ein Feuerwehrwagen im Kreis drehen.

Kartenspiele sind meist Glücksspiele. Nur mit Glück kannst du beim „Schwarzen Peter" gewinnen. Beim Tier- oder Pflanzenquartett kannst du auch etwas lernen. Erwachsene spielen mit vier verschiedenen Kartenblättern. Das „As" ist die höchste Karte. Aber wer nicht verlieren kann, sollte lieber nicht spielen.

Kartoffeln Vor mehr als 400 Jahren wurden die Kartoffeln aus Südamerika zu uns nach Europa gebracht. Zuerst wußte man mit ihnen nichts Rechtes anzufangen, denn ihre Blätter und grünen Beeren sind giftig. Als man aber die Kartoffelstauden ausriß und verbrannte, entdeckte man, wie köstlich die gebratenen Knollen aus der Erde schmeckten. Heute sind sie nach dem Brotgetreide das wichtigste pflanzliche Nahrungsmittel. Im Frühjahr legt der Bauer die Knollen in den Ackerboden. Von Juli bis Oktober werden dann die Kartoffeln bei uns geerntet. Sie heißen auch Erdäpfel, auf französisch ☛ „pommes". Der ärgste Schädling ist der Kartoffelkäfer. Er hat gelbe Flügel mit schwarzen Streifen. Zum Glück kommt er heute nur noch selten vor.

Käse wird in der Molkerei aus der Milch von Kühen, Ziegen und Schafen hergestellt. Aus der Milch bereitet man Quark oder Topfen, würzt und preßt ihn. Dann muß er längere Zeit „reifen". Es gibt viele Käsesorten: harten und weichen Käse, Fett- und Magerkäse. Manche Käsesorten haben Löcher. Sie entstehen durch Gase, die sich während der Reifung bilden.

Kasperl „Tri-tra-trallala!" singt der Kasperl im Kasperltheater. Dort kämpft er mit seinem Freund Seppl gegen die Hexe und das böse Krokodil und bringt die Kinder mit seinen Späßen zum Lachen. Warst du schon einmal im Kasperltheater?

Kastanie Auf ihrem Schulweg geht Karin durch eine Kastanienallee. Im Frühjahr blühen die Kastanienbäume weiß oder rosa, es sind Roßkastanien. Ihre großen Blütenrispen sehen wie Kerzen aus. Sie bilden stachelige grüne Früchte mit braunen glänzenden Samen, den Kastanien, die im Herbst abfallen. Karin sammelt sie ein, weil man aus Kastanien allerlei basteln kann. Sie sind ein gutes Winterfutter für das Wild. Die Jäger bringen sie zu den Futterstellen. – Karin kennt aber auch Kastanien, die man ißt. Das sind die Maronen oder Maroni, die Früchte der Edelkastanien. Diese Bäume wachsen nur in wärmeren Gegenden und sind mit den Roßkastanien nicht verwandt. Besonders gut schmecken im Winter geröstete Maroni vom Maronibrater.

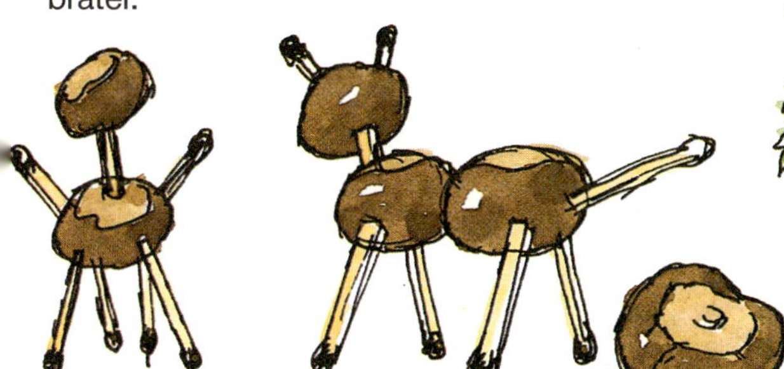

Katalog Das ist ein Verzeichnis, in dem zum Beispiel alle Bücher einer Bücherei, nach dem Alphabet geordnet, angeführt sind. Versandhäuser verschicken Kataloge, in denen sie ihre Waren anbieten.

Katastrophe ist ein Unglück, das über viele Menschen hereinbricht. Eine große Überschwemmung überflutet Felder und Häuser, Ernten werden vernichtet, Tiere und Menschen ertrinken. Naturkatastrophen sind auch Erdbeben, Vulkanausbrüche, Stürme, Schneelawinen, die in den Bergen Menschen verschütten. Katastrophen entstehen auch durch technische und menschliche Fehler: ein Zug entgleist, ein Flugzeug stürzt ab, ein Feuer bricht aus. Die größte aller Katastrophen aber ist der ☛ Krieg.

Katholiken sind Christen, die der katholischen Kirche angehören. Das Oberhaupt der katholischen Kirche ist der ☛ Papst.

Kaufhaus Lies: Handel, Supermarkt.

Kaugummi Karin kaut einen Kaugummi. Er schmeckt nach Pfefferminze. Aus dem harten Stück wird eine gummiartige Masse. Sie kaut und kaut und kann den Kaugummi nicht zerkauen. Endlich spuckt sie ihn aus. Es heißt, Kaugummikauen sei gut für die Zähne und die Verdauung.

Kegeln Kurt geht mit seinen Eltern auf die Kegelbahn. Dort ist eine lange Laufbahn. An ihrem unteren Ende sind neun Kegel aufgestellt. Der Kegel in der Mitte ist der größte, er heißt König. Der Kegler wirft eine Kugel mit Schwung auf die Laufbahn und versucht, möglichst viele Kegel umzuwerfen. Aus Amerika kommt das Bowling (sprich: bouling). Es wird mit zehn Kegeln gespielt, die Kugel hat drei Grifflöcher. Kegeln ist ein altes Unterhaltungsspiel für Männer und Frauen. In Kegelklubs werden auch Wettkämpfe ausgetragen.

Katze „Mieze, Mieze", ruft Karin. Die Katze kommt gelaufen und streicht schnurrend um Karins Beine. Sie ist zutraulich, schmeichelt und spielt gern, aber sie gehorcht nur, wenn sie will. Karin mag es gar nicht, daß Mieze auch Mäuse und Vögel fängt. Aber das kann man einer Katze nicht abgewöhnen, weil sie ein Raubtier ist. Ihre großen Verwandten sind der Tiger und der Löwe.Unsere Hauskatze stammt von der ägyptischen Falbkatze ab. Sie galt in Ägypten als heiliges Tier, weil sie die Getreidespeicher vor Mäusen schützte. Auch bei uns wird die Katze gerne als Mäusejäger gehalten. Sie schleicht auf weichen Pfoten an ihre Beute heran. Plötzlich springt sie, packt das Tier mit den scharfen Krallen und tötet es mit ihren spitzen Zähnen, nachdem sie eine Weile mit ihm gespielt hat. Die Katze sieht sehr gut. Sie jagt meist nachts, da die Mäuse erst in der Dunkelheit aus ihren Löchern kommen. Als schönste Hauskatzen gelten die Angorakatze und die Siamesische Katze. Katze und Hund sind die beliebtesten Haustiere.

Keramik Wer macht mit? Bei einem Töpfer kaufen wir einen Klumpen Ton und kneten ihn tüchtig durch. Er darf weder zu naß noch zu trocken sein. Dann formen wir drauflos: Schalen, Vasen, Figuren, und lassen alles an der Luft trocknen. Ist etwas schön gelungen, geben wir es in eine Keramikbrennerei zum Brennen. Tonwaren aus geformtem und gebranntem Ton bezeichnet man als Keramik. Um sie wasserdicht und glänzend zu machen, überzieht man sie mit einer Glasur. Geschirr, Gefäße, Figuren, die aus Steingut oder Porzellan hergestellt sind, zählen zur Feinkeramik, Ziegeln, Kacheln, Röhren zur Grobkeramik. Die Keramik gehört zu den frühen Handwerken und Künsten des Menschen. Schon vor 5000 Jahren wurde in Ägypten die Töpferscheibe erfunden. Sie ist eine sich drehende Scheibe, auf der man mit den Händen Gefäße formt.

Kerzen Auf den festlich gedeckten Tisch stellt Mutter den Leuchter mit brennenden Kerzen. Auf deiner Geburtstagstorte stehen so viele Kerzen, wie du Jahre alt bist. Viele bunte Kerzen schmücken den Weihnachtsbaum. Auch in der Kirche brennen zur Messe Kerzen auf dem Altar. Als es noch kein elektrisches Licht gab, benutzte man Kerzen zum Beleuchten von Wohnräumen. Die besten Kerzen werden aus Bienenwachs hergestellt. Ein Docht, das ist ein Baumwollfaden, durchzieht die Kerze und führt der Flamme den Brennstoff zu. Im Auto gibt es eine Zündkerze. Kennst du noch eine Kerze, die nicht brennt?

Kiebitz Über Äckern und sumpfigen Wiesen kannst du den laut kreischenden Ruf „Kiwitt-kuitt“ hören. Es ist der Kiebitz, ein Vogel, so groß wie die Taube. Sein Gefieder schillert oben dunkelgrün, der Hals ist schwarz, die Bauchseite weiß. Auffällig ist die Federhaube auf dem Kopf. Auf der Wiese trippelt er mit wippendem Schwanz. Dieser Zugvogel ist leider schon selten geworden und steht unter Naturschutz.

Kiefer Die Kiefer ist ein Nadelbaum und heißt auch ☛ Föhre. – Es gibt aber auch das Wort: der Kiefer. Das ist ein Knochen, in dem die ☛ Zähne stecken. Jeder Mensch hat zwei Kiefer: den Oberkiefer und den Unterkiefer. Den Unterkiefer kannst du auf und ab bewegen. Das tust du, wenn du ißt oder sprichst. Der nach vorn gewölbte Teil ist das Kinn.

Kiel ist der unterste, in der Mitte liegende Balken eines Bootes oder Schiffes. Auch der steife Schaft einer Vogelfeder heißt Kiel. Als es noch keine Stahlfedern gab, verwendete man Gänsefedern zum Schreiben. – Kiel ist auch der Name einer Hafenstadt in Deutschland.

Kiemen Fische atmen nicht mit der Lunge, sie atmen mit Kiemen. Das sind zarte Hautblättchen, die hinter dem Kopf unter den Kiemendeckeln liegen. Der Fisch nimmt mit dem Maul das Wasser auf, es fließt an den Kiemen vorbei. Dabei wird die Luft, die im Wasser enthalten ist, aufgenommen und dem Blut zugeführt.

Kilo, abgekürzt: k, bedeutet: tausend. 1 Kilogramm (kg) = 1000 Gramm (g), 1 Kilometer (km) = 1000 Meter (m).

Kino Im Kino werden ☛ Filme vorgeführt. Die von einer Filmkamera aufgenommenen Bilder des Kinofilms werden von einem Filmvorführgerät auf die große Kinoleinwand geworfen: Du sitzt im Kino und hörst und siehst alles wie lebendig vor dir. Kurt schaut sich am liebsten Abenteuerfilme und Tierfilme an, Karin Märchenfilme.

Kiosk Auf dem Platz vor der Schule steht ein Kiosk. Es ist ein Häuschen mit einem Verkaufsstand, auf dem Zeitungen und Zeitschriften angeboten werden oder Getränke und Süßigkeiten. Kurt kauft sich beim Zeitungskiosk die Micky-Maus-Hefte. Auf dem Bahnhof steht ein Kiosk, der Blumen verkauft. Kioske haben meist länger geöffnet als andere Geschäfte.

Kirche Das ist das Gotteshaus der Christen, in dem der Gottesdienst gefeiert wird. In der Kirche steht der Altar. Der Pfarrer hält hier die Messe, tauft die Kinder und vermählt die Brautpaare. Im Kirchturm hängen die Glocken, die zum Gottesdienst läuten. Besonders große Kirchen bezeichnet man als Dom, Münster oder Kathedrale. Sie wurden meist als Bischofskirche erbaut und von großen Künstlern gestaltet. Die größte Kirche ist die Peterskirche in Rom. Eine ganz kleine Kirche ist eine Kapelle. Auch die Gemeinschaft der Gläubigen wird als Kirche bezeichnet. Kurt gehört der römisch-katholischen Kirche an (lies: Katholiken), sein Freund der evangelischen Kirche.

Kirschen reifen früh im Sommer. Im Juni leuchten sie rot, schwarz oder gelb von den Kirschbäumen. Mit langen Stielen hängen sie dort zu zweit oder zu dritt an den Zweigen. Die Kirsche hat einen steinharten Kern, den wir ausspucken. Sie ist ein Steinobst (☛ Früchte). Mutter macht aus den süßen Kirschen einen feinen Kuchen, auch Kompott und Marmelade. Es gibt auch Sauerkirschen, das sind die Weichseln. Achtung vor schwarzglänzenden Kirschen im Wald! Das ist die giftige Tollkirsche.

Klavier Karin lernt Klavier spielen. Sie muß fleißig üben, damit sie die weißen und schwarzen Tasten richtig anschlägt. Im Inneren des Klaviers sind viele Saiten gespannt. Drückt man die Tasten nieder, schnellen Hämmerchen gegen die Saiten und bringen sie zum Klingen. Das kleine Klavier, das Pianino, ist ein beliebtes Hausmusikinstrument, das große Klavier, der Flügel, wird meist auf Konzerten gespielt.

Klee Wenn man einen vierblättrigen Klee auf der Wiese findet, sagt man, das bringt Glück. Denn Klee hat meist dreiteilige Blätter. Es gibt viele Kleearten. Sie blühen rot, weiß, gelb oder violett. Klee ist ein wichtiges Viehfutter.

Kleidung Jeder Mensch braucht Kleider. Er hat kein Fell und keine Federn wie viele Tiere. Kleider schützen ihn vor Kälte und Hitze, vor Regen und Wind. Wir müssen unsere Kleidung dem Wetter anpassen; Ist es kalt, ziehen wir warme Kleidung an; den Kopf bedecken wir mit einer Mütze, an den Füßen tragen wir Schuhe, an den Händen Handschuhe. An warmen Tagen brauchen wir sommerliche Kleidung und eine Kopfbedeckung, die uns vor der Sonne schützt. Vor vielen tausend Jahren, als die Menschen noch in Höhlen wohnten, hüllten sie sich in Tierfelle, die sie mit Knochennadeln zusammenhielten. Allmählich lernten sie, die Wolle von Schafen und Ziegen auf dem Spinnrad zu Fäden zu spinnen und daraus Stoffe zu weben. Später wurden auch Baumwolle und Seide zu Stoffen verarbeitet. Heute werden in Fabriken Kleider in großen Mengen erzeugt. Dabei verwendet man auch Kunstfasern wie Nylon, die oft mit Baumwolle gemischt werden.

„Kleider machen Leute", sagt ein Sprichwort. An der Kleidung kannst du viele Berufe erkennen: Polizisten, Briefträger, Eisenbahner und Soldaten tragen eine Uniform, Ärzte, Krankenschwestern und Handwerker eine bestimmte Arbeitskleidung. Sportler sind sportlich gekleidet: Skifahrer haben einen Skianzug, Badende einen Badeanzug. Die Braut erkennst du an ihrem Brautkleid. Mit der Kleidung kannst du dich auch verkleiden: im Fasching als Indianer, am Nikolaustag als Knecht Ruprecht, zu Weihnachten als Weihnachtsmann.
Jedes Land, ja jedes Tal hatte früher eine eigene Kleidung, die Tracht. Viele Volkstrachten haben sich bis heute erhalten. Sie werden meist nur zu festlichen Anlässen getragen. Der Mensch will sich mit der Kleidung nicht nur schützen, er will auch schön und nach der Mode angezogen sein. Aber die Mode ändert sich. Früher waren Kinder wie kleine Erwachsene gekleidet. Heute sind ihre Kleider bunt und bequem, gut geeignet zum Spielen und Herumtollen.

Klima ist das warme, kalte, feuchte und trockene ☛ Wetter über lange Zeit. In den südlichen Ländern ist das Wetter wärmer als bei uns, sie haben warmes Klima. Heißes und feuchtes Klima haben die Gebiete zu beiden Seiten des Äquators, die ☛ Tropen. Hier liegen dichte Urwälder. Das Klima bei uns ist gemäßigt: der Sommer ist warm, der Winter kalt. Die Gebiete rund um den Nord- und den Südpol haben kaltes, eisiges Klima. Vom Klima hängt es ab, welche Pflanzen in einem bestimmten Land wachsen und welche Tiere dort leben. Es gibt Pflanzen, die keinen Frost vertragen und nur in wärmeren Ländern gedeihen, zum Beispiel Bananen und Orangen. Viele Tiere fühlen sich in der Kälte wohl, nicht aber in der Wärme, zum Beispiel der Eisbär. Durch Klimaanlagen können wir in Wohnräumen, Büros, Theatern ein angenehmes, gleichmäßiges Klima erzeugen.

Kloster In einem Kloster leben Mönche oder Nonnen nach den Regeln ihres Ordens. Sie dienen Gott in Gebet und Arbeit. Sie üben auch gute Werke: Sie unterrichten Kinder, betreuen sie in Heimen und pflegen die Kranken im Krankenhaus. Mittelpunkt des Klosters ist die Klosterkirche. Zu einem Kloster gehören oft Felder und Wälder, Scheunen, Stallungen und Werkstätten. In alten Klöstern gibt es große Bibliotheken. Als die Buchdruckerkunst noch nicht erfunden war, wurden viele dieser Bücher von den Mönchen geschrieben oder abgeschrieben.

Knochen Alle Menschen und viele Tiere haben ein Knochengerüst, das ☛ Skelett. Es besteht aus vielen harten Knochen, die durch Gelenke beweglich miteinander verbunden sind. Die Knochen stützen den Körper, sie geben ihm Halt. Ohne Knochen könnten wir nicht stehen und auch nicht gehen. Das spüren wir, wenn wir uns das Bein gebrochen haben.

Koala ist ein kleines teddybärartiges Beuteltier. Der Koala lebt in Australien und frißt Blätter der Eukalyptusbäume.

Kobold Dieser listige Zwerg kommt in Märchen und Sagen vor. Er hält sich in Haus und Hof auf, hilft den Menschen und bringt ihnen Glück. Gern spielt er Schabernack, kann aber auch böse sein, wenn er beleidigt wird. Auch Heinzelmännchen und Gnome sind Kobolde.

Kohle Es war vor vielen, vielen Millionen Jahren, da gab es riesige Wälder. Die Bäume stürzten um, fielen übereinander und versanken nach und nach im Sumpf. Geröll- und Erdmassen deckten sie zu. Die Bäume verfaulten nicht, weil sie von der Luft abgeschlossen waren. Durch den Druck und die hohe Temperatur, die dabei entstanden, „verkohlten" allmählich die versunkenen Urwälder. Der Bergmann holt sie als Kohle aus dem ☛ Bergwerk. Tief in der Erde lagert die schwarze Steinkohle. Sie ist härter und verbrennt mit größerer Hitze als die Braunkohle, die nur wenige Meter tief im Erdboden liegt. Es gibt immer noch große Kohlevorräte auf der Erde. Deutschland hat die größten Braunkohlelager. Aus Kohle werden Koks, Heizgas und Teer gewonnen. Kohle braucht man aber nicht nur zum Heizen, sie wird auch zur Gewinnung von elektrischem Strom verwendet. In chemischen Fabriken erzeugt man aus Kohle Kunststoffe, Farben, Heilmittel, Benzin, Schmier- und Heizöl und anderes.

Kokosnuß Mutter bäckt Kokoskeks. Sie nimmt dazu Kokosflocken, die von der Kokosnuß stammen. Diese ist die Frucht der Kokospalme, die an Meeresküsten der warmen Länder wächst. Dieser Baum wird bis zu 25 m hoch. Oben trägt er ein Büschel mit sehr langen Blättern. Dort hängen auch die braunen Kokosnüsse, die so groß wie dein Kopf sind. Ihre steinharte Schale ist von einem dicken Faserpelz bedeckt. In der Frucht ist die süßliche, erfrischende Milch. Auch das weiße Samenfleisch schmeckt gut. Aus den Kokosnüssen wird Kokosfett gewonnen. Aus Kokosfasern macht man Matten, Seile, Körbe. Die großen Blätter benutzen die Eingeborenen zum Dachdecken.

Kolibri Ein Vogel, fast so klein wie eine Hummel, gibt es das? Ja, das ist der Kolibri. Dieser kleinste Vogel der Welt ist in vielen, nicht immer so kleinen Arten in ganz Amerika verbreitet. Die Kolibris werden auch als „fliegende Juwelen“ bezeichnet, weil ihr farbenprächtiges Gefieder wie Edelsteine schimmert. Sie schwirren mit schnellen, wirbelnden Flügelschlägen von Blume zu Blume. Stehend im Schwirrflug holen sie mit ihren langen Schnäbeln Nektar und Insekten aus den Blüten.

Kompaß Kurt hat einen Kompaß, den er immer auf Wanderungen mitnimmt. Er sieht aus wie eine Taschenuhr. In dem Gehäuse ist ein Zifferblatt, die Windrose, auf der die ☛ Himmelsrichtungen eingezeichnet sind. Die Kompaßnadel auf der Windrose zeigt mit der farbigen Spitze nach Norden (N), mit der anderen nach Süden (S). Sie ist eine freibewegliche Magnetnadel, die sich nach den magnetischen Erdpolen ausrichtet. Kurt weiß, wie man den Kompaß richtig benutzt: Er legt ihn auf eine waagrechte Stelle und dreht das Gehäuse so, daß das N (Norden) auf der Windrose genau unter der Nordspitze der Kompaßnadel liegt. Jetzt weiß er auch, wo Süden, Osten und Westen ist.

König Früher hat es viele Königreiche gegeben. Heute gibt es nur noch wenige Länder, in denen ein König regiert. Diese Staatsform nennt man Monarchie. Deutsche Könige regierten an die tausend Jahre. Viele deutsche Könige wurden auch zu Kaisern gekrönt. Die Zeichen ihrer Herrscherwürde sind Krone und Zepter.

Königskerze Diese Pflanze wächst auf trockenen, sonnigen Plätzen. Sie ist bis zwei Meter hoch, kerzengerade und hat gelbe Blüten. Tee aus Blättern und Blüten hilft bei Husten und Halsschmerzen.

konservieren Viele Lebensmittel verderben leicht. Um sie zu konservieren, das heißt haltbar zu machen, werden sie eingekocht, eingesäuert, getrocknet oder geräuchert. Obst, Gemüse, Fleisch konserviert man durch Tiefkühlen. In Dosen konservierte Lebensmittel nennt man Konserven.

Konzert In einem Konzert werden von einem Orchester Musikwerke aufgeführt, die Komponisten geschaffen haben. Die Musiker spielen mit Geigen, Flöten, Posaunen, Trompeten und anderen Instrumenten. Der Dirigent leitet mit seinem Taktstock das Orchester.

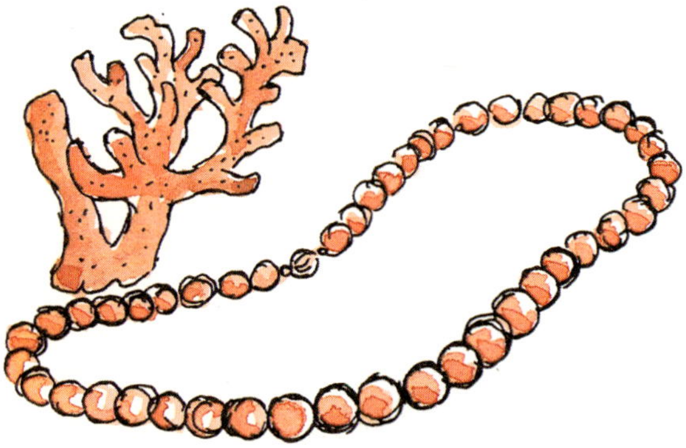

Korallen Karin hat zum Geburtstag eine rote Korallenkette bekommen. Korallen sind das Kalkskelett der Korallentiere. Sie leben im Mittelmeer und in anderen warmen Meeren. Dort bilden sie riesige baumartig verzweigte Stöcke, die zu märchenhaft schönen Wäldern und zu gewaltigen Riffen anwachsen. In der Südsee gibt es tausende Inseln aus Korallenriffen.

Körperpflege Kennst du die Geschichte vom Struwwelpeter mit dem struppigen, zerzausten Haar und den fürchterlich langen Finger- und Zehennägeln? Er wollte sich nicht waschen, nicht kämmen, nicht die Nägel schneiden. Wer will das schon, denkt Karin. Aber wenn es zum Essen geht, ruft Mutter: „Hast du dir die Hände gewaschen?“ Und vor dem Schlafengehen: „Hast du dir die Zähne geputzt?“
Richtige Körperpflege ist die halbe Gesundheit. Reinlichkeit und Sauberkeit schützen unseren Körper. Überall ist Schmutz und Staub, auch in der Luft. Darum: regelmäßig duschen und baden! Aber nimm nicht zuviel Seife dazu, sie könnte der Haut schaden. Auch die Unterwäsche muß regelmäßig gewechselt werden, sie wird nicht nur schmutzig, sie ist auch verschwitzt. Vieles, was die Hände berühren, ist mit Krankheitserregern behaftet. Zähne, die man nicht putzt, werden krank. Darum:

Morgens, abends, nach dem Essen
Zähneputzen nicht vergessen!

Auch das Haar braucht Pflege. Es muß nicht sooft gewaschen, aber täglich gut gebürstet und gekämmt werden. Auch viel Bewegung in frischer Luft, Spiel und Sport erhalten unseren Körper gesund.

Kraftwerke liefern elektrischen Strom. Die Maschinen, die den Strom erzeugen, können auf verschiedene Weise angetrieben werden. In einem Dampfkraftwerk werden sie mit Wasserdampf betrieben. Diesen gewinnt man durch Verbrennen von Öl, Kohle oder Gas. In einem Wasserkraftwerk wird das Wasser eines Flusses gestaut. Mit der Kraft eines Wasserfalls stürzt es durch Rohre auf die Schaufelräder von Turbinen. Diese treiben dann die Maschine, den Generator, der den Strom erzeugt. Auch die ☛ Atomkraft kann zur Stromerzeugung genutzt werden. Lies: Elektrizität, Dampfmaschine.

Krähen Im Herbst kann man sie in großen Scharen auf den abgeernteten Feldern sehen. Dort suchen sie nach Insekten, Larven und Samenkörnern. Oft hocken sie auch zu Hunderten in großen Bäumen. Krähen haben ein fast schwarzes Gefieder und werden bis zu 50 cm groß. Bei uns leben die violett schimmernde Saatkrähe, die graue Nebelkrähe und die blauschimmernde Rabenkrähe. Alle krächzen „krahkrah". Es ist schwer zu glauben, daß sie Singvögel sind.

Kran ist eine Maschine, mit der man schwere Lasten heben, befördern und abladen kann. Man braucht Kräne auf Bauplätzen, in Häfen und Fabriken. Konrad sieht manchmal zu, wie ein großer Baukran mit seinem langen Eisenarm schwere Betonteile hochhebt. Der Kranführer in der Führerkanzel steuert den Kran.

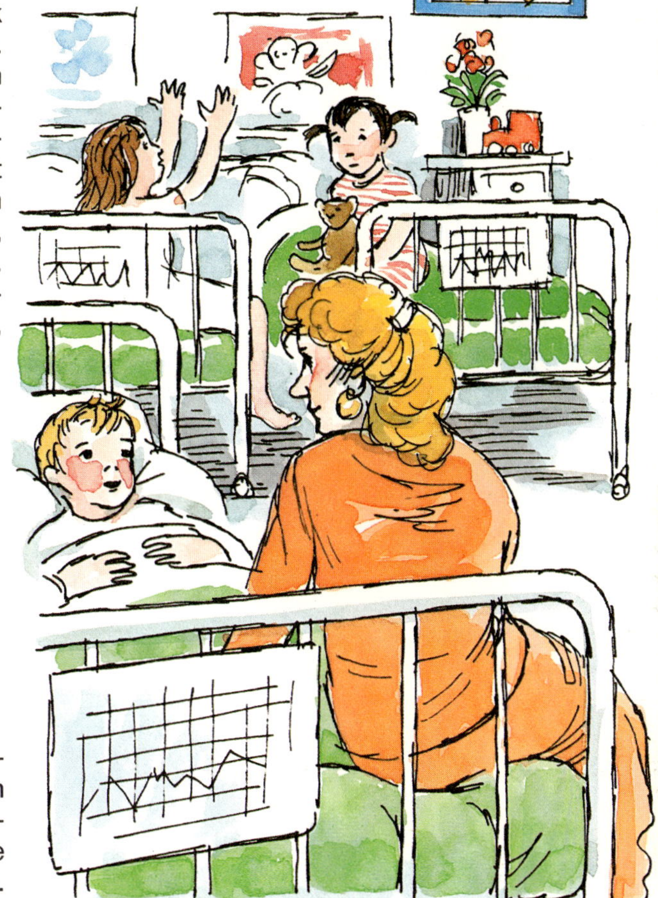

Krankenhaus Es heißt auch Spital oder Klinik. Kurt hat eine Blinddarmentzündung und soll operiert werden. Mit dem Rettungsauto wird er ins Krankenhaus gebracht. Hier sorgen Ärzte, Krankenschwestern und Krankenhelfer für ihn. Jedes Krankenhaus hat für bestimmte Krankheiten eigene Abteilungen: In der chirurgischen Abteilung wird operiert, Kinder liegen in der Kinderabteilung, Mütter, die ihre Kinder zur Welt bringen, in der Geburtenabteilung. Bei Unfällen werden Verletzte in das Unfallkrankenhaus eingeliefert. Im Krankenhaus werden nur Kranke (Patienten) aufgenommen, denen sonst nicht geholfen werden kann.

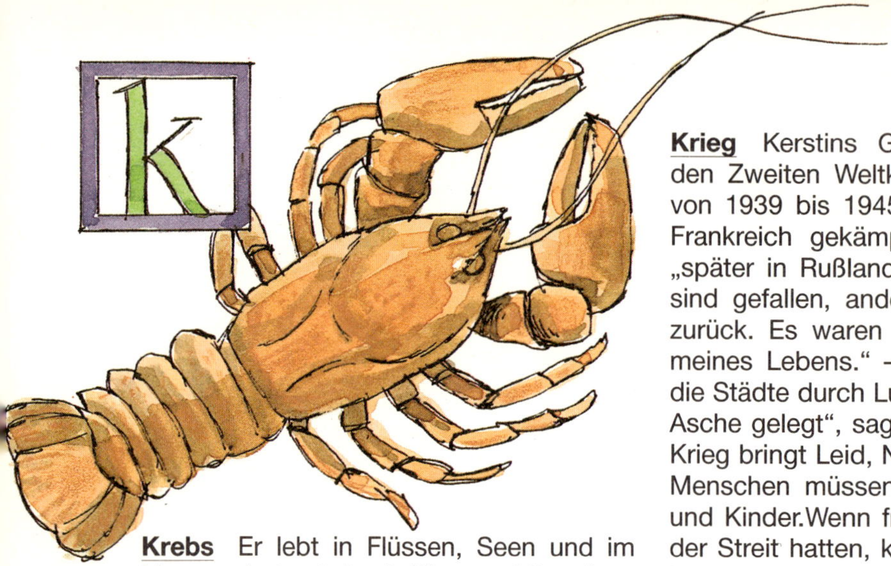

Krebs Er lebt in Flüssen, Seen und im Meer und atmet durch Kiemen. Mit seinen kräftigen Scheren fängt der Krebs Würmer, Schnecken und winzige Fische. Er kann sich rückwärts und vorwärts bewegen. Krebse gehören zu den Krustentieren. Sie sind gepanzert. Es gibt viele Krebsarten. Die größten sind Hummer und Langusten, sie leben im Meer. – Krebs nennt man auch eine gefährliche Krankheit. Sie äußert sich meist durch eine Geschwulst, die immer größer wird. Man weiß nicht, wie Krebs entsteht, kennt aber Stoffe – wie den Rauch von Zigaretten –, die Krebs erregen können.

Kreuzotter Sie ist die einzige Giftschlange, die es bei uns gibt. Beim Beerensammeln auf einer Waldlichtung kann man ihr manchmal begegnen. Daher immer Schuhe tragen! Man erkennt sie an dem dunklen Zickzackband auf dem Rücken und dem kreuzähnlichen Zeichen auf dem Kopf. Die Kreuzotter wird bis zu einem Meter lang. Sie nährt sich von Mäusen. Ihr Biß ist giftig, sofort zum Arzt!

Krieg Kerstins Großeltern haben noch den Zweiten Weltkrieg erlebt. Er dauerte von 1939 bis 1945. „Zuerst haben wir in Frankreich gekämpft“, erzählt Großvater, „später in Rußland. Viele meiner Freunde sind gefallen, andere kamen als Krüppel zurück. Es waren die schlimmsten Jahre meines Lebens.“ – „Und daheim wurden die Städte durch Luftangriffe in Schutt und Asche gelegt“, sagt die Großmutter.
Krieg bringt Leid, Not und Elend. Millionen Menschen müssen sterben, auch Frauen und Kinder.Wenn früher Staaten miteinander Streit hatten, kam es zum Krieg. Aber heute, da Atombomben alles Leben auf der Erde vernichten können, darf es keinen Krieg mehr geben.

Krimi Kurt hat im Fernsehen einen Krimi gesehen. Da hat ein Verbrecher eine Bank überfallen. Es war sehr spannend und aufregend. Auch Schüsse sind gefallen. Es gibt auch Kriminalromane. Kriminell bedeutet verbrecherisch, strafbar. Kriminalbeamte klären Verbrechen auf.

Kristall Draußen ist es bitterkalt. An den Fensterscheiben blühen Eisblumen. Das sind winzige Eiskristalle, die sich beim Gefrieren des Luftwasserdampfes gebildet haben. Auch Schneeflocken sind Eiskristalle. Unter der Lupe sehen sie wie sechseckige Sternchen aus (1). Salz und Zucker bilden ebenfalls Kristalle. Kristalle sind feste Gebilde (2) mit glatten ebenen Flächen. Auch Edelsteine kommen in Form von Kristallen vor. Mutter hat einen Anhänger aus Bergkristall (3). Salz- und Zuckerkristalle bilden sich in kurzer Zeit, die Kristalle der Edelsteine haben Millionen Jahre dazu gebraucht.

Krokus Anfang März sprießen diese Frühlingsblumen aus der Erde. Groß und klein freut sich über die gelben, weißen oder violetten Blüten. Lies: Frühling.

Krokodil Unsere harmlosen Eidechsen haben in fernen Ländern große, gefährliche Verwandte: die Krokodile. Sie leben in Flüssen und Seen der tropischen Länder. Krokodile haben eine panzerartige Haut und können mehr als acht Meter lang werden. Ihre großen spitzen Zähne und ihr gewaltiger Ruderschwanz sind ihre ärgsten Waffen. Krokodile lauern unbeweglich an seichten Ufern. Sobald ein Tier zur Tränke kommt, schnappen sie zu. Auch für Menschen sind sie gefährlich. Ihre Eier verscharren sie im Ufersand und lassen sie von der Sonne ausbrüten. Es gibt verschiedene Krokodilarten: In Afrika lebt das Nilkrokodil, in Nordamerika der Alligator. Krokodile wurden früher viel gejagt. Heute werden sie wegen ihrer wertvollen Haut auch gezüchtet.

Kröten Gewiß sind Kröten nicht gerade schön, dicke Warzen bedecken ihre Haut, aber sie sind nützlich. Sie sind mit den ☛ Fröschen verwandt. Die jungen Kröten wachsen als Kaulquappen im Wasser heran. Später leben sie an Land und jagen nachts nach Schnecken, Würmern und Raupen. Es gibt viele Krötenarten. Bei uns lebt vor allem die braune Erdkröte. Im Frühling wandern die Kröten in ihre Teiche zurück, um ihre Eier abzulegen. Viele werden dabei von Autos überfahren.

Kuckuck Man kann seinen Ruf „Kuckuck“ hören, aber zu sehen ist der scheue graue Vogel selten. Er vertilgt Raupen, Käfer und andere Insekten. Der Kuckuck baut kein Nest. Das Weibchen legt seine Eier einfach in die Nester anderer Vögel, die dann das fremde Ei ausbrüten. Das Kuckucksjunge wird aber größer als die anderen Jungvögel. Damit es genug Platz hat, wirft es diese einfach aus dem Nest. Ein „Kuckucksei“ ist also eine üble Sache. Trotzdem hören wir den Ruf des Kuckucks gern. Manche Menschen glauben, daß er Glück bringt. Der Kuckuck ist ein Zugvogel und verbringt den Winter in Afrika.

Küche Wenn Kati aus der Schule kommt, führt sie ihr erster Weg in die Küche. Da duftet es schon verlockend. In einer Ecke ist ein gemütlicher Eßplatz. Am wichtigsten ist in der Küche der Herd. Er wird mit Strom oder Gas geheizt und hat mehrere Kochstellen und ein Rohr zum Braten und Backen. Daneben sind das Spülbecken und die Geschirrspülmaschine. Auf der anderen Seite stehen Küchenschränke und ein Kühlschrank mit Tiefkühlfach. Da werden die Vorräte aufbewahrt. Auf den Arbeitsflächen bereitet Mutter das Essen zu. Dort stehen auch eine Küchenmaschine zum Mixen, Rühren und Kneten und eine Brotschneidemaschine. Diese Geräte erleichtern die Arbeit. In den Schränken sind Eßgeschirr, Gläser, Kochtöpfe und Lebensmittel, in den Laden ist das Besteck. Kati weiß genau, wo alles zu finden ist.

Kuh nennen wir das weibliche ☛ Rind. Kühe können braungefleckt, schwarzgefleckt, einfärbig braun oder grau sein. Ihre Euter sind prall mit Milch gefüllt und müssen zweimal im Tag gemolken werden. Früher geschah das mit der Hand, heute meist mit einer Melkmaschine. Kühe sind das wichtigste Haustier des Menschen. Das Junge der Kuh heißt Kalb. Auch weibliche Hirsche und Antilopen heißen Kühe.

Kunst Schon in der Schule beschäftigen wir uns mit Kunst: Wir lesen eine Dichtung, singen ein Lied, malen ein Bild und machen Musik. Wir gehen ins Theater, ins Konzert und besuchen ein Museum. Kunstwerke werden von Künstlern geschaffen: in der Malerei, Bildhauerei, Baukunst, in der Dichtung und Musik. Auch Schauspieler, Sänger und Tänzer sind Künstler. Kunst kann uns Freude bereiten, uns fröhlich oder nachdenklich stimmen.

Kupfer ist ein weiches, rötliches, dehnbares Metall. Da es elektrischen Strom sehr gut leitet, wird es für Leitungsdrähte verwendet. Kupfer, mit Zinn gemischt, ergibt Bronze, mit Zink Messing. Dächer und Dachrinnen aus Kupfer rosten nicht. Auf ihnen bildet sich ein grüner Edelrost, auch Patina genannt.

Kur Die Großeltern fahren zur Kur. In Kurorten suchen Menschen Erholung und Linderung ihrer Leiden. Kurärzte beraten sie. Die Kurgäste trinken das Wasser der Heilquelle, machen Badekuren und Heilgymnastik.

Küste ist der Streifen, wo Land und Meer zusammentreffen.Der Landteil ist das Ufer, der wasserbedeckte Teil der Strand. Küsten können flach oder steil, bewachsen oder kahl sein. Die Küste der Nord- und Ostsee ist meist flach. Man kann dort ☛ Ebbe und Flut gut beobachten.

Kutsche Sie war früher das wichtigste Verkehrsmittel und wurde von zwei Pferden gezogen. Ein Kutscher saß auf dem Kutschbock und lenkte die Pferde. Bevor es Eisenbahnen und Autos gab, konnte man nur mit Kutschen reisen. Postkutschen fuhren von Stadt zu Stadt.
Heute sieht man bei uns nur noch selten Kutschen. Manchmal lassen sich Touristen durch die Stadt kutschieren, um bequem die Sehenswürdigkeiten betrachten zu können. In Wien heißt so eine Kutsche Fiaker.

Laboratorium Katis Tante arbeitet in einem Labor, wie ein Laboratorium kurz genannt wird. Sie ist eine Laborantin. In Labors werden medizinische, chemische oder technische Untersuchungen und Tests durchgeführt. So werden zum Beispiel Blutproben auf Krankheitskeime untersucht. Lebensmittel werden untersucht, ob sie gesundheitsschädlich sind. In einem chemischen Labor (siehe Bild) sieht man Röhrchen, Gläser und Meßinstrumente. Ein technisches Labor sieht aus wie eine Fabrik mit großen Maschinen.

Lachs Er wird auch Salm genannt und ist ein Wanderfisch wie der ☛ Aal. Lachse werden über einen Meter lang. Sie leben in den nördlichen Meeren und jagen Heringe, Makrelen, Dorsche und Krebse. Zum Ablegen der Eier wandern sie in großen Schwärmen in den Fluß zurück, aus dem sie gekommen sind. Dabei überwinden sie sogar kleine Wasserfälle. Sie können mehrere Meter hoch springen. Nach der Eiablage lassen sich die meisten Lachse von der Strömung ins Meer zurücktreiben. Die jungen Lachse wandern nach einem Jahr ins Meer. Das Fleisch des flußaufwärts ziehenden Lachses ist rötlich und wohlschmeckend, deshalb wird der Fisch viel gejagt. In unseren Flüssen ist er kaum zu finden. Die meisten Lachse werden in Kanada gefangen.

Lack „Die Fensterrahmen müssen gestrichen werden“, sagt der Vater. „Der Lack ist schon abgesprungen.“ Lack ist eine Mischung aus Harz und einem Lösungsmittel. Nach dem Verdunsten des Lösungsmittels bildet der Lack eine harte, meist glänzende Schicht, die das Holz schützt.

Lama Bei uns ist es nur im Zoo zu sehen. Das Lama ist mit dem ☛ Kamel verwandt, ist aber kleiner und hat keinen Höcker. Es lebt in den Gebirgsgegenden Südamerikas und ist dort das wichtigste Haustier. Es trägt Lasten und liefert Milch, Fleisch und Wolle. Wenn ein Lama in Angst gerät, beginnt es zu spucken. Geh deshalb nicht zu nahe an die Lamas heran!

Lampions Lili hat ihr Geburtstagsfest gefeiert. Das schönste dabei waren die bunten Lampions. Das sind Laternen mit einem Überzug aus Papier. Als es dunkel war, wurden die Kerzen in den Lampions angezündet. Dann zogen die Kinder damit um das Haus und sangen: „Laterne, Laterne, Sonne, Mond und Sterne . . .“ Alle haben gelacht und geklatscht.

Landkarte Sie ist das Abbild einer ☛ Landschaft, wie man sie von einem Flugzeug aus sehen kann. Es gibt Landkarten von Städten, Ländern und Erdteilen. In der Klasse hängt eine Landkarte von Europa. Was man auf der Landkarte sieht, ist ein verkleinertes Bild des dargestellten Gebietes. Der Lehrer sagt: „Diese Landkarte hat einen Maßstab von 1:1,000.000. Das bedeutet, daß in Wirklichkeit alles eine Million mal größer ist. Ein Zentimeter auf der Landkarte entspricht also einer Entfernung von einer Million Zentimetern, das sind zehn Kilometer. Städte, Flüsse, Berge, Eisenbahnen und Straßen sind durch bestimmte Kartenzeichen und Farben gekennzeichnet, so daß man sie leicht auf der Karte finden kann. Landkarten, in einem Buch gesammelt, nennen wir Atlas.

Landschaft Das sind Berge und Ebenen, Wälder, Täler und Flüsse, Städte und Dörfer, Seen und Meere. Jede Landschaft sieht anders aus. „Schön ist diese Gebirgslandschaft“, sagt Mutter auf der Fahrt in den Urlaub. „Da sieht es ganz anders aus als bei uns in der Stadt.“ Jede Landschaft kann schön sein. Freilich: kranke Wälder, rauchende Industrieanlagen, breite Autobahnen haben manche Landschaften verändert und ihrer Schönheit beraubt. Die Landschaft muß vor Zerstörung geschützt werden, das hat man früher viel zu wenig beachtet. Heute gibt es Landschaftsschutzgebiete. Dort dürfen keine Kraftwerke, Fabriken und keine neuen Autostraßen gebaut werden, damit die Landschaft als Lebensraum für Mensch, Tier und Pflanze erhalten bleibt.

Landwirtschaft betreibt der ☛ Bauer, er bewirtschaftet das Land. Die Landwirtschaft sichert die Ernährung der Menschen. Ihre wichtigsten Aufgaben sind Akkerbau, Viehzucht und Forstwirtschaft. Früher haben die meisten Menschen in der Landwirtschaft gearbeitet, heute nur noch ein kleiner Teil.

Lärche Dieser ☛ Nadelbaum hat hellgrüne weiche Nadeln. Sie stehen in Büscheln beisammen und fallen im Herbst ab. Die Lärche ist der einzige Nadelbaum, der im Winter kahl ist. Das harte rötliche Lärchenholz wird als Bauholz verwendet. Verwechsle nicht Lärche mit ☛ Lerche!

Lärm kann krank machen. Menschen, die an verkehrsreichen Straßen wohnen, sind Tag und Nacht dem Lärm von Fahrzeugen ausgesetzt. Sie können nachts kaum schlafen. Arbeiter, die mit stark lärmenden Maschinen arbeiten, tragen einen Ohrenschutz. Ein gewisses Maß an Lärm gehört zu unserem Leben. Leise Geräusche belästigen nicht. Nur lang andauernder und starker Lärm schadet unserer Gesundheit, er kann sogar taub machen. Preßlufthämmer und startende Flugzeuge erzeugen sehr starken Lärm. Radio und Fernsehgeräte müssen ab zehn Uhr abends auf Zimmerlautstärke geschaltet sein, um die Nachbarn nicht zu stören.

Larve ist eine Maske, die man sich vor das Gesicht bindet. Im Nu kannst du dich damit verwandeln, vielleicht in einen Clown? – Auch bei Insekten und Fröschen gibt es Larven, die sich später verwandeln. Die Larve des Schmetterlings heißt Raupe, die Larve der Fliege Made, die Larve des Frosches Kaulquappe. Aus den Larven entwickeln sich die ausgewachsenen Tiere.

Laterne Zu Beginn unseres Jahrhunderts gab es auf den Straßen keine elektrische Beleuchtung, nur Gaslaternen. Wenn es dunkel wurde, kam der Laternenanzünder und zündete das Gaslicht an. Heute haben Laternen Glühbirnen und werden mit Knopfdruck vom Elektrizitätswerk ein- und ausgeschaltet. Auch im Haus brauchen wir manchmal eine Laterne. Sie ist klein und handlich – es ist eine Taschenlampe.

Laubbäume tragen breite, flache Blätter. Es gibt bei uns verschiedene Laubbäume: Birken, Buchen, Eichen, Linden, Kastanien. Pappeln, Ahornbäume und noch viele andere. Ihre Blätter sind verschieden geformt. Die meisten Laubbäume verlieren im Herbst ihre Blätter. Die Tage werden kürzer und kälter, es gibt weniger Sonne und Licht. Die Blätter färben sich gelb oder rötlich und fallen ab. Es gibt auch Laubbäume mit immergrünen Blättern, wie den Lorbeerbaum. Ihre Blätter verfärben sich nicht und fallen nicht jedes Jahr ab. Laubbäume bilden ganze Wälder, wir nennen sie Laubwälder. Ein Wald mit Laubbäumen und Nadelbäumen ist ein Mischwald. Auch Obstbäume sind Laubbäume.

Laubfrosch Dieser grüne ☛ Frosch lebt wie alle Frösche zuerst als Kaulquappe im Wasser. Erst nach der Verwandlung zum Frosch kommt er an Land und bewohnt Sträucher und Bäume. Er schnappt nach Fliegen und anderen Insekten. Das Männchen quakt. – Manche Menschen glauben, daß der Laubfrosch das Wetter anzeigen kann, darum wird er manchmal im Glas gehalten. Aber das ist Tierquälerei. Der Wetterfrosch Quaxi im Kinderprogramm des Fernsehens lebt in Wirklichkeit in einem Terrarium.

Läuse sind winzige Insekten, die Menschen, Tiere und Pflanzen befallen. Sie sind nur ein bis drei Millimeter groß, aber richtige Quälgeister. Von Menschen und Tieren saugen sie das Blut, von Pflanzen den Saft. Mutter hat auf ihren Balkonpflanzen Blattläuse entdeckt. Sie wischt die Blätter mit einer Schmierseifenlösung ab, um die Läuse zu vernichten. Im Kindergarten hatten mehrere Kinder Kopfläuse. Sie mußten sich dauernd kratzen, weil der Biß der Läuse juckt. Die Läuse kleben ihre Eier, die Nissen, an die Haare. Zum Glück kommen die Kopfläuse bei uns nur noch selten vor. Manche Läuse, zum Beispiel die Kleiderläuse, können auch gefährliche Krankheiten übertragen.

Leder wird aus der Haut von Tieren gemacht. Zuerst werden die Fellhaare entfernt, dann wird die Haut gegerbt. Dadurch wird sie widerstandsfähig und geschmeidig. Rindsleder und Ziegenleder werden meist zu Schuhen verarbeitet. Aus dem kräftigen Schweinsleder macht man Koffer und Tragetaschen. Die Mutter hat eine schicke Jacke aus Wildleder.

Lawine In den Bergen ist viel Schnee gefallen. Die Skifahrer freuen sich. Aber im Radio und Fernsehen wird gewarnt: „Achtung, Lawinengefahr! Verlassen Sie nicht die gesicherten Pisten!“ Wenn der lockere Schnee losgetreten wird oder ins Rutschen kommt, gleitet er auf steilen Hängen rasch zu Tal. Immer größer wird die Schneemasse, sie wird zur Lawine. Mit furchtbarer Wucht knickt sie Bäume und zerstört alles, was ihr im Weg steht. Oft werden Häuser, ja ganze Ortschaften, Straßen und Eisenbahnlinien verschüttet. Skifahrer werden im Schnee begraben. Bei der Suche nach Verschütteten helfen auch Lawinenhunde.

Leber Sie ist ein lebenswichtiges Organ und liegt rechts unter unserem Rippenbogen. Die Leber erzeugt die Galle, die in der Gallenblase gesammelt wird und für die Verdauung unentbehrlich ist. Die Leber reinigt auch unser Blut.

Lehrlinge sind Burschen und Mädchen, die einen Beruf erlernen wollen und eine Lehre machen. Die Lehrzeit dauert meist drei Jahre. Die Lehrlinge müssen eine Berufsschule besuchen und am Ende der Lehrzeit eine Gesellenprüfung ablegen.

leihen „Bitte, leih’ mir deinen Radiergummi“, sagt Liesl zu ihrer Sitznachbarin. „Ich geb ihn dir gleich wieder zurück.“ Natürlich leiht sie ihr den Gummi, denn sie leiht sich ja auch öfter von Liesl etwas aus. Liesl borgt sich öfter in der Leihbücherei ein Buch aus. Sie muß dafür eine Leihgebühr bezahlen. Erwachsene leihen sich manchmal Geld von der ☛ Bank aus. Das müssen sie aber nach und nach – man sagt: in Raten – mit Zinsen zurückzahlen.

Leuchtturm Vor der Hafeneinfahrt steht weithin sichtbar ein hoher Turm. Bei Dunkelheit sendet er helle Lichtzeichen aus und weist so den Schiffen den Weg. Leuchttürme stehen entlang der Küste und auf Inseln. Sie warnen vor gefährlichen Felsriffen und Untiefen. Jeder Leuchtturm hat sein eigenes Lichtsignal. Wenn der Kapitän dieses Lichtsignal sieht, weiß er, wie er sein Schiff steuern muß.

Leopard Was für gefährliche Verwandte hat doch unsere kleine Katze! Der Leopard ist eine Großkatze und lebt in Afrika und Südasien. Er hat ein gelbes Fell mit dunklen Flecken. Am liebsten lebt dieses Raubtier auf Bäumen. Es kann auch Menschen gefährlich werden. Es gibt auch einen Leoparden mit schwarzem Fell, den ☛ Panther. Ein naher Verwandter des Leoparden ist der ☛ Jaguar.

Lerche Über Wiesen und Feldern kann man diesen Vogel singen hören. Er steigt flatternd und trillernd fast senkrecht in die Höhe und ist kaum zu sehen. Auf einmal stößt er zur Erde herab und verschwindet im Gras. Dort hat die Lerche ihr Nest. Lerchen gibt es auf der ganzen Erde. Am häufigsten ist bei uns die graubraune Feldlerche. Lerchen sind Zugvögel.

Leuchtkäfer An warmen Sommerabenden kann man im Garten grüngoldene Funken herumfliegen sehen, auch aus dem Gras blitzt es jäh auf. Es sind die Leuchtkäfer, auch Johanniskäfer oder Glühwürmchen genannt. Diese kleinen Insekten strahlen Licht aus, damit sie einander finden können. Fliegen können nur die Männchen. Die Weibchen und die Larven leuchten im Gras.

Lexikon ist ein Buch mit vielen Stichwörtern, die nach dem ☛ Alphabet geordnet sind. Sie geben Auskunft und erzählen vieles, was du nicht weißt, aber vielleicht wissen möchtest. Dazu gibt es bunte Bilder. Dieses Buch ist ein Lexikon für Kinder. Du kannst darin blättern, die Bilder ansehen, dir vorlesen lassen oder selbst lesen und auf diese Weise viel Neues kennenlernen.

L

Libelle An warmen Sommertagen schwebt die zarte Libelle über dem Teich. Manchmal bleibt sie in der Luft stehen oder fliegt sogar rückwärts. Es sieht aus wie ein Tanz. Dieses Insekt kann mehr als zwölf Zentimeter groß werden. Sein dünner Leib schimmert grün und blau. Die vier Flügel sind glasklar und haben feine Äderchen. Libellen fressen Käfer, Fliegen und Schmetterlinge. Ihre ☛ Larven leben im Wasser. Dem Menschen tun diese wunderschönen Tiere nichts zuleide.

Licht Wenn es zu dämmern beginnt, knipsen wir das Licht an. So einfach ist das heute – aber wie mühsam war das in früherer Zeit! Die Ritter in ihren Burgen hatten zur Beleuchtung einen Kienspan an der Wand. Auch offene Öllämpchen oder Talglämpchen kannte man seit alter Zeit. Später formte man aus Talg oder Wachs ☛ Kerzen. Bis ins vorige Jahrhundert waren Kerzen und Öllampen die wichtigste Art der Beleuchtung, Dann entdeckte man, daß Petroleum noch heller brennt als Öl. Nun saß man abends um den freundlichen Schein einer Petroleumlampe. Sie wurde in den Städten von Gaslampen abgelöst. Auch die Straßen wurden beleuchtet, man stellte ☛ Laternen auf. Mit der Erfindung der elektrischen ☛ Glühlampe vor mehr als hundert Jahren begann der Siegeszug des elektrischen Lichts. – Licht ist aber nicht nur das Licht einer Lampe, es ist vor allem das Licht des Tages, das uns die Sonne mit ihren Lichtstrahlen spendet.

Lied ist ein Gedicht, das man singen kann. Auch die kleine Liesl kennt schon Lieder: „Backe, backe Kuchen . . .“ singt sie, oder „Alle meine Entlein . . .“ Welche Lieder kannst du singen?

Lift ist ein Aufzug, der Leute von einem Stockwerk zum anderen befördert. Das englische Wort bedeutet „hochheben“. Man braucht in der Kabine nur einen Knopf zu drücken, und schon wird der Lift hochgezogen. Beim Skifahren im Winter bringt uns ein Schlepplift oder ein Sessellift rasch auf den Berg hinauf.

Lilien blühen im Juni, sie zählen zu den schönsten Gartenblumen. Die weiße Lilie duftet besonders stark, die rote Feuerlilie ist geruchlos. Die meist blauen Schwertlilien heißen auch Iris, sie haben einen zarten Duft. Auch der rote oder gelbe Türkenbund ist eine Lilie mit starkem Duft.

Linde Mitten im Dorf steht eine Linde. Sie hat eine breite, mächtige Krone und einen dicken Stamm. Linden können bis zu 30 Meter hoch und mehr als tausend Jahre alt werden. Sie blühen im Juni. Da summen viele Bienen um die stark duftenden gelbgrünen Blüten. Lindenblütenhonig schmeckt besonders gut. Aus Lindenblüten kocht Mutter einen Tee, wenn du verkühlt bist. Das Lindenholz ist weiß und weich, es wird zu Holzschnitzereien verwendet. Die Linde war für unsere Vorfahren ein heiliger Baum. Unter der Dorflinde wurden Feste gefeiert. Viele Sagen ranken sich um die Linde, Lieder singen von ihr. Vielleicht kennst du das Lied: „Am Brunnen vor dem Tore, da steht ein Lindenbaum . . .“ Es ist von dem berühmten Liederkomponisten Franz Schubert.

Linsen sind eine Hülsenfrucht wie Erbsen und Bohnen.Die kurzen Hülsen enthalten einen oder zwei runde grünlichbraune Samen. Meist werden sie getrocknet, dann sind sie lange Zeit haltbar. Linsensuppe oder Linsengemüse schmeckt gut und ist sehr nahrhaft.
Linse nennt man auch ein gewölbtes geschliffenes Glas. Je nach Art der Wölbung sammelt oder zerstreut die Linse das Licht. Man braucht Linsen für Brillen, Lupen, Ferngläser und Fotoapparate.

Liter ist das Maß für Flüssigkeiten, abgekürzt l. Ein Liter Wasser wiegt ein Kilogramm. Für größere Flüssigkeitsmengen braucht man ein größeres Maß: ein Hektoliter (abgekürzt hl) = 100 Liter. Flüssigkeiten kann man nur in einem hohlen Maß messen. Der Liter ist also ein Hohlmaß.

Lokomotive heißt die Zugmaschine der ☛ Eisenbahn.

Lorbeer Du kennst die dikken, duftenden Lorbeerblätter, mit denen die Mutter Speisen würzt. Sie stammen von einem immergrünen Strauch oder Baum, der in warmen Ländern wächst. Auch seine blauen Beeren sind ein Gewürz. Lorbeerblätter gelten seit alters her als Zeichen des Ruhms. Den Sieger im Wettkampf oder einen Künstler ehrt man mit einem Lorbeerkranz.

Los Auf einem Sommerfest werden Lose verkauft. Es gibt eine „Tombola“. Da kann man schöne Preise gewinnen. Zu jedem Gewinn gehört ein Los mit einer bestimmten Nummer. Wer diese Losnummer gekauft hat, erhält den Preis. Wer nichts gewinnt, hat eine „Niete“ gezogen.

Lotto oder Lotterie ist ein Glücksspiel für Erwachsene.

Löwe Man nennt ihn den König der Tiere. Er ist eine Großkatze und lebt in den Steppen Afrikas und Westasiens. Der Löwe hat ein gelbes Fell. Den Kopf des Männchens schmückt eine mächtige Mähne. Löwen leben in Rudeln zusammen. Tagsüber liegen sie träge im Schatten, nachts gehen sie auf Jagd, hauptsächlich nach Antilopen und Zebras. Mit seiner gewaltigen Tatze schlägt der Löwe seine Beute nieder und tötet sie durch einen Biß ins Genick. Der Löwe gilt seit alters her als Sinnbild der Stärke und Tapferkeit. Löwengestalten schmückten die Paläste von Königen, in vielen Staatswappen ist der Löwe das Wappentier.

Löwenzahn Im Frühsommer ist die Wiese ganz gelb von seinen Blüten. Der Löwenzahn hat einen hohlen Stengel, aus dem milchig-weißer Saft fließt. Wenn die Blumen verblüht sind, bilden sich weiße flaumige Kugeln. „Pusteblumen“ nennen sie die Kinder, weil man sie wegblasen kann. Dann fliegen die kleinen Samenkörnchen mit ihren winzigen Fallschirmen weit durch die Luft. Der Löwenzahn vermehrt sich rasch und wird deshalb im Garten nicht gerne gesehen.

Luchs Diese Wildkatze ist etwa so groß wie ein Schäferhund. Sie hat lange Beine, einen kurzen, stummelförmigen Schwanz und schwarze Haarpinsel an den Ohren. Der Luchs wurde wegen seines meist rotbraunen wertvollen Pelzes viel gejagt und in Europa fast ausgerottet. Heute ist er geschützt. Er lebt noch in Nordeuropa, vor allem aber in Nordasien und Nordamerika. Seine Nahrung sind Hasen, Rehe und Kleintiere. Für Menschen ist er ungefährlich. „Er hat Augen wie ein Luchs", sagen wir von jemandem, der alles sieht, dem nichts entgeht.

Luft brauchen wir zum Atmen. Sie ist ein Gasgemisch aus ☛ Sauerstoff und dreimal soviel Stickstoff. Menschen und Tiere brauchen Sauerstoff zum Leben, die Pflanzen Stickstoff. Die Erde ist von einer hohen Lufthülle umgeben, der Atmosphäre. Sie schützt uns vor der Kälte des Weltalls, aber auch vor gefährlicher Sonnenstrahlung. Ohne diese schützende Lufthülle wäre ein Leben auf der Erde nicht möglich. Je höher wir steigen, desto dünner wird die Luft. Durch Staub, Rauch und giftige Abgase wird die Luft verunreinigt. Diese Luftverschmutzung gefährdet alle Lebewesen, selbst der Wald wird krank.

Luftschiffe sind große Luftfahrzeuge, die in der Luft schweben.Sie sind mit Gas gefüllt, das leichter ist als Luft. Durch Motorkraft werden sie angetrieben. Lies: Fliegen.

Lunge Mit der Lunge atmen wir. Die beiden Lungenflügel liegen eingebettet unter den Rippen im Brustraum unseres Körpers. Beim Einatmen gelangt die Luft durch Nase und Mund in die Luftröhre, von dort in die Bronchien, die sich in der Lunge verzweigen und in Millionen winziger Lungenbläschen enden. Diese geben den Sauerstoff der Luft an das ☛ Blut ab. Beim Ausatmen wird die verbrauchte Luft aus der Lunge ausgestoßen. Lies: Atmung, Luft.

Lupe Das ist ein Vergrößerungsglas mit einer gewölbten ☛ Linse. Mit der Lupe kannst du alles, was klein ist, vergrößert sehen. Großmutter sieht schlecht, sie nimmt oft eine Lupe zum Lesen.

Luxemburg ist ein kleines Nachbarland Deutschlands im Westen. Hauptstadt ist Luxemburg.

Magen Alles, was wir essen, kommt vom Mund in die Speiseröhre und von dort in den Magen. Er liegt auf der linken Seite des Körpers im oberen Bauch und sieht wie eine große Birne aus. Im Magen wird der Speisebrei kräftig durchgeknetet und durch den Magensaft so zersetzt, daß er vom ☛ Darm aufgenommen werden kann. Monika hat zuviel Eis gegessen, sie hat sich den Magen verdorben. Mutter sagt, am besten ist Teetrinken und Fasten.

Magnet Er ist wie ein Zauberstab. Vater hat beim Hämmern Nägel verstreut. Er nimmt einen Magnet, hält ihn über die Nägel – und schwupp, hängen sie daran. Der Magnet, er sieht oft aus wie ein Hufeisen, zieht Dinge aus Eisen an. Die magnetische Kraft geht von den Enden des Magneten, den Polen, aus. Die Erde selbst ist ein riesiger Magnet. Ihre magnetischen Pole liegen nahe dem Nordpol und dem Südpol. Deshalb zeigt das eine Ende der Magnetnadel des ☛ Kompasses nach Norden und das andere Ende nach Süden.

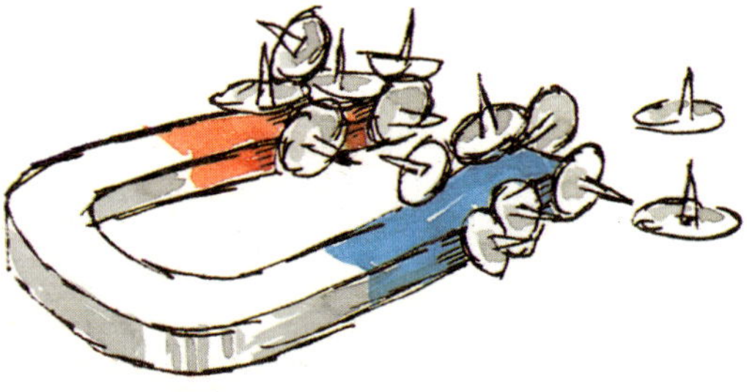

Maiglöckchen Willst du Maiglöckchen pflücken, dann geh in einen Laubwald im Mai. Sie bedecken meist einen ganzen Platz. Die kleinen weißen Blütenglocken hängen wie Trauben an einer Seite des Blütenstiels. Und wie sie duften! Aus den Blüten werden rote Beeren. Sie sind, so wie die ganze Pflanze, giftig. Das Maiglöckchen ist mit den Lilien verwandt.

Maikäfer „Früher hat es meist alle vier Jahre ein Maikäferjahr gegeben", sagt Großvater. „Maikäfer haben im Mai in Massen die Obstbäume befallen und großen Schaden angerichtet. Wir Kinder haben sie am Morgen von den Bäumen geschüttelt und eingesammelt." Maikäfer fressen das Laub von den Bäumen. Die Weibchen legen ihre Eier in die Erde, aus denen die Engerlinge, die Larven,schlüpfen. Sie fressen die Wurzeln der Pflanzen ab. Nach drei Jahren verwandelt sich der Engerling: er wird eine Puppe, dann ein Maikäfer.

Mais Die Mutter hat Maiskolben mit weichen, süßen Körnern nach Hause gebracht. „Die koche ich in Salzwasser, sie schmecken so gut“, sagt sie. Der Mais, auch Kukuruz genannt, ist eine Getreidepflanze. Sie kann mehr als zwei Meter hoch werden. Die Kolben mit den Körnern wachsen in den Blattwinkeln des langen Stengels. Der Mais stammt aus Amerika. Er war das wichtigste Nahrungsmittel der Indianer. Aus Maisgrieß wird Polenta bereitet, die in Italien viel gegessen wird. Zum Frühstück gibt es öfter „Cornflakes“ (sprich: kornflejks), das sind geröstete Maisflocken. „Popcorn“ sind in Öl angeröstete Maiskörner. Du kannst sie selbst zubereiten. Der Mais ist vor allem ein wichtiges Viehfutter.

Maler ist ein Handwerker, der die Wohnräume ausmalt, sie mit Farbe streicht. Auch Fenster, Türen streicht und lackiert er. – Ein Maler, der Bilder malt, ist ein Künstler. Die Malerei ist die älteste Form der Kunst. Schon in uralter Zeit haben Menschen Bilder gemalt. Sie haben in Höhlen gewohnt und malten Tiere, die sie jagten, an die Felswände. Solche Felsbilder sind überall auf der Erde erhalten. Große Kunstwerke der Malerei findest du in Museen und Bildergalerien.

Mammut Dieses ausgestorbene Tier lebte in der ☛ Eiszeit. Es sah aus wie ein Elefant, nur noch viel größer. Seine Stoßzähne waren nach aufwärts gebogen und doppelt so lang wie die des Elefanten. In Sibirien hat man Mammute gefunden, die im Boden eingefroren und darum noch gut erhalten waren.

Mandeln Ein Kuchen mit geriebenen Mandeln schmeckt fein. Mandeln sind die Früchte des Mandelbaumes, der in wärmeren Ländern wächst. Die Frucht ist eine Steinfrucht. Der Samen, den wir essen, ist von einer harten Schale umschlossen. – Es gibt auch Mandeln im Hals. Du spürst sie, wenn du Halsschmerzen hast.

Märchen „Es war einmal eine kleine süße Dirn, die hatte jedermann lieb . . .“ Es ist das Rotkäppchen, das durch den Wald zur Großmutter geht und dem Wolf begegnet. Was rauscht da in der Luft? Es sind die sieben Raben, die verzauberten Brüder, die auf den Glasberg fliegen. Über den Bergen bei den sieben Zwergen, da wohnt Schneewittchen, und es ist tausendmal schöner als die Königin. Und in einem Schloß, das von einer hohen Dornenhecke umzogen ist, schläft Dornröschen hundert Jahre. Komm, laß dich führen in dieses Zauberreich, viele, viele Märchen warten auf dich!

Marder sind katzengroße Raubtiere. Sie haben ein braunes Fell und einen langen buschigen Schwanz. Der Baum- oder Edelmarder lebt in den Bergwäldern. Er klettert und springt so gut, daß er auch Eichhörnchen erbeutet. Der Stein- oder Hausmarder hält sich gern in Scheunen und Dachböden auf und vertilgt Ratten und Mäuse, jagt aber auch Hühner.

Margarine sieht ähnlich wie Butter aus. Mutter verwendet sie oft zum Kochen. Auch auf das Brot streicht sie manchmal Margarine. Margarine ist ein Speisefett. Es wird hauptsächlich aus dem Öl der Sonnenblumenkerne, der Erdnüsse oder der Sojabohnen hergestellt.

Marienkäfer

Roten Purpur trag’ ich,
Flügel viere schlag’ ich,
sechs Beine rühr’ ich,
sieben Punkte führ’ ich,
fliege höher als der Turm.
Wer ist nun der kleine Wurm?

Dieses Rätsel sprechen die Kinder und halten dabei auf dem Zeigefinger das rote Marienkäferchen in den Wind. Bei uns siehst du oft den Siebenpunkt mit seinen sieben schwarzen Punkten auf den Flügeldecken. Der Käfer ist sehr nützlich, er frißt die schädlichen Blattläuse.

Marille nennt man in Österreich die ☛ Aprikose. Marillenknödel schmecken gut.

Marine Das sind alle Schiffe eines Staates, die auf dem Meer fahren. Die Schiffe der Handelsmarine befördern Menschen und Waren, die Kriegsschiffe bilden die Kriegsmarine.

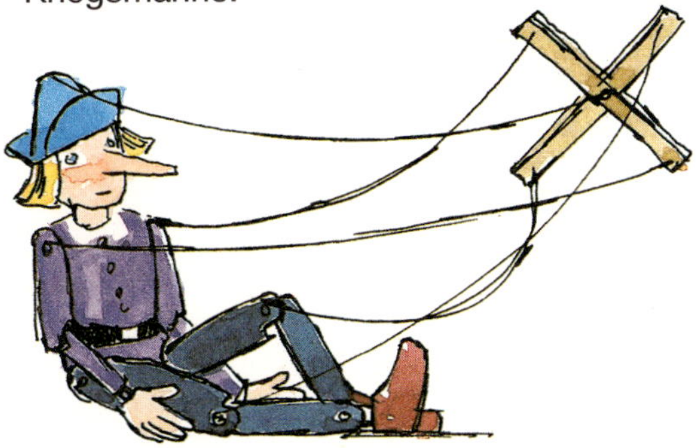

Marionette Sie ist eine bewegliche Puppe, mit der im Marionettentheater gespielt wird. Der Puppenspieler steht hinter oder über der Puppe und hält sie an Fäden oder Drähten. Kopf, Hände, Arme, Beine werden mit den Fäden bewegt. Marionettentheater gibt es in vielen Städten und Ländern. Lies: Puppentheater.

Markt Mutter geht einmal in der Woche auf den Markt. Dort gibt es auf den Marktständen immer frisches Obst und Gemüse. Sie werden schon früh am Morgen von den Händlern auf den Markt gebracht. Die Mutter geht von Stand zu Stand, vergleicht Waren und Preise, denn sie will gut und billig einkaufen. Auf dem Markt werden auch viele andere Waren angeboten: Geflügel, Fleisch, Fische, Blumen, Töpfe, Hemden, Blusen. In großen Städten kann man auf mehreren Marktplätzen an allen Wochentagen einkaufen, in manchen Orten gibt es nur Wochenmärkte. Es gibt auch Märkte, die nur zu bestimmten Zeiten stattfinden: der Weihnachtsmarkt, ☛ Jahrmarkt, Weinmarkt, Viehmarkt, ☛ Flohmarkt. Aus den Märkten sind die modernen Messen entstanden, das sind Ausstellungen mit den neuesten Warenangeboten.

Da hast 'nen Taler, geh auf den Markt,
kauf dir 'ne Kuh und ein Kälbchen dazu!
Das Kälbchen hat ein Schwänzchen.
Dideldideldänzchen.

Marmelade Großvater hat Erdbeeren, Johannisbeeren und Aprikosen in seinem Garten. Wenn sie reif sind, macht Mutter Marmelade. Monika hilft dabei. Am liebsten mag sie Aprikosenmarmelade. Marmelade, die nicht ganz zu Mus verkocht ist, sondern Fruchtstückchen enthält, nennt man Konfitüre. Jam (sprich: dschäm) ist das englische Wort für Marmelade.

Marmor Das ist ein harter, edler Kalkstein. Er läßt sich schleifen und polieren und wird dadurch glatt und glänzend. Marmor kann rötlich, gelblich, auch grau oder schwarz sein. Bildhauer meißeln aus Marmor Statuen und Denkmäler. Berühmt ist der fast schneeweiße Marmor von Carrara in Italien. Marmor wurde schon im Altertum für Palastbauten, Tempel und Götterstandbilder verwendet. Auf unseren Friedhöfen gibt es Grabsteine aus Marmor.

Masern Das ist eine sehr ansteckende Kinderkrankheit. Zuerst hat man Husten, bekommt hohes Fieber und nach einigen Tagen einen rötlich-runden Hautausschlag im Gesicht, dann am ganzen Körper. Heute werden bereits alle Kleinkinder gegen Masern geimpft. Wer die Masern einmal gehabt hat, bekommt sie nicht wieder. Lies: Impfung, Infektion.

Marsch Die Marsch ist eine von Wasserarmen durchzogene Landschaft an der Küste der Nordsee. Sie wird durch Deiche vor den Flutwellen des Meeres geschützt und durch Kanäle entwässert. Auf dem Marschland gibt es saftige Wiesen und fruchtbare Äcker.

Maschine Wer frißt Benzin und Öl und läuft wie geschmiert? Wer treibt mit Wasser, mit Dampf, mit Elektrizität mächtige Räder an? Wer leistet soviel wie viele Pferde zusammen? Es ist die Maschine. Maschinen machen die Arbeit, die früher viele Menschen mühsam mit den Händen verrichten mußten. Zu Hause gibt es die Waschmaschine, die Geschirrspülmaschine, die Nähmaschine, im Büro die Schreibmaschine, in der Landwirtschaft die Mäh- und Dreschmaschine und Melkmaschine.

Maske Monika geht auf ein Maskenfest. Sie hat sich als Katze verkleidet und trägt eine Maske mit langen Schnurrbarthaaren und spitzen Ohren. Im ☛ Fasching hat sie auf einem Karnevalsumzug viele Masken gesehen. Auch im Volksbrauch der Alpenländer gibt es Umzüge mit Masken, da heißen sie Perchten. Masken werden auch als Schutz vor Verletzungen bei der Arbeit und im Sport getragen.

Maße und Gewichte Michael steht beim Türstock, und Vater zeichnet mit einem Farbstift an, wie groß er ist. „Du bist aber gewachsen“, sagt Vater. „Voriges Jahr warst du genau ein Meter groß. Jetzt bist du ein Meter zehn.“ – „Nein, hundertzehn Zentimeter“, ruft Michael. – „Das ist ja das gleiche“, sagt Vater. „Ein Meter (abgekürzt: m) ist soviel wie 100 Zentimeter (cm) oder 1000 Millimeter (mm). Der Meter mißt die Länge, er ist ein Längenmaß.“
Michael kennt sich mit dem Gewicht aus: 1 Kilogramm (kg) ist soviel wie 100 Dekagramm (dag) oder 1000 Gramm (g). 1000 kg sind eine Tonne (t). Lies: Gewicht. Flüssigkeiten, zum Beispiel Milch, werden mit einem Hohlmaß, mit dem Liter (l), gemessen. Lies: Liter.
Großvaters Gartenbeet ist 6 Quadratmeter groß. Das Maß für Flächen ist der Quadratmeter (m^2). 1 m^2 ist soviel wie 100 Quadratdezimeter (dm^2), 1 dm^2 = 100 cm^2. Größere Flächen mißt man in Ar (a) = 100 m^2, 100 a sind 1 Hektar (ha).
Ein Würfel, der 1 m lang, 1 m breit und 1 m hoch ist, hat 1 Kubikmeter (m^3) Rauminhalt. 1 m^3 = 1000 dm^3, 1 dm^3 = 1000 cm^3, 1 cm^3 = 1000 mm^3.

Mathematik ist die Lehre von den Zahlen. In der Schule lernst du die Zahlen kennen und mit ihnen rechnen. Du lernst, wie man sie addiert (zusammenzählt): 5+5=10; subtrahiert (wegzählt): 4–2=2; multipliziert (vervielfacht): 3x2=6; und dividiert (teilt): 6:3=2. Lies: Zahl.

Matura heißt in Österreich und in der Schweiz die Reifeprüfung. Lies: Abitur.

Maulbeerbaum Er wächst in Italien und anderen wärmeren Ländern. Seine breiten Blätter sind das beste Futter für die Seidenraupen. Sie spinnen die langen Seidenfäden, aus denen ☛ Seide gewonnen wird. Der Maulbeerbaum stammt aus China. Er wurde dort schon vor mehr als viertausend Jahren wegen der Seidenraupen gepflanzt.

Maultier Es stammt von einem Esel und einer Pferdestute ab und ist weder ein Esel noch ein Pferd. Seit alters her wird dieses genügsame Tier in südlichen Ländern als Lasttier und Reittier verwendet.

Maulwurf Wenn du in Gärten und auf Wiesen kleine Erdhügel siehst, so weißt du, daß es hier Maulwürfe gibt. Dem Bauern macht das wenig Freude. Der Maulwurf gräbt mit seiner rüsselartigen Schnauze und den schaufelförmigen Vorderpfoten eine Wohnhöhle mit langen Gängen. Dabei drückt er die überflüssige Erde mit dem Kopf nach außen, das ist der „Maulwurfshügel". Der Maulwurf kommt nur selten an die Erdoberfläche. Sein samtartiges Fell ist schwarz-grau. Maulwürfe fressen Regenwürmer, Engerlinge, Schnecken, Insekten und verzehren täglich etwa doppelt soviel, wie sie selbst schwer sind.

Mäuse Monika hat es gar nicht gern, wenn ihre Katze eine Maus fängt, eine Weile recht vergnügt mit ihr spielt und sie nachher frißt. Aber „Die Katze läßt das Mausen nicht", sagt schon ein altes Sprichwort. Mäuse sind Nagetiere. Sie können zu einer argen Plage werden und große Schäden in Haus, Feld und Wald anrichten. Wo Wiesen und Äcker von Löchern übersät sind, dort gibt es Kolonien von gelbbraunen *Feldmäusen.* Die Löcher sind mit Laufgängen verbunden, die sich über mehrere Stockwerke erstrecken. Mäuse vermehren sich sehr stark, sie können bis zu sechsmal im Jahr Junge bekommen. Die *Hausmaus* lebt überall dort, wo es Menschen gibt. Sie liebt Keller und Dachböden und frißt alles, was freßbar ist. Eine Abart der Hausmaus ist die *Weiße Maus.* Sie wurde im Altertum als heilig verehrt und in China gezüchtet. Die Mäuse sind mit den Ratten und Hamstern verwandt. – Bei uns siehst du öfter „Weiße Mäuse" auf der Straße: Es sind die in Weiß gekleideten Verkehrspolizisten auf Motorrädern.

Mechaniker ist ein Handwerker, der Autos, Motorräder, Fahrräder und technische Geräte repariert.

Medizin, die Heilkunde, beschäftigt sich mit dem kranken und dem gesunden Körper. Wer Arzt werden will, muß an einer Universität Medizin studieren. Medizin oder Medikament nennt man auch das Heilmittel, die ☛ Arznei.

Meerrettich Er heißt auch Kren. Monika ißt gerne Würstchen mit geriebenem Meerrettich, nur allzu scharf soll er nicht sein. Der Meerrettich ist eine Pflanze mit hohem Stengel und großen Blättern. Gegessen wird die weiße Wurzel.

Meer Wenn du von Europa nach Amerika fährst, überquerst du den Atlantischen Ozean (kurz: Atlantik). Das Mittelmeer, die Ostsee, die Nordsee und das Nördliche Eismeer sind seine Nebenmeere. Fährst du von Amerika nach Japan, überquerst du den Stillen oder Pazifischen Ozean (Pazifik). Er ist das größte Weltmeer. Zwischen Afrika, Indien und Australien liegt der Indische Ozean, das kleinste Weltmeer. Fast dreiviertel der Erdoberfläche sind von Meer bedeckt. Der Meeresboden ist wie eine riesige Landschaft von hohen Gebirgszügen und tiefen Gräben durchzogen. Im Pazifik erreicht das Meer mit mehr als 11.000 Metern seine größte Tiefe. Das Meerwasser ist reich an Mineralien, besonders an Salz. Alles Leben auf der Erde hat im Meer begonnen. Neben winzig kleinen Lebewesen leben hier die größten Tiere, die es gibt: Wale und Haifische.

Meerschweinchen werden gerne als ☛ Haustiere gehalten. Sie sind keine Schweinchen und leben auch nicht im Meer. Diese Nagetiere heißen so, weil sie wie Schweine grunzen und übers Meer aus Südamerika zu uns gekommen sind. Das Hausmeerschweinchen ist etwa 20 cm lang, weiß, gelb und schwarz gescheckt. Es frißt Grünzeug, Rüben und Körner.

Mehl ist gemahlenes Getreide. Man bäckt daraus Brot und Kuchen. Je feiner das Mehl gemahlen wird, desto weißer wird es. Lies: Brot, Getreide.

M

Meile ist ein altes Längenmaß für Wegstrecken. Es ist heute noch in England und Amerika gebräuchlich. Die Entfernung von Ort zu Ort wird nicht wie bei uns in Kilometern, sondern in Meilen angegeben. Eine Meile mißt 1609 Meter. Die Seemeile wird in der Schiffahrt verwendet, sie mißt 1852 Meter. – Kennst du die Siebenmeilenstiefel aus dem Märchen? Mit ihnen kommt der kleine Däumling mit Riesenschritten voran.

Meise Dieser kleine Singvogel tummelt sich in unseren Gärten und Wäldern. Er wiegt kaum mehr als elf Gramm. Meisen sind fast immerzu auf Nahrungssuche. Sie fressen große Mengen von Insekten, auch Samen, und säubern so unsere Bäume von Schädlingen. Alles, was sie verzehren, müssen sie zuerst mit ihrem harten winzigen Schnabel zerkleinern oder aufhämmern. Meisen brüten in Höhlen, in Gärten auch in Nistkästen. Bei uns kommen am häufigsten vor: die *Kohlmeise* mit glänzendschwarzem Kopf und grünem Rücken; die blaugrüne *Blaumeise* mit blauen Flügeln und Schwanz; die graubraune *Haubenmeise* mit ihrer schwarzweiß gesprenkelten Haube. Die Meisen bleiben im Winter bei uns. Vergiß nicht, sie zu füttern!

melken Die Bäuerin melkt die ☛ Kuh oder die Ziege, um Milch aus dem Euter zu streichen. Es gibt auch Melkmaschinen.

Melodie Jedes Lied hat eine Melodie. Monika singt die Melodie eines Liedes, die sie in der Schule gelernt hat. Sie kann sie auch auf der Blockflöte spielen.

Melone Mutter hat eine Zuckermelone gekauft. Sie sieht wie ein bräunlichgrauer kleiner Kürbis aus. Wenn man sie aufschneidet, sieht man das gelbe Fruchtfleisch, das süß und wohlschmeckend ist. Die Wassermelone ist größer und hat ein rotes, sehr saftiges Fleisch. Monika ißt sie gerne, wenn sie durstig ist. Melonen gedeihen in warmen Ländern. Sie sind mit dem Kürbis und der Gurke verwandt.

Menschen Der Mensch ist das einzige Lebewesen auf der Erde, das aufrecht gehen, mit den Händen arbeiten und denken und sprechen kann. Das alles können Tiere nicht. Doch Mensch und Tier haben gemeinsame Vorfahren. Am nächsten stehen uns die Menschenaffen. Die Vorfahren der Urmenschen haben sich vor rund fünf Millionen Jahren entwickelt. Vor zweieinhalb Millionen Jahren gab es bereits Menschen, die aufrecht gehen konnten. Bald darauf gebrauchten sie auch das Feuer. Die Urmenschen waren klein und behaart. Heute ist die Haut der Menschen glatt, sie kann weiß, gelb oder schwarz sein.
Nach der Hautfarbe unterscheidet man drei große Menschenrassen: die weiße Rasse, sie bewohnt vorwiegend Europa, Amerika und Australien; die gelbe Rasse, das sind die Chinesen, Japaner und Malaien in Asien und die Indianer in Amerika; die schwarze Rasse, das sind die Negervölker in Afrika.
Diese Unterschiede in der Hautfarbe sind jedoch nur rein äußerlich. In Wirklichkeit ist der Körper aller Menschen gleich aufgebaut. Jeder Mensch hat einen Körper aus Knochen und Muskeln. Er hat einen Rumpf mit zwei Armen und Beinen und einen Kopf mit dem Gesicht. Was meinst du? Wenn Menschen eine andere Hautfarbe haben oder fremdartig aussehen, darf man da sagen: „Ich mag diese Ausländer nicht." Oder sollte es nicht heißen: „Es sind Menschen wie ich und du!" Der Schriftsteller Hans Baumann sagt:

Ein Holländerkind, ein Negerkind,
ein Chinesenkind
drückten beim Spielen die Hände in Lehm.
Nun geh hin und sag,
welche Hand ist von wem.

Menschenrechte sind die Rechte, die für alle Menschen gelten. Sie wurden von den Vereinten Nationen verkündet. Es gibt Millionen Menschen, die diese Rechte nicht haben. Viele werden verfolgt, weil sie einer anderen Rasse oder Religion angehören oder weil sie eine andere Meinung vertreten. Zum Schutz des Kindes gibt es eine „Erklärung der Rechte des Kindes“. Viele Kinder leben in Not, sie leben ohne Schutz und Liebe der Eltern. Besonders in armen Ländern ziehen Kinder hungernd durch die Straßen, sie haben kein Zuhause. Kinder haben ein Recht auf ausreichendes Essen und auf Wohnung. Sie haben auch ein Recht auf Unterricht, damit sie später einen Beruf ausüben können. Kinder haben ein Recht auf Schutz vor Mißhandlung. Viele Kinder werden verachtet, weil sie „Schwarze“ sind, Ausländer oder einfach, weil sie „anders“ sind. Hast du nicht auch Mitschüler, die deiner Hilfe und deiner Freundschaft bedürfen?

Metalle sind wichtige Bodenschätze. Es gibt viele Metalle: Eisen, Kupfer, Aluminium, Blei, Zink, Zinn und andere. Die meisten gewinnt man aus metallhaltigen Gesteinen, den Erzen. Das Erz wird im ☛ Bergwerk abgebaut. Metalle lassen sich schmelzen und schmieden, manche auch mit anderen Metallen mischen. Gold, Silber, Platin sind ☛ Edelmetalle.

Meter, das Längenmaß. Lies: Maße und Gewichte.

Micky Maus (englisch: Mickey Mouse) Das ist die berühmte Comicfigur, du kennst sie sicher aus den ☛ Comics. Der Amerikaner Walt Disney hat sie gezeichnet. Die Micky Maus hat es wirklich gegeben: Sie war eine kleine zutrauliche Maus, die auf Walt Disneys Zeichenbrett herumkrabbelte. Disney machte sie zur Hauptfigur seiner Zeichentrickfilme und seiner Micky-Maus-Hefte. Lies: Donald Duck.

Mikrofon Michael ist in einem Konzert. Die Sänger singen in ein Mikrofon, das sie vor den Mund halten. Das Mikrofon nimmt die Töne auf, ein Lautsprecher verstärkt sie. So kann jeder den Sänger gut hören. Alle Rundfunksendungen werden von einem Mikrofon aufgenommen.

Mikroskop Das ist ein Gerät, mit dem man kleinste Lebewesen und winzige Dinge um vieles vergrößert sehen kann. Das Mikroskop hat, wie das ☛ Fernrohr, mehrere Vergrößerungslinsen. Mit dem Mikroskop kann man Krankheitserreger sichtbar machen und so Krankheiten erkennen. Auch den Aufbau von Stoffen kann man mit dem Mikroskop erforschen.
Du würdest staunen, was es zum Beispiel in einem Wassertropfen alles zu sehen gibt! Sogar winzige Lebewesen tummeln sich darin herum.

Milch „Wollt ihr ein Glas Milch trinken?“ fragt die Bäuerin ihre Sommergäste. Monika und Michael lassen sich das nicht zweimal sagen. Vom Herumtollen auf der Wiese wird man durstig. In der Früh haben sie beim Melken der Kühe zugesehen. Einen Teil der Milch hat die Bäuerin in eine Schleudermaschine (Zentrifuge) gefüllt. Hier wird der gelbe fette Rahm (die Sahne) von der Milch getrennt, übrigbleibt die Magermilch. Aus dem Rahm wird in der Buttermaschine Butter bereitet. Die Buttermilch, die übrigbleibt, kann man trinken. Die Magermilch verfüttert die Bäuerin an die jungen Schweine. Die Milchkannen mit der Vollmilch werden zur Milchsammelstelle und von dort zur Molkerei gebracht.

In der Molkerei wird die Milch kurze Zeit erhitzt (pasteurisiert). Dadurch werden die Keime abgetötet und die Milch länger haltbar gemacht. Pasteurisierte Milch wird als Trinkmilch auch in die Schulen gebracht. In der Molkerei werden Babymilch, Sauermilch, Magermilch, Joghurt, Schlagsahne, Butter, Quark (Topfen), Milchpulver und viele Käsesorten hergestellt.

Milch ist sehr gesund. Sie ist die erste Nahrung des Menschen. Sie wird in den Milchdrüsen (Brustdrüsen) der Frau und der weiblichen Säugetiere gebildet und enthält für das Neugeborene alle lebenswichtigen Nährstoffe. Die Muttermilch ist die beste Nahrung für das ☛ Baby. Nicht nur die Milch der Kuh, auch die Milch von Ziegen und Schafen wird getrunken und zu Käse verarbeitet, in anderen Ländern auch die Milch von Eseln, Pferden, Kamelen und Rentieren.

Milchstraße In klaren Sommernächten kann man sie am Himmel sehen. Sie bildet ein schwach schimmerndes Lichtband und besteht aus Milliarden Sternen. Diese sind aber so weit entfernt, daß man sie mit bloßem Auge nicht unterscheiden kann. Auch die Sonne und die Erde gehören zur Milchstraße. Es gibt unzählige solcher Sternhaufen, das Weltall ist unvorstellbar groß.

Mineralien Der Erdboden besteht zum größten Teil aus Gesteinen. Diese sind aus Mineralien aufgebaut, wie Feldspat, Quarz, Glimmer und andere. Auch Salz und Edelsteine sind Mineralien. Aus Mineralien werden ☛ Metalle gewonnen. Mineralwasser enthält Mineralsalze.

Minigolf Manchmal besucht Max mit seinem Freund einen Minigolfplatz. Wie beim Golf gibt es da viele Löcher, aber die Entfernungen sind viel kleiner. Mit einem Schläger muß man einen kleinen Ball über künstlich angelegte Bahnen in die Löcher spielen. Bei einem Loch hat Max wegen eines Hindernisses viele Schläge gebraucht. Die Zahl der Schläge wird aufgeschrieben. Wer die wenigsten Schläge gemacht hat, ist Sieger.

Minister sind die Mitglieder der ☛ Regierung. Jeder Minister hat bestimmte Aufgaben. Es gibt zum Beispiel einen Minister für Wirtschaft, für Unterricht, für Gesundheit. Die gemeinsamen Besprechungen stehen unter der Leitung des ☛ Bundeskanzlers.

Minute ist der 60. Teil einer Stunde. Wenn du langsam bis 60 zählst, ist ungefähr eine Minute vergangen. Eine Minute hat 60 ☛ Sekunden. Hast du eine Uhr mit einem Sekundenzeiger? Wenn dieser Zeiger einmal herumgeht, ist eine Minute vorüber. Lies: Zeit.

Mode Die Mutter blättert in einer Zeitschrift. „Blau ist heuer die Modefarbe“, sagt sie. „Da werde ich mir ein blaues Sommerkleid kaufen.“ Modeschöpfer denken sich jedes Jahr neue Stoffe, neue Farben und neue Modelle aus. Sie zeigen die neue Mode dann auf einer Modeschau. Aber nicht nur die Kleidung unterliegt der Mode, auch die Frisur, die Möbel, Filme, Musik und sogar die Autos. Alles, was modern ist, wird von vielen Menschen nachgemacht. Die Mode bestimmt den „Zeitgeschmack“. Man muß aber nicht jede Modetorheit mitmachen. Unser Bild zeigt die Mode vor 300 Jahren, vor 200 Jahren, vor 100 Jahren und aus unserer Zeit.

Mittelalter ist die Zeit von ungefähr 500 bis 1500 nach Christus. Es begann mit dem Ende des Altertums, also mit dem Zerfall des Römischen Reiches, und endete mit der Entdeckung Amerikas. In diesem langen Zeitabschnitt herrschten Könige, Fürsten und Adelige über das Volk. Auch die Kirche hatte große Macht, viele Klöster wurden gegründet. Die ersten Jahrhunderte des Mittelalters waren eine unruhige Zeit. Viele Völker suchten sich eine neue Heimat, es war die Zeit der „Völkerwanderung“. Allmählich wurden Städte gegründet (siehe Bild). „Stadtluft macht frei“, sagte man damals.
Die ☛ Ritter errichteten mächtige ☛ Burgen. Sie kämpften für ihren Fürsten oder König, oft auch gegeneinander. In den Städten kamen Kaufleute und Handwerker allmählich zu Wohlstand. Mit der Entdekkung neuer Erdteile wurde die bekannte Welt immer größer. Es begann die Neuzeit.

Mohn Als „Klatschmohn“ leuchten seine roten Blüten an den Feldrändern. Weiße und bläuliche Blüten hat der Schlafmohn, der auf Feldern angebaut wird. Seine Frucht ist eine Kapsel, sie enthält die graublauen Mohnsamen. Die Mutter macht daraus Mohnstrudel, der Bäcker streut sie auf Brötchen. Aus Mohn wird auch Öl und Opium gewonnen, das in der Medizin verwendet wird.

Mond Dieser Himmelskörper ist ein treuer Begleiter der Erde. In nicht ganz einem Monat umkreist er sie einmal. Dabei wendet er der Erde immer dieselbe Seite zu. Das Licht, das der Mond scheinbar spendet, erhält er von der Sonne. Bei Neumond sehen wir ihn gar nicht, weil die Sonne nur seine Rückseite beleuchtet. Dann wird eine schmale Mondsichel sichtbar, sie wird immer größer, der Mond ist „im Zunehmen“. Nach einer Woche sehen wir ihn als Halbmond, nach einer weiteren Woche als Vollmond. Dann nimmt der Mond wieder ab. Der Mond ist etwa 400.000 Kilometer von der Erde entfernt. 1969 sind erstmals Astronauten auf dem Mond gelandet. Seine Oberfläche ist eine wüste Kraterlandschaft. Es gibt dort weder Luft noch Wasser. Am Tag ist es sehr heiß, nachts sehr kalt. Der freundliche Mond ist also ein recht unwirtlicher Geselle.

Moor ist ein Sumpfgebiet, das von Gräsern, Moosen, seltenen Pflanzen und Birken bewachsen ist. Wenn man im Moor vom festen Weg abkommt, kann man versinken. Das Moor besteht aus abgestorbenen Pflanzen, die im Wasser versunken und im Laufe von tausenden Jahren zu Torf geworden sind. Torf hält das Wasser wie ein Schwamm fest. Getrocknet wird er zur Verbesserung der Gartenerde verwendet.

Moos Der Boden des Waldes ist an manchen Stellen mit Moospolstern bedeckt. Da geht man wie auf einem Teppich. Es sind viele, viele winzige Pflänzchen, die den Moosteppich bilden. Moos wächst auf Wiesen, im Wald und im Moor, aber auch auf Baumstämmen und Steinen.

Moped, auch Mofa genannt, ist ein kleines Motorrad.

Motor ist eine Maschine, die Kraft liefert. Alle Maschinen werden mit Motoren angetrieben. Dazu braucht der Motor Treibstoff, wie Benzin oder Dieselöl. Andere Antriebsmittel für Motoren sind Elektrizität, Dampf, Gas, Wasser, Wind.

Motorrad Sein Motor ist am Rahmen zwischen Vorderrad und Hinterrad angebracht. Darüber liegt der Benzintank. Motorräder können oft schneller fahren als Autos. Ab 18 Jahren kann man einen Führerschein erwerben, aber schwere Maschinen darf man erst später fahren. Fahrer und Beifahrer müssen einen Sturzhelm tragen. Es gibt auch Motorräder mit kleinen Rädern, das sind die Motorroller. Das Moped ist ein kleines Motorrad mit schwachem Motor, für das man schon mit 16 Jahren eine Prüfung ablegen kann.

Möwen Diese Wasservögel leben an allen Meeresküsten, auch an Flüssen und Seen. Ihr Gefieder ist weiß, nur Rücken und Flügel sind hellgrau. Die Möwen können vorzüglich fliegen und schwimmen, aber nicht tauchen. Sie fressen Fische, aber auch angeschwemmte Abfälle.

Mücken Diese kleinen Insekten gibt es in tausenden Arten. Sie haben zwei durchsichtige Flügel, lange Fühler und können stechen oder saugen. An warmen Sommerabenden sind die Stechmücken oft eine rechte Plage. Sie werden auch Schnaken genannt, in Österreich heißen sie Gelsen. Die Weibchen saugen mit ihrem Stechrüssel Blut. Ihr Stich juckt, die Stelle schwillt an. Die Männchen stechen nicht, sie saugen Pflanzensäfte. In tropischen Ländern gibt es Stechmücken, die gefährliche Krankheiten (Malaria) übertragen. Man nennt sie Moskitos. Die Menschen schützen sich vor ihnen mit Moskitonetzen.

Mühle In einer Mühle wird das Getreide zu Mehl gemahlen. Früher gab es Mühlen, die von Wasserrädern angetrieben wurden. In Norddeutschland und Holland kann man Windmühlen sehen, deren große Flügel der Wind bewegt. Die modernen Großmühlen mit ihren riesigen Speichertürmen werden mit elektrischem Strom oder mit Dampf betrieben.

Müll Michael leert den Abfalleimer in die Mülltonne. Einmal in der Woche wird dieser Hausmüll von der Müllabfuhr abgeholt. Sie bringt ihn auf einen Müllablagerungsplatz oder in eine Müllverbrennungsanlage. Papier, Flaschen und Dosen werden in eigenen Behältern gesammelt und wieder verwertet (☛ Abfall). Aber nicht nur im Haus, auch in Fabriken, Geschäften und Büros fällt Müll an. Die Müllberge werden immer größer. Ihre Beseitigung bereitet große Sorgen: Wird Müll verbrannt, entstehen giftige Rauchgase, die in die Luft geblasen werden. Auf schlecht abgedichteten Müllplätzen sickern Giftstoffe in den Boden und verseuchen das Grundwasser. Wir alle, auch du, müssen mithelfen, die Müllberge kleiner zu machen!

Mundart Im Urlaub trifft Martina mit Kindern aus verschiedenen Gegenden Deutschlands zusammen. Natürlich sprechen alle deutsch. Aber Martina hat Schwierigkeiten: „Ich verstehe dich kaum“, sagt sie zu einem Mädchen aus Stuttgart. „Ik ooch nich“, sagt eine Berlinerin. Und Monika aus Wien sagt: „I a net.“ In der Schule lernen alle Hochdeutsch. Das ist unsere gemeinsame Schriftsprache. Aber im Alltag sprechen viele Menschen die Mundart ihres Landes. Lies: Dialekt.

Münzen sind ☛ Geld. Sie werden aus Metall geprägt. Auf einer Seite zeigen sie ein Wappen oder ein Bild, auf der anderen Seite die Zahl, die ihren Wert angibt. Münzen sind „Kleingeld“. Es gibt aber auch wertvolle Münzen aus Gold oder Silber, die zur Erinnerung an ein wichtiges Ereignis geprägt werden. Solche Gedenkmünzen und Münzen aus alter Zeit werden gerne gesammelt.

Murmeltier Dieses braune scheue Nagetier lebt im Gebirge (☛ Alpentiere). Es ernährt sich von Wurzeln und Kräutern. Manchmal kann man auf einer Bergwanderung Murmeltiere beobachten. Plötzlich ertönt ein schriller Warnpfiff, und schon sind sie in ihrer Höhle verschwunden. Dort halten sie auch einen langen Winterschlaf.

Muscheln So wie die Schnecke in ihrem Haus, wohnt die Muschel zwischen zwei Schalen. Muscheln können nur im Wasser leben, die meisten leben im Meer. Sie saugen Wasser ein und damit auch die winzigen Lebewesen, von denen sie sich ernähren. Es gibt viele Muschelarten. Die Riesenmuscheln können bis zu 250 kg schwer werden. Viele Muscheln sind eßbar. Am besten schmecken Miesmuscheln, die gekocht werden, und Austern, die man roh ißt. In der Südsee leben die Perlmuscheln, die kostbare ☛ Perlen bilden können.

Museum In großen Städten gibt es mehrere Museen. Im Kunstmuseum werden Gemälde und andere Kunstgegenstände gezeigt, im Naturkundemuseum ausgestopfte Tiere, Käfer, Schmetterlinge, Pflanzen und Steine. Im technischen Museum kann man die ersten Lokomotiven, Autos und Flugzeuge sehen. Im Heimatmuseum gibt es Trachten, Möbel, alte Bilder und Dokumente aus der Geschichte des Ortes. Ein Museum besuchen heißt, einen Spaziergang in die Vergangenheit machen.

Musik Monika ist sehr musikalisch, sie lernt Klavier spielen. Im Radio hört sie am liebsten Popmusik. Ihre Mutter hat lieber ein Konzert. Sie geht auch gerne in die Oper, um berühmte Sänger zu hören. Die Künstler, die Musikwerke schaffen, nennt man Komponisten. Es gibt viele Musikinstrumente. Kennst du einige davon?

Muskeln In der Turnstunde zeigt Michael stolz seine Muskeln am Oberarm. Dabei macht er eine Faust und winkelt den Arm ab. Wenn der Muskel angespannt wird, zieht er sich zusammen und wird dick und hart. Muskeln sind das Fleisch unseres Körpers. Sie sind meist mit Sehnen am Knochen angewachsen. Mit den Muskeln bewegen wir unsere Glieder. Ohne sie könnten wir nicht gehen und keine Arbeit verrichten. Sport und Gymnastik erhalten die Muskeln gesund und kräftig. Manche Kinder haben nach der Turnstunde einen „Muskelkater". Ihre Muskeln tun weh, weil sie sie überanstrengt haben.

Nachbarn Kein Mensch lebt allein auf der Welt, links und rechts von uns wohnen unsere Nachbarn. Die Eltern sind froh, daß sie sich mit den Nachbarn gut verstehen. Man kann und muß sich doch gegenseitig helfen. Wenn Norbert die Zeitung holt, nimmt er sie auch für den Nachbarn mit. Und Nina kümmert sich um die Blumen der Nachbarin, wenn diese zur Kur fährt. Auch in der Schule haben wir Sitznachbarn. Wie verstehst du dich mit ihnen?

Nachtigall Von allen ☛ Singvögeln singt sie am schönsten. Dabei ist sie ein unscheinbarer graubrauner Vogel mit braunrotem Schwanz (☛ Drosseln). Die Nachtigall nistet am Boden unter dichtem Gebüsch. Sie singt auch nachts, da klingt ihr flötenhafter Gesang besonders schön. Die Nachtigall ist ein Zugvogel. - „Sie singt wie eine Nachtigall", sagt man von einem Mädchen, das eine besonders schöne Stimme hat. In dem Märchen „Die Nachtigall" von Hans Christian Andersen macht der liebliche Gesang dieses Vogels den todkranken Chinesenkaiser wieder gesund.

Nadelbäume „Du grünst nicht nur zur Sommerzeit, nein, auch im Winter, wenn es schneit . . ." So heißt es im Lied vom Tannenbaum, das wir zu Weihnachten singen. Tanne, Fichte, Föhre (auch Kiefer genannt) und Lärche sind die Nadelbäume, die bei uns am häufigsten vorkommen. Nur die ☛ Lärche wirft im Herbst ihre Blätter, die Nadeln, ab, alle anderen Nadelbäume sind auch im Winter grün. Die Eibe kommt bei uns nur noch selten vor. Ihre Nadeln und Früchte sind giftig. Im Norden Europas erstreckt sich eine breite Nadelwaldzone, und auch bei uns in den Gebirgsgegenden gibt es große Nadelwälder. In der Heide und auf Almen finden sich Wacholderbüsche. Pinien und Zypressen, die man bei uns auf Friedhöfen sehen kann, wachsen in den warmen Mittelmeerländern. Das Holz der Nadelbäume wird als Bauholz und zur Herstellung von Papier und Zellstoff verwendet. Durch die Luftverschmutzung sind viele Nadelwälder krank. Besonders gefährdet sind die Tannen.

Fichte Kiefer Lärche

Nagel In Vaters Werkzeugkiste gibt es Nägel verschiedener Art, große und kleine. Es sind Stifte aus Metall. Norbert will ein Bild an der Wand aufhängen und schlägt einen kleinen Nagel ein. Es ist nicht so leicht, den Kopf des Nagels richtig zu treffen. Nägel braucht man, um etwas zu befestigen oder zusammenzufügen. Der Zimmermann verwendet große Nägel aus Holz, um die Dachbalken zu verbinden. Auch an den Fingern und an den Zehen haben wir Nägel. Sie sind eine dünne Hornplatte und wachsen immer nach. Deshalb muß man sie regelmäßig schneiden oder abfeilen. Frauen lackieren ihre Nägel oft mit Nagellack.

Nagetiere sind kleine Säugetiere, die Pflanzen fressen. Sie haben im Unterkiefer und im Oberkiefer je zwei Nagezähne, die ständig nachwachsen. Zu den Nagetieren gehören Biber, Eichhörnchen, Hamster, Mäuse, Meerschweinchen, Ratten, Murmeltiere und Stachelschweine.

Nähmaschine Nina hat einen neuen Rock bekommen. Er ist etwas zu weit. „Ich mache ihn dir enger", sagt die Mutter, „mit der Nähmaschine geht das ja ganz rasch." Viel schneller als die geschickteste Hand näht die Nähmaschine. Sie macht 2000 bis 4000 Stiche in der Minute. Schneiderinnen und Schneider, aber auch Schuhmacher brauchen eine Nähmaschine. Früher mußte man dabei ein Pedal treten, heute werden Nähmaschinen elektrisch angetrieben. Der Erfinder der Nähmaschine ist der Österreicher Josef Madersperger.

Nahrungsmittel Alles, was wir essen und trinken, sind Nahrungsmittel. Fleisch, Gemüse, Brot, Milch, Butter, Käse, Obst, Tee, Fruchtsäfte. Sie heißen auch Lebensmittel, weil sie alle Nährstoffe enthalten, die wir zum Leben brauchen. Besonders schmackhafte Nahrungsmittel nennt man Delikatessen. Lies: Ernährung. Bei uns gibt es auch Nahrungsmittel zu kaufen, die aus fernen Ländern kommen. In manchen Gebieten der Erde aber wächst nicht genug. Es gibt zu wenige Nahrungsmittel, um Menschen und Tiere zu ernähren, sie müssen hungern.

Narbe Norbert ist vor einiger Zeit gestürzt. Dabei hat er sich am Kopf verletzt. Die Wunde ist geheilt, aber eine Narbe ist geblieben. Die neue Haut ist heller, dort wachsen auch keine Haare mehr. Narben kann man noch nach Jahren erkennen.

Narzissen sind Frühlingsblumen, sie sind mit den Schneeglöckchen verwandt. Die gelben Narzissen blühen im April, sie heißen auch Osterglocken oder Märzenbecher. Die stark duftenden weißen Narzissen mit den gelben Krönchen blühen im Mai. Manche Alpenwiesen gleichen dann einem Blumenteppich. Narzissen sind giftig! Die Narzisse hat ihren Namen nach einem schönen griechischen Jüngling, er hieß Narziß. Als er sich über das Wasser beugte, um sein Spiegelbild zu bewundern, fiel er hinein und ertrank. Zurück blieb eine Narzisse.

Nashorn Es ist nicht schwer zu erraten, woher dieser Dickhäuter seinen Namen hat! Das afrikanische Nashorn hat zwei Hörner, das indische ein Horn auf der Nase. Das afrikanische Weiße Nashorn ist nach dem Elefanten das größte auf dem Land lebende Tier. Es kann bis zu vier Meter lang, das Horn mehr als ein Meter lang werden. Das indische Nashorn ist etwas kleiner. Die Nashörner sind Pflanzenfresser und im allgemeinen harmlos. Sie greifen aber gefährlich an, wenn sie gereizt werden oder Gefahr wittern. Wegen ihrer Hörner wurden die Nashörner viel gejagt. Sie sind deshalb vom Aussterben bedroht und stehen unter Naturschutz. Das Nashorn wird auch Rhinozeros genannt.

Natur Pflanzen und Tiere, Felder und Wälder, Berge und Flüsse, Seen und Meer, das alles ist Natur. Sie ist die Umwelt, in der wir leben. Im Häusermeer der Stadt ist freilich von Natur nicht viel zu sehen. Darum fahren viele Menschen zum Wochenende „hinaus in die Natur". „Schön ist es da", sagt Nelly beim Waldspaziergang und bricht sich einen blühenden Zweig vom Heckenrosenstrauch, damit sie auch in ihrem Zimmer ein Stück Natur hat.

Naturgewalten Die Natur, die wir beim Waldspaziergang so schön und friedlich erleben, kann sich auch ganz anders zeigen. Von Zeit zu Zeit entwickelt sie Kräfte von unvorstellbarer Gewalt, die über die Erde und die Menschen Tod und Verderben bringen. Schon ein starkes ☛ Gewitter mit Blitz, Donner und Hagel kann weite Gebiete verwüsten. Orkanartige ☛ Stürme führen an den Küsten zu Sturmfluten. Besonders gefährlich sind die Wirbelstürme, die in Amerika und Ostasien auftreten. Sie werden in Amerika Hurrikan (sprich: harriken), in Asien Taifun genannt. In manchen Ländern gibt es ☛ Vulkane, die immer wieder ausbrechen. Häufig hören wir von schweren ☛ Erdbeben. Auch ☛ Lawinen im Gebirge zählen zu den Naturgewalten, ebenso Überschwemmungen. Die Menschen sind solchen Katastrophen fast hilflos ausgeliefert. In alten Zeiten haben sie deshalb die Naturgewalten dem Zorn der Götter zugeschrieben. Der Gott, der über Blitz und Donner gebot, war bei den Griechen der oberste Herr im Götterhimmel.

Naturschutz Auf einer Bergwiese hat Nina einen Enzian entdeckt. Sie will ihn pflücken. „Nein, das darfst du nicht!" sagt die Mutter. „Er steht unter Naturschutz!" Alle seltenen Pflanzen und alle Tiere, die vom Aussterben bedroht sind, stehen unter Naturschutz. Das heißt, sie sind gesetzlich geschützt. Wer solche Pflanzen pflückt oder ein geschütztes Tier jagt, wird bestraft. Naturschutz geht uns alle an. Du wirst also keinen Laubfrosch oder Igel fangen, nicht wahr? Und nie einen Strauß Enzian oder Edelweiß pflücken! Heute werden ganze Gebiete unter Naturschutz gestellt, um sie als Lebensraum für Menschen, Tiere und Pflanzen zu erhalten. In diesen Naturschutzgebieten darf nichts verändert werden, was die Natur schädigen oder ihre landschaftliche Schönheit beeinträchtigen könnte (☛ Landschaft). Daß man die Natur sauber halten muß, weißt du ja. Flaschen, Dosen und Papierreste lassen wir nicht auf dem Rastplatz zurück. Aber das gilt nicht nur für Naturschutzgebiete, auch für den Park und den Wald am Stadtrand!

Naturvölker Im Fernsehen hat Niki einen Film über einen Indianerstamm am Amazonasstrom gesehen. Diese Menschen leben heute noch wie vor tausenden Jahren: Sie fischen, sammeln Früchte, die Männer gehen auf die Jagd. Ähnlich leben auch noch Volksstämme im Inneren Afrikas und die Ureinwohner Australiens. Alles, was sie zum Leben brauchen, erzeugen sie selbst. Wenn Besucher aus der zivilisierten Welt kommen, bringen sie ihnen moderne Werkzeuge, aber auch Alkohol und Krankheiten mit. Mit dem glücklichen Leben der Naturvölker ist es dann oft vorbei.

Nebel ist nichts anderes als eine ganz tief hängende Wolke. Er bildet sich, wenn die Luft sehr feucht ist, und besteht aus winzigen Wassertröpfchen, die mit Staub und Ruß gemischt sind. Bei dichtem Nebel kann man fast nichts sehen. Besonders im Spätherbst gibt es häufig Nebel. Er ist für Autofahrer und Schiffe eine große Gefahr.

Neger sind die Bewohner von ☛ Afrika. Sie haben eine dunkle, fast schwarze Haut, krauses Haar und wulstige Lippen. Es gibt viele Negerstämme mit vielen verschiedenen Sprachen. Auch in Amerika leben Neger. Ihre Vorfahren wurden mit Gewalt als Sklaven von Afrika nach Amerika verschickt. Heute sagt man statt „Neger" besser „Schwarzer" oder „Schwarzafrikaner".

Nelke Im Garten blühen die Nelken in vielen Farben. Sie duften sehr stark. Auf Bergwiesen und Feldrändern gibt es wildwachsende Nelken. Die Gewürznelken in Mutters Gewürzschrank sind getrocknete Blüten des Gewürznelkenbaumes, der auf den Gewürzinseln in Südostasien wächst.

Nerven gehen vom ☛ Gehirn und Rückenmark aus und durchziehen unseren ganzen Körper. Ihre feinen Fasern sind die Leitungsbahnen, die unser Gehirn braucht, um den Körper steuern zu können. Ohne Nerven könnten wir nichts sehen, nichts hören, nichts spüren. „Du gehst mir auf die Nerven", sagt der Vater zu Niki, wenn dieser besonders lästig ist.

Nest Viele Tiere bauen ein Nest. Es ist ihre Wohnstätte und Brutstätte. Die meisten Vögel verwenden dazu Halme, kleine Zweige, Moos, Federn und Haare. Aus Schlamm mauern Schwalben ihr Nest. Das Eichhörnchen baut sein Nest aus Zweigen und Moos. Es gibt sogar Fische, die sich im Wasser ein Nest aus Pflanzen bauen. Das große Nest des Adlers und des Storches wird Horst genannt.

Netz Am Strand haben die Fischer ihre Netze aufgespannt. Sie sind aus starkem Garn. Einige haben enge Maschen, mit ihnen fängt man kleine Fische. Andere haben weite Maschen, mit ihnen kann man nur große Fische fangen. Auch die ☛ Spinne baut ein Netz. Sie fängt damit Fliegen. Wenn die Mutter einkauft, steckt sie alles in ihr Einkaufsnetz.

Niederlande Dieses nordwestliche Nachbarland Deutschlands wird auch Holland genannt. Hauptstadt ist Amsterdam. Rotterdam ist der größte Seehafen der Welt.

Niederschläge sind Regen, Schnee und Hagel, weil sie sich aus den Wolken niederschlagen. Auch Tau und Reif sind Niederschläge, die feuchte Luft schlägt sich auf dem Boden nieder. Im Wetterbericht hören wir oft: „Morgen wird es Niederschläge geben." Das heißt, es kommt schlechtes Wetter.

neutral „Foul!" schreit Norbert beim Fußballmatch. „Warum gibt der Schiedsrichter keinen Elfmeter?" Norbert wünscht seinem Verein den Sieg. „Der Schiedsrichter muß neutral sein", sagt der Vater. „Er darf keinen Sportler begünstigen oder benachteiligen." Österreich und die Schweiz sind neutrale Staaten. Das heißt, sie wollen sich in keinen Streit anderer Staaten einmischen.

Nieren sind ein lebenswichtiges Organ. Sie scheiden mit dem Harn schädliche Stoffe und überflüssiges Wasser aus dem Körper aus und reinigen das Blut. Der Harn wird in der Harnblase gesammelt. Wenn sie voll ist, gehen wir auf die Toilette. Der Mensch hat zwei Nieren. Sie liegen an der Rückwand der Bauchhöhle zu beiden Seiten der Wirbelsäule.

Nomaden sind Hirtenvölker, die mit ihren Viehherden von einem Weideplatz zum anderen ziehen. Sie leben in Zelten aus Tierhäuten, die sie in der Nähe einer Wasserstelle aufstellen. Ursprünglich lebten viele Volksstämme als Nomaden. Als sie anfingen, Ackerbau zu treiben, wurden sie seßhaft. Heute gibt es noch Nomaden bei den ☛ Arabern, die Beduinen, und in den Savannen Nordafrikas. Auch die Lappen im Norden Europas und Mongolenstämme im Inneren Asiens sind noch Nomaden.

Nilpferd Es heißt eigentlich Flußpferd, denn es lebt nicht nur im Nil, sondern auch in anderen Flüssen Afrikas. Das Nilpferd kommt nachts an Land, um Pflanzen zu fressen. Es wird bis zu vier Meter lang und 3000 kg schwer. Im Wasser ist das plumpe Tier mit seinen kurzen Beinen sehr beweglich. Es kann gut schwimmen und tauchen.

Nixen kommen nur in Märchen und Sagen vor. Am bekanntesten ist wohl die Nixe Loreley, die mit ihrem Gesang die Schiffer am Rhein ins Verderben lockt. Nixen werden auch Meerjungfrauen genannt. Sie haben den Oberkörper eines Mädchens, aber statt der Beine einen Fischschwanz mit Schuppen. In Kopenhagen, der Heimat des Märchendichters Hans Christian Andersen, hat man seiner „kleinen Seejungfrau“ und damit allen Nixen ein schönes Denkmal gesetzt.

Nordamerika ist die nördliche Hälfte von ☛ Amerika. Sie ist doppelt so groß wie Europa. Das nördlichste Gebiet gehört zur ☛ Arktis. Der größte Fluß Nordamerikas ist der Mississippi. Das höchste und längste Gebirge sind die Kordilleren (der höchste Berg ist über 6000 m hoch). In Nordamerika liegen zwei Staaten: Kanada im Norden und die Vereinigten Staten von Amerika im Süden. Kanada ist einer der größten Staaten der Erde. Er ist waldreich und mit etwa 26 Millionen Einwohnern nur dünn besiedelt. Die Vereinigten Staaten von Amerika, abgekürzt USA, zählen rund 250 Millionen Einwohner. Sie sind der reichste und mächtigste Staat der Erde.

Nordpol Er ist wie der Südpol nur ein gedachter Punkt, nämlich der nördlichste Punkt der Erde, und liegt im Nördlichen Eismeer (☛ Arktis). Im Jahre 1909 hat der Amerikaner Peary (sprich: piri) als erster den Nordpol erreicht. Heute gibt es im Nordpolargebiet Wetterstationen.

Nordsee Sie ist ein Teil des Atlantischen Ozeans und liegt zwischen Großbritannien und dem europäischen Festland. An den Küsten der Nordsee liegen Hafenstädte, die zu den größten der Erde zählen: Rotterdam in den Niederlanden, London in England, Antwerpen in Belgien, Hamburg und Bremen in Deutschland. In der Nordsee werden Erdöl und Erdgas gefördert. Der warme Golfstrom erwärmt die Küstengebiete. Hier liegen auch beliebte Seebäder. Niki war in den Ferien auf einer kleinen Nordseeinsel.

Noten In der Schule bekommt man für seine Leistungen Noten. Aber im Musikunterricht lernen wir noch andere Noten kennen: die Musiknoten. Wer ein Instrument spielen will, muß diese Noten lernen. Jede Note bezeichnet einen bestimmten Ton.

Notruf Wenn man dringend Hilfe braucht, benützt man die Notrufnummern des Telefons. Niki weiß sie auswendig. Mit diesen kurzen Rufnummern kann man bei Tag und Nacht die Feuerwehr, die Polizei oder die Rettung herbeirufen. Sie fahren mit Blaulicht und kommen rasch zu Hilfe.

Nuß Im Garten steht ein Nußbaum, eigentlich ein Walnußbaum. Er ist voll grüner kugelförmiger Früchte. Im Oktober fallen sie ab. Ihre grüne Schutzhülle platzt, und am Boden liegen viele braune Nüsse. Nora sammelt sie ein. Mit einem Nußknacker öffnet sie die harte Schale und nimmt den Kern heraus, der schmeckt so gut. Auch Haselnüsse gibt es in Gärten und im Wald. In tropischen Ländern wachsen Kokosnüsse und Erdnüsse. Im Sack, den der Nikolaus bringt, sind viele Nüsse, da hat Nora lange etwas zum Knabbern.

Obst schmeckt nicht nur gut, es ist auch gesund. Obst sind die eßbaren Früchte von Obstbäumen und Sträuchern. Sie wachsen im Garten, auf Feldern und im Wald. Wir essen hauptsächlich Obst, das bei uns wächst: Äpfel, Birnen, Kirschen, Aprikosen, Pfirsiche, Pflaumen (Zwetschken), Nüsse, Weintrauben, Johannisbeeren, Stachelbeeren, Erdbeeren, Himbeeren, Brombeeren, Heidelbeeren. Aus wärmeren Länder kommen die ☛ Südfrüchte: Apfelsinen, Feigen, Bananen, Datteln, Ananas, Kiwi. Obst kann man roh essen, man kann daraus aber auch vielerlei bereiten: Marmelade, Kompott, Fruchtsäfte, auch Wein und Schnaps. Um Obst länger haltbar zu machen, wird es getrocknet (gedörrt, z. B. Dörrpflaumen) oder in der Tiefkühltruhe eingefroren. Lies: Früchte.

Oase Müde zieht eine Karawane durch die heiße Wüste. Da tauchen in der Ferne grüne Dattelpalmen auf. Die Kamele gehen schneller, denn die Oase ist nah, und das bedeutet frisches Wasser und Früchte. „Oasen sind grüne Inseln im Meer der Wüste“, sagt ein arabisches Sprichwort, sie sind Mittelpunkt des Lebens in der Wüste. In der Oase gibt es Brunnen, sie führen das ganze Jahr Wasser. Im Schatten der Dattelpalmen wachsen Gemüse, Orangen, Zitronen und andere Früchte.

Ohr „Bum – bum! Tschin – tara!“ Eine Musikkapelle zieht unter den Fenstern vorbei. „Wieso zittern die Fensterscheiben?“ fragt Otto. „Weil die Musik so laut spielt. Der Schall ist so kräftig, daß die Fensterscheiben mitschwingen“, sagt Vater. Die Ohrmuscheln fangen den Schall auf. Er gelangt zum Trommelfell, einem zarten Häutchen, das schon bei einem leisen Ton oder schwachen Geräusch mitschwingt. Die Schwingungen werden ans Innenohr weitergegeben und vom Gehörnerv ins ☛ Gehirn geleitet: Wir hören und verstehen. Sehr starke Geräusche empfinden wir als ☛ Lärm. – Ottos Schulheft hat Eselsohren, die hören aber nicht.

Öl ist flüssiges Fett. Speiseöl wird aus den Früchten und Samen von Pflanzen gewonnen. Mutter verwendet zum Kochen meist Sonnenblumenöl oder Maiskeimöl, für Salate auch Olivenöl, Distelöl und Kürbiskernöl. Sie sagt: „Das Öl, das aus Pflanzen gewonnen wird, ist gesünder als das Fett von Tieren, wie zum Beispiel Schweineschmalz." Auch aus vielen anderen Pflanzen gewinnt man Öle: aus Raps, Nüssen, Kamille. Man benutzt sie für Salben, Heilmittel, Seifen und Ölfarben. Das Schmieröl für unser Auto und das Heizöl stammen vom ☛ Erdöl. – Öl ist leichter als Wasser, es schwimmt obenauf. Wenn große Mengen Öl, zum Beispiel aus einem beschädigten Tanker, ins Meer fließen, bildet sich ein riesiger Ölteppich, die sogenannte Ölpest. Wassertiere und Seevögel gehen daran elend zugrunde.

Oliven sind die schwarzblauen oder grünen Früchte eines Ölbaumes. Aus Oliven preßt man das Olivenöl, es ist ein feines Speiseöl. Der Ölbaum hat einen knorrigen Stamm und schmale silbergraue Blätter. Er wächst in den südlichen Ländern, wie Griechenland, Italien, Spanien, und bildet dort Olivenhaine. Ein Ölbaum kann viele hundert Jahre alt werden, die Oliven brauchen zwei Jahre zum Reifen. Der Ölbaum ist mit dem Flieder und der Forsythie, die in unseren Gärten wachsen, verwandt. – Im Altertum galt der Olivenzweig als Zeichen des Friedens.

Olympische Spiele Im alten Griechenland, vor etwa 2700 Jahren, wurden in Olympia alle vier Jahre sportliche Wettkämpfe abgehalten. Olympia war nach dem Wohnsitz der griechischen Götter, dem Olymp, benannt: das ist der höchste Berg Griechenlands. Gegen Ende des vorigen Jahrhunderts wurden die Olympischen Spiele wieder eingeführt. Die ersten fanden 1896 in Athen statt. Seither kommen alle vier Jahre die besten Sportler aus vielen Ländern der Welt zusammen und nehmen an den Wettkämpfen teil. Die Sieger erhalten olympische Medaillen in Gold, Silber und Bronze. Es gibt olympische Sommer- und Winterspiele.

Oper

„Brüderlein, komm tanz mit mir!
Beide Hände reich' ich dir.
Einmal hin, einmal her,
rundherum, das ist nicht schwer."

So singt Gretel in der Märchenoper „Hänsel und Gretel". Die Oper ist ein Theaterstück mit Musik und Gesang. Das Orchester begleitet die Sänger. Ein Dichter hat den Text verfaßt, ein Komponist die Musik dazu geschrieben. Auch das Gebäude, in dem Opern aufgeführt werden, nennt man Oper. Viele berühmte Komponisten haben Opernmusik geschrieben: Mozart, Wagner, Verdi, Richard Strauss. Ein heiteres Singspiel, in dem Schauspieler singen, sprechen und tanzen, heißt Operette. Beliebte Operetten stammen von Johann Strauß („Die Fledermaus") und Franz Lehar. Eine moderne Art der Operette ist das Musical (sprich: mjusikl), es stammt aus Amerika.

Operation Olga wurde mit starken Bauchschmerzen ins ☛ Krankenhaus eingeliefert. Sie hatte eine Blinddarmentzündung und mußte operiert werden. Man gab ihr eine Injektion, darauf schlief sie ein. „Du hast eine Narkose bekommen", sagte die Krankenschwester, als Olga wieder aufgewacht war. „Sie hat dich so betäubt, daß du von der Operation nichts gespürt hast. Jetzt hast du keinen Blinddarm mehr und wirst bald gesund sein."

Optiker Wenn man eine Brille braucht oder sie reparieren lassen will, geht man zum Optiker. Auch Sonnenbrillen, Lupen und Mikroskope kauft man bei ihm.

Orange ist eine ☛ Apfelsine.

Orang-Utan Er ist ein Menschenaffe wie der Gorilla und der Schimpanse (☛ Affen). Sein Name bedeutet „Waldmensch". Er hat ein rotbraunes Fell mit langen Haaren und lebt in den Urwäldern der ostasiatischen Inseln Borneo und Sumatra. Dort schwingt er sich von Baum zu Baum und frißt Früchte und Blätter. Er wird bis zu 150 cm groß und bis 100 kg schwer. Heute gibt es nur noch einige tausend Orang-Utans.

Orchester „Wir wollen in der Schule ein Orchester aufstellen“, erzählt Otto ganz aufgeregt. „Geiger haben wir schon, einer von ihnen bin ich. Karin spielt Klavier, Kurt Cello. Jetzt brauchen wir nur noch einen, der die Klarinette spielt, und einen, der die Flöte bläst. Der Musiklehrer ist der Dirigent.“ In einem großen Orchester gibt es freilich viel mehr Musikinstrumente. In einem ☛ Konzert werden vom Orchester Musikwerke aufgeführt. In der ☛ Oper begleitet das Orchester die Sänger. Jazz und Rockmusik werden von einer Band (sprich: bänd) gespielt.

Orchidee Das sind die Blumen mit den großen, meist violetten Blüten, die Vater zu Mutters Geburtstag im Blumengeschäft kauft. Dort gibt es auch Orchideen mit kleineren weißen oder rötlichen Blüten. Diese Orchideen werden bei uns nur in Gewächshäusern gezogen. Orchideen sind in vielen Arten über die ganze Erde verbreitet. Die schönsten und farbenprächtigsten wachsen in den tropischen Wäldern, meist auf Bäumen. Auch bei uns gibt es wildwachsende Orchideen: der Frauenschuh, das Waldvögelein, Kohlröschen, Knabenkraut. Sie stehen unter Naturschutz.

Orgel In vielen Kirchen steht eine Orgel. Sie wird vom Organisten zum Gottesdienst gespielt. Feierlich und mächtig erklingt sie im Kirchenraum. Die Orgel hat Tasten wie das ☛ Klavier. Wenn man sie niederdrückt, werden aber nicht Saiten, sondern die silbrig glänzenden Orgelpfeifen zum Tönen gebracht.

Orient bedeutet Morgenland. Es sind die Länder, die im Osten liegen, dort, wo wir am Morgen die Sonne aufgehen sehen, zum Beispiel die Türkei, Israel, Ägypten.

Ostern ist das größte kirchliche Fest der Christen. Sie feiern die Auferstehung des Herrn. Kinder suchen am Ostermorgen die bunten Eier, die der Osterhase versteckt hat. Ostern wird am Ende der Karwoche, kurz nach Frühlingsanfang, gefeiert.

Österreich Die Republik Österreich ist ein Bundesstaat und hat neun Bundesländer: Niederösterreich, Oberösterreich, Salzburg, Tirol, Vorarlberg, Kärnten, Steiermark, Burgenland. Wien ist ein Bundesland und zugleich die Hauptstadt von Österreich. In Österreich leben etwa 7,6 Millionen Menschen. Österreich liegt inmitten Europas. Seine Nachbarländer sind im Norden Deutschland und die Tschechoslowakei, im Westen die Schweiz und Liechtenstein, im Süden Italien und Jugoslawien, im Osten Ungarn. Österreich wird von den mächtigen Gebirgsketten der ☛ Alpen durchzogen. Der Großglockner ist der höchste Berg, er ist 3797 m hoch. In den Alpen eingebettet liegen viele Seen, wie der Attersee und der Wolfgangsee im Salzkammergut und der warme Wörther See und Millstätter See in Kärnten. Der größte Fluß Österreichs ist die ☛ Donau. An der Donau liegen Wien und die Hauptstadt Oberösterreichs, Linz, mit den großen Eisen- und Stahlwerken. Landwirtschaft und Industrie sind in Österreich hoch entwickelt. Wegen seiner landschaftlichen Schönheiten wird Österreich von vielen Touristen besucht.

Österreich war nicht immer ein so kleines Land und auch nicht Republik. Mehrere Jahrhunderte hindurch war es ein großes Kaiserreich, in dem die Habsburger herrschten. Sitz der Kaiser war Wien. Zu dem Kaiserreich gehörten Ungarn, Böhmen, große Teile Polens und Jugoslawiens und der Nordteil Italiens mit Südtirol. Viele Völker waren in dem Reich vereinigt. Es war der zweitgrößte Staat Europas. Unter dem vorletzten Kaiser, unter Franz Joseph, erhielt es den Namen Österreichisch-Ungarische Monarchie. Nach dem Ende des Ersten Weltkriegs 1918 zerfiel die Monarchie. Aus den deutschsprachigen Teilen, aber ohne Südtirol, entstand die Republik Österreich. Unter Hitler wurde Österreich 1938 an Deutschland angeschlossen und hieß Ostmark. Seit dem Ende des Zweiten Weltkriegs 1945 gibt es wieder die Bundesrepublik Österreich.

Ostsee Sie heißt auch Baltisches Meer und ist ein Nebenmeer des Atlantischen Ozeans. Die Ostsee trennt Schweden und Finnland vom europäischen Festland. Sie ist durch einen Meeresarm mit der Nordsee verbunden. Die Ostsee ist ein seichtes Meer, das Wasser enthält nur wenig Salz. Auch Ebbe und Flut merkt man kaum. Wichtige Hafenstädte an der Ostsee sind: Lübeck, Kiel, Rostock, Stettin, Danzig, Leningrad, Stockholm und Kopenhagen.

Otter Er ist mit dem ☛ Marder verwandt. Der bekannteste Otter ist der Fischotter. Er lebt in Flüssen und Seen, auch an Meeresküsten, und kann gut schwimmen und tauchen. Er läuft aber auch weit über Land. Am Uferrand gräbt er Höhlen für seine Jungen. Seine Nahrung sind Fische, Frösche, Wasservögel, Schnecken. Wegen seines dunkelbraunen Fells wurde der Fischotter viel gejagt. Auch die Verbauung der Flußufer und die Verschmutzung des Wassers haben dazu beigetragen, dieses Tier bei uns fast auszurotten. Der Fischotter steht daher unter Naturschutz. – Es gibt auch die Otter. Sie wird auch Viper genannt und ist eine Giftschlange. Am bekanntesten ist bei uns die ☛ Kreuzotter.

Ozean Das ist das ☛ Meer.

Ozon ist eine Form des ☛ Sauerstoffs. Er ist in kleinen Mengen in der Luft enthalten. In hohen Luftschichten der Erde gibt es eine Ozonschicht, die für uns lebenswichtig ist. Sie schützt uns vor den schädlichen Anteilen der Sonnenstrahlen. Dagegen ist Ozon, der sich in Bodennähe bildet und den wir mit der Luft einatmen, schädlich. Dieser Ozon entsteht bei Sonnenschein aus den Schadstoffen, die durch Autos und Industrie in die Luft gelangen. Je schöner das Wetter, desto mehr Ozon bildet sich. Am höchsten ist die Ozonbelastung im Sommer in den Mittags- und Nachmittagsstunden. Dieser Ozon schädigt Menschen, Tiere und Pflanzen. Bei hohen Ozonwerten wird empfohlen, auf Ausflüge und Wanderungen zu verzichten.

Paddelboot ist ein leichtes Sportboot, das durch ein Paddel vorwärtsbewegt wird. Das Paddel ist eine Stange, die an jedem Ende ein Ruderblatt hat. Paddelboote sind die Faltboote, die man zerlegen kann, die Kajaks der Eskimos und die Kanus der Indianer.

Palmen Diese Bäume wachsen in warmen Ländern. Bei uns kann man sie in Glashäusern (Palmenhäusern) sehen. Doch wir kennen die Früchte der Dattelpalme, die ☛ Datteln, und die Früchte der Kokospalme, die ☛ Kokosnuß. Die Früchte der Ölpalme liefern das Palmöl, das für Margarine, Seifen und Kerzen verwendet wird. Die Palmen haben keine Äste, nur einen Blattschopf mit langen Blättern oben am Stamm.

Panne Auf Straßen kann man öfters Autos sehen, die am Straßenrand stehen. Sie haben eine Panne, das heißt, das Auto hat einen Schaden und kann nicht fahren. Zum Glück gibt es einen Pannendienst, der den Schaden behebt. Peter hat eine Panne mit dem Fahrrad. Im Reifen steckt ein Nagel, und der Luftschlauch hat ein Loch. Doch Peter weiß, wie man das Loch flickt.

Panther ist ein schwarzer ☛ Leopard.

Papagei „Laura ist brav“, krächzt eine heisere Stimme aus dem Vogelkäfig. Ein Vogel, der spricht? Jetzt fängt er auch noch an, ein Lied zu pfeifen. Das kann nur ein Papagei sein! Weil Papageien lernen, Worte nachzusprechen, werden sie gerne als Stubenvögel gehalten. Die Heimat der Papageien sind die Wälder heißer Länder. Ihr Gefieder ist meist bunt und grellfarbig. Mit ihrem stark gekrümmten Oberschnabel können sie ganz harte Schalen von Früchten durchraspeln. Der Papagei hüpft nicht von Ast zu Ast, er benutzt seinen Schnabel auch zum Klettern. Es gibt viele Arten von Papageien: die kleinsten sind die Zwergpapageien, die größten der Kakadu mit der Federhaube und der Ara mit dem langen Schwanz. Auch der beliebte ☛ Wellensittich ist ein Papagei.

Papier Du hast ein Bilderbuch, in der Schule ein Lesebuch und andere Bücher. Du schreibst und zeichnest in Schulhefte. Sie sind alle aus Papier. Aus Papier kann man Drachen, Lampions und Schiffchen basteln. Die Zeitung, die Vater täglich liest, und die vielen Werbeschriften, die im Postkasten stecken, sind aus Papier. Das meiste, was Mutter einkauft, ist in Papier verpackt. Es gibt dünnes und dickes, weißes und buntes, glattes und rauhes Papier. Karton und Pappe sind dickes Papier, Seidenpapier ist fein und weich.
Papier wird hauptsächlich aus Holz und Altpapier gemacht. Viele Bäume unserer Wälder müssen gefällt werden, um die Riesenmenge an Papier, die verbraucht wird, zu erzeugen. Früher hat man Altpapier meist in die Mülltonne geworfen. Heute wird es gesammelt, und es wird daraus ein nicht ganz so weißes Papier hergestellt. Bei der Papiererzeugung gelangen Giftstoffe in unsere Flüsse, vor allem Chlor. Es gibt aber auch schon umweltfreundliches Papier, das ohne Chlor hergestellt wird. Achte darauf, welches Papier du kaufst!
Das Wort Papier kommt von „Papyrus“, das war eine Schreibfläche, die die alten Ägypter aus dem Mark der Papyrusstaude gewonnen haben. Das Papier, wie wir es heute kennen, wurde vor etwa 2000 Jahren von den Chinesen erfunden.

Pappel Als Peter ganz klein war, hat Großvater eine Pappel gepflanzt. Heute ist Peter neun Jahre alt, und der Baum ist schon so hoch wie das Haus. Pappeln wachsen sehr schnell, stehen kerzengerade und können bis zu 30 m hoch werden. Ihre Blüten sind nach unten hängende Kätzchen. Die Blätter der Zitterpappel – sie heißt auch Espe – erzittern bei jedem Windhauch.

Paprika ist eine Beerenfrucht. Die grünen, gelben oder roten Früchte der Paprikapflanze werden als Gemüse gegessen. Die kleinen Paprikaschoten geben ein scharfes rotes Gewürz, das man für Gulasch verwendet.

Papst Er ist das Oberhaupt der katholischen Kirche. Wegen seines heiligen Amtes hat er den Titel „Heiliger Vater“. Der Papst ist der oberste Priester, Hirte und Lehrer der katholischen Kirche. Seine Ratgeber sind die Kardinäle, seine Helfer die Bischöfe. Er wohnt im Vatikan in Rom und ist auch Bischof von Rom.

Park Das ist ein großer öffentlicher Garten in der Stadt. Oft liegt er wie eine grüne Insel im Häusermeer. Im Park gibt es große Bäume, blühende Sträucher, weite Rasenflächen und schöne Blumenbeete. In großen Parkanlagen sind auch Springbrunnen, Teiche mit Goldfischen und künstlich angelegte Seen, auf denen Enten und Schwäne schwimmen. Die Menschen spazieren auf den Parkwegen und ruhen sich auf den Bänken im Grünen aus. Kinder können auf Spielplätzen spielen, in vielen Parks auch auf dem Rasen.

Paradiesvögel sind Singvögel, die in den tropischen Wäldern Australiens und Neuguineas leben. Die Männchen haben ein prachtvolles farbiges Gefieder mit oft langen Schmuckfedern, die sie bei ihren Tänzen entfalten. Das Weibchen ist schlicht grau und braun gefärbt.

Parlament In jedem demokratischen Staat (☛ Demokratie) gibt es ein Parlament. Hier beraten die Abgeordneten, die vom Volk gewählt wurden, alle wichtigen Angelegenheiten, die das Land betreffen, und beschließen die Gesetze.

Partei In einem demokratisch regierten Land gibt es mehrere politische Parteien. Sie bestimmen die ☛ Politik des Landes. Die Mitglieder einer Partei haben die gleichen Vorstellungen darüber, wie das Land regiert werden soll. Jede Partei ist bemüht, bei der Wahl möglichst viele Stimmen zu gewinnen. Je mehr Stimmen sie erhält, desto mehr Abgeordnete kann sie ins ☛ Parlament schicken. Die Partei mit den meisten Stimmen stellt die Regierung. Oft verbindet sie sich mit einer anderen Partei, sie bildet eine Koalition.

Party Paula darf zu ihrem Geburtstag eine Party geben. Sie hat alle ihre Freundinnen und Freunde eingeladen. Mutter hat auf einem Tisch ein Büffet angerichtet mit köstlichen Brötchen, Kuchen und Getränken. Jeder kann sich aussuchen, was ihm schmeckt. Alle spielen lustige Spiele und singen Lieder. Am Abend werden Lampions angezündet, die ein buntes Licht verbreiten. „Party“ ist ein englisches Wort und heißt „Gesellschaft“.

Paß Wer ins Ausland fährt, muß die Grenze überschreiten. Dazu braucht er einen Paß, den Reisepaß. Das ist ein Ausweis mit Lichtbild. An der Grenze wird der Paß von einem Zollbeamten geprüft. – Paß nennt man auch den Übergang über ein Gebirge. Über den Paß führt eine Straße, manchmal auch eine Eisenbahnlinie. Ein bekannter Paß ist der Brenner an der Grenze zwischen Österreich und Italien.

Pate Mutters Schwester hat ein Baby bekommen. Es ist ein Mädchen. Mutter war Taufpatin bei der Taufe in der Kirche. Sie hat für ihr Patenkind ein Sparbuch angelegt. Peter freut sich schon auf seine Firmung. Sein Firmpate wird Onkel Karl sein. Peter weiß, daß er eine schöne Uhr als Geschenk bekommt. Paten sollen auch helfen, wenn ihr Patenkind in Not gerät.

Pauke Sie ist eine Art Trommel, auf die mit zwei Schlegeln geschlagen wird. Die Pauke besteht aus einem halbkugeligen Metallkessel, über den meist ein Kalbsfell gespannt ist. Ein Paukenschlag dröhnt laut und mächtig. Im Orchester gibt es immer mehrere Pauken.

Paviane sind Affen mit einer hundeartig verlängerten Schnauze. Sie heißen deshalb auch Hundsaffen. Der Pavian lebt nicht wie die meisten Affen auf Bäumen, sondern bleibt lieber auf der Erde. Er bewohnt die Steppen- und Felsgebiete Afrikas. Paviane werden gerne in Zoos gehalten. Du erkennst sie an den meist roten Schwielen auf dem Gesäß.

Pelikan Dieser große, meist weiße Wasservogel schwimmt nicht nur gut, er kann auch ausgezeichnet fliegen. Auf der Erde bewegt er sich plump und schwerfällig. Pelikane leben in großen Scharen an Flüssen und Meeresküsten der südlichen Länder. Sie ernähren sich von Fischen, die sie mit ihrem riesigen Schnabel fangen.

Pelz O wie gut ist im Winter ein Pelzkragen und eine Pelzmütze! Pelz ist das Fell von Pelztieren, von Fuchs, Marder, Lamm. Kostbare Pelze stammen vom Zobel, weißen Hermelin und Chinchilla. Früher wurden die Pelztiere gejagt, heute werden Tiere mit wertvollem Fell in Pelztierfarmen gezüchtet. Dazu gehören vor allem die Nerze, das sind marderartige Tiere. Aber immer noch gibt es Pelztierjäger: Viele tausende Robbenbabys werden wegen ihres seidenweichen Fells grausam erschlagen. Auch Leoparden und Ozelots, Biber und Otter hat man fast ausgerottet. Heute sind sie geschützt. Seit die Menschen wissen, wie grausam Tiere wegen ihres Pelzes getötet werden, kaufen sich viele keinen Pelzmantel mehr.

Perle Sie gehört zu den kostbarsten Juwelen. Perlen wachsen in Muscheln, die wertvollsten in der Meeresperlmuschel. Sie wachsen nur dann, wenn ein Fremdkörper, zum Beispiel ein Sandkorn, zwischen die Muschelschalen gerät. Um diesen Fremdkörper bildet sich eine schillernde Perlmutterschicht, aus der nach Jahren eine Perle wird. Perlen werden von Perltauchern aus dem Meer geholt. Perlmuscheln werden auch gezüchtet. Zuchtperlen sind aber nicht so wertvoll.

Pest „Der schwarze Tod geht um!" Dieser Schreckensruf erfüllte die Menschen früherer Zeiten mit Entsetzen. Die Seuche wütete in vielen Städten und Ländern und brachte Millionen Menschen den Tod. Die Haut der Kranken wurde schwarz, es bildeten sich Geschwüre und Beulen. Die Pest wurde meist durch Ratten übertragen, doch das wußten die Menschen damals nicht. Heute gibt es Heilmittel dagegen.

Petersilie ist das Küchenkraut, dessen Blätter die Mutter meist fein hackt und auf die Speisen streut, zum Beispiel auf Kartoffeln oder in die Suppe. Petersilie gibt den Speisen einen besseren Geschmack. Auch die Petersilienwurzel verwendet sie für Suppen und Gemüse.

Pfadfinder Peter ist bei den Pfadfindern, bei den „Wölflingen". Das ist die Gruppe der Kinder von 8–12 Jahren. Die nächste Gruppe sind Jugendliche von 12–18 Jahren. Die Pfadfinder wandern viel in der freien Natur, wohnen in Zelten und kochen sich selbst. Sie veranstalten Spiele und treiben Sport. Ein Pfadfinder soll hilfsbereit sein und täglich eine „gute Tat" vollbringen. Der Wahlspruch der Wölflinge lautet: „So gut ich kann!" Pfadfinder gibt es in vielen Ländern. Alle vier Jahre findet ein „friedliches Treffen" statt, das „Jamboree" (sprich: dschämbori).

Pfau „Eitel wie ein Pfau", sagt man und meint dabei den schönen großen Hühnervogel, der im Park oder im Tiergarten hochmütig herumstolziert. Der Pfau stammt aus Südasien, bei uns wird er als Ziervogel gehalten. Ein Federbusch schmückt seinen kleinen Kopf. Das Gefieder des Pfauenhahnes schillert in herrlichen Farben. Besonders prächtig sieht er aus, wenn er seine langen Schwanzfedern wie ein Rad entfaltet. Jede dieser Federn ist mit einem bunten Fleck geziert, der wie ein Auge aussieht. Das Weibchen ist nicht so farbenprächtig.

Pfeffer ist ein scharfes ☛ Gewürz. Mutter verwendet es für Fleischspeisen und Soßen. Pfefferkörner sind die getrockneten Früchte des Pfefferstrauchs, der in Südasien wächst. Im Mittelalter war Pfeffer ein begehrtes und kostbares Gewürz.

Pfefferminze ist eine ☛ Heilpflanze. Sie enthält ein stark duftendes Öl. Pfefferminztee ist gut bei Magen- und Darmbeschwerden. Pfefferminzbonbons und Pfefferminzkaugummi haben einen erfrischenden Geschmack.

P

Pferd Dieses schöne große Tier ist eines der ältesten Haustiere. Seit mehr als 4000 Jahren hat es dem Menschen als Zugtier und Reittier gedient. Es stammt vom Wildpferd ab, das heute nur noch in der Mongolei in Freiheit lebt. Pferde haben nach ihrer Farbe verschiedene Namen: weiß ist der Schimmel, schwarz der Rappe, rotbraun der Fuchs. Graugelbe Pferde heißen Falben. Die Braunen haben meist eine schwarze Mähne und einen schwarzen Schwanz. Das männliche Pferd heißt Hengst, das weibliche Stute, ein junges Pferd Fohlen oder Füllen. Das kleinste Pferd ist das ☛ Pony, es wird nur etwa einen Meter hoch. ☛ Esel und ☛ Zebras sind mit den Pferden verwandt. Sie alle sind Pflanzenfresser. Zu Beginn unseres Jahrhunderts gab es bei uns noch viele Pferde. Dann wurden sie im Dorf vom Traktor, in der Stadt vom Auto verdrängt. Als Arbeitstier ist das Pferd entbehrlich geworden, als Reittier hat es in unserer Zeit viele neue Freunde gewonnen.

Pferdesport „Heute gehen wir reiten", sagte der Vater eines Tages zu Paula. Das war eine Freude! Paula durfte zum ersten Mal ein Pony besteigen. Stolz saß sie im Sattel und hielt die Zügel in der Hand. Unter Anleitung eines Reitlehrers trabte das brave Pony mit ihr im Kreis. Bald konnte Paula die Mutter auf einem Reitausflug begleiten. Reiten ist ein beliebter Sport. Man muß kein eigenes Pferd besitzen, man kann auch im Reitstall eines mieten. Es gibt aber noch andere Pferdesportarten: Auf dem Rennplatz finden Galopprennen statt, bei denen die Reiter (Jockeys, sprich: dschokis) um den Sieg kämpfen. Beim Traben auf dem Trabrennplatz zieht jedes Pferd einen leichten Wagen (Sulky, sprich: salki), auf dem der Fahrer sitzt. Beim Springreiten muß das Pferd mit dem Reiter hohe Hürden überspringen. Beim Dressurreiten zeigt es kunstvolle Schritte und Gangarten. Alle diese Sportarten fordern von Pferd und Reiter langes und geduldiges Training.

Pfingstrosen blühen um Pfingsten in vielen Gärten. Ihre prächtigen Blüten sind rot, weiß oder rosarot. Ihr Name ist irreführend, denn sie sind keine Rosen. Der Gärtner nennt sie Päonien.

Pfirsiche Diese großen runden ☛ Früchte gedeihen in warmen Ländern am Mittelmeer besonders gut. Bei uns wachsen Pfirsichbäume nur in Gegenden mit mildem Klima. Pfirsiche haben einen harten Kern und eine samtige Haut. Pfirsiche mit glatter Haut nennt man Nektarinen. Die Mutter kauft Pfirsiche auch in Dosen; diese kommen meist aus Kalifornien oder Südafrika.

Pflanzen Sie wachsen auf der ganzen Erde: Moose, Gräser, Blumen, Sträucher und Bäume. Manche Pflanzen sind riesig groß, andere winzig klein. Sie brauchen zum Leben Wasser, Luft und Sonnenlicht. Mit den Wurzeln nehmen sie das Wasser aus dem Boden, dazu auch die im Wasser aufgelösten Nährstoffe. Die Pflanzen blühen, entwickeln Früchte und vermehren sich durch Samen. Dabei geben sie Sauerstoff an die Luft ab, den Tiere und Menschen zum Leben brauchen. Pflanzen sind die ältesten Lebewesen auf der Erde, es hat sie schon gegeben, lange ehe sich die ersten Tiere entwickeln konnten.

Pflaumen sind ein beliebtes Obst, sie gedeihen bei uns in vielen Gärten. Sie sind Steinfrüchte (☛ Früchte). Die länglichen blauen Hauspflaumen (Zwetschen) reifen im Frühherbst. Sie sind saftig und süß und werden zu Kompott und Marmelade (Powidl) verarbeitet oder auch gedörrt. In Österreich und der Schweiz nennt man sie Zwetschken oder Zwetschgen. Im Sommer gibt es auf dem Markt auch runde rötliche oder gelbe Pflaumen (Ringlotten) und die kleineren Mirabellen.

Phantasie Paul liest eine spannende Abenteuergeschichte. Ganz deutlich sieht er alles vor sich: den Helden auf seinem Pferd, einen dichten Wald, die Verfolger, die immer näher kommen. Paul kann sich alles gut vorstellen, er hat viel Phantasie. Auch in der Schule erzählt er gerne Geschichten, die er sich ausgedacht hat. Diese phantasievollen Erzählungen machen nicht nur den Kindern Spaß, auch seiner Lehrerin gefallen sie.

Pilze Wenn es im Sommer heftig regnet, dampft der Waldboden. Dann „schießen die Pilze aus dem Boden". Auf dem Markt gibt es dann Steinpilze (1) und Pfifferlinge (2), die in Österreich Eierschwammerl heißen. Zum Pilzesammeln braucht man in manchen Gegenden eine amtliche Erlaubnis. Pilze dürfen nicht ausgerissen, sondern müssen mit dem ganzen Stiel herausgedreht werden, sonst wachsen sie nicht mehr nach. Nicht alle Pilze kann man essen, viele von ihnen sind giftig. Am gefährlichsten sind der Knollenblätterpilz (3) und der Fliegenpilz (4). Pilze sammeln sollte nur, wer die eßbaren Sorten gut kennt. Schon oft sind Menschen an Pilzvergiftung gestorben. Die Mutter kauft häufig Champignons (sprich: schampinjons). Dieser Speisepilz wird in Kellern gezüchtet und das ganze Jahr hindurch geerntet. – Es gibt viele andere Pilze, die man nicht im Wald pflückt. Die meisten von ihnen sind winzig klein. Den Schimmelpilz, der sich auf verdorbenen Speisen bildet, kennst du gewiß. Viele solcher winzigen Pilze erregen Krankheiten, andere liefern wertvolle Arzneien.

Pinguine Diese seltsamen Vögel leben nur in der südlichen Erdhälfte, vor allem in der Antarktis (☛ Arktis). Sie können nicht fliegen, aber mit ihren flossenartigen Flügeln ausgezeichnet schwimmen und tauchen. Pinguine nähren sich von Fischen und leben hauptsächlich im Meer. An Land kommen sie nur, um Eier zu legen und die Jungen aufzuziehen. Dann bevölkern sie zu Tausenden die Brutplätze an der Küste.

Pinocchio (sprich: pinokio) ist der Held eines berühmten Kinderbuchs. Der Italiener Carlo Collodi hat es schon vor hundert Jahren geschrieben. Pinocchio ist eine Holzpuppe, die lebendig wird und viele Abenteuer erlebt.

Pippi Langstrumpf ist das kleine Mädchen mit den roten Zöpfen, mit einem schwarzen und einem gestreiften Strumpf und den zu großen Schuhen. Es lebt mit seinem Pferd und dem Affen Herrn Nilsson ganz allein und ist so stark, daß es sogar das Pferd heben kann. Die schwedische Schriftstellerin Astrid Lindgren hat diese phantastische Geschichte geschrieben.

Piraten sind Seeräuber, die mit ihrem Schiff andere Schiffe überfallen und ausrauben. In früherer Zeit waren sie eine große Gefahr für die Schiffahrt. Heute hören wir manchmal von Luftpiraten, die ein Flugzeug entführt haben.

Plakat Peter bleibt vor einer Plakatwand stehen. Er betrachtet die bunten Bilder und liest die kurzen Texte. Plakate sind Werbemittel, die Waren anpreisen oder zu Veranstaltungen einladen. Sie werden oft von Künstlern entworfen. Manche Plakate sind so schön, daß wir sie als „Poster“ in unserem Zimmer aufhängen.

Planeten sind Himmelskörper, die um die ☛ Sonne kreisen. Sie leuchten, weil sie von der Sonne beschienen werden. Auch die ☛ Erde ist ein Planet. Die anderen Planeten der Sonne sind: Merkur, Venus, Mars, Jupiter, Saturn, Uranus, Neptun und Pluto. Die letzten drei können wir wegen ihrer großen Entfernung mit freiem Auge nicht sehen. Der Merkur ist der kleinste Planet und der Sonne am nächsten, er umkreist sie in 88 Tagen. Auf seiner Oberfläche ist es glühend heiß, ebenso auf der Venus (☛ Abendstern). Nur die Erde hat als einziger Planet eine so günstige Temperatur, daß auf ihr Leben entstehen konnte. Sie braucht für eine Umkreisung der Sonne 365 Tage. Der größte Planet ist der Jupiter. Er ist etwa 1300mal größer als die Erde. Der am weitesten entfernte Planet ist Pluto, er braucht 249 Jahre, um die Sonne zu umkreisen. Es gibt im Weltall unzählige Sonnen mit zahllosen Planeten. Ob es auf manchen von ihnen auch Leben gibt? Lies auch: Raumfahrt.

Plastik nennt man die Kunststoffe, die aus Erdöl oder Kohle hergestellt werden. Viele Gegenstände, die wir täglich gebrauchen, sind aus Plastik: Becher, Flaschen, Einkaufsbeutel, Mülleimer, Schallplatten, Filme, Spielzeug, Regenbekleidung. Da Plastik nicht verrottet und die Umwelt belastet, soll man sparsam damit umgehen. – Plastik nennt man auch ein Kunstwerk, das von einem Bildhauer geschaffen wurde. Es kann aus Stein, Metall oder Holz sein.

Polen ist ein Nachbarland Deutschlands im Osten. Die Hauptstadt ist Warschau.

Politik Alles, was im Staat, im Land, in der Gemeinde beschlossen und durchgeführt wird, ist Politik und wichtig für alle Menschen. Von der Politik hängt es ab, wie es den Menschen in einem Land geht, ob sie in Freiheit leben oder unterdrückt werden, ob es Frieden gibt oder Krieg. Der Politiker übt ein politisches Amt aus und vertritt meist eine politische ☛ Partei.

Polizei Auf der Kreuzung steht ein Verkehrspolizist. Er regelt den Verkehr für Autos und Fußgänger. Vor der Schule sorgt er dafür, daß Kinder die Straße sicher überqueren können. Ein Polizeiauto fährt mit Blaulicht und Sirene zu einem Unfall. Die Polizei muß immer einsatzbereit sein und dort helfen, wo Menschen in Gefahr sind. An der Uniform kannst du Polizisten erkennen. Wird ein Verbrechen begangen, verfolgt die Kriminalpolizei den Täter.

Pommes frites (sprich: pom frit) sind ein Lieblingsgericht vieler Kinder. Es sind Kartoffelstäbchen, die in Fett schwimmend goldgelb gebacken werden. Der Ausdruck stammt aus Frankreich.

Pony ist ein kleines Pferd. Es hat eine dichte Mähne und ein struppiges Fell. Bei uns kennt man das Islandpony und das Shetlandpony als gutmütige Reittiere für Kinder. Lies: Pferd.

Porzellan Mutters schönstes Geschirr ist das Meißener Porzellan. Es hat ein buntes Blumenmuster und ist sehr wertvoll. In China hat man schon vor mehr als 1300 Jahren Porzellan erzeugt. In Deutschland wurde es vor rund 300 Jahren in Meißen von Johann Friedrich Böttger nochmals erfunden. Es wird hauptsächlich aus Kaolin, einer Tonerde, geformt und gebrannt. Danach werden die Gefäße in eine „Glasur“ getaucht und nochmals gebrannt. Dadurch erhält das Porzellan seinen schönen Glanz. Lies auch: Keramik.

Post Täglich werden viele Millionen Briefe, Pakete und Zeitungen von der Post befördert. Der Briefträger bringt die „Post“ an die richtige Adresse. Er kommt vom Postamt. Weißt du, wie es dort zugeht? In größeren Postämtern gibt es mehrere Schalter. Wer ein Paket aufgeben will, geht zum Paketschalter. Bei einem anderen Schalter kann man Briefmarken kaufen und Briefe „einschreiben“ lassen. Dazu muß man einen kleinen Schein mit der Adresse des Empfängers ausfüllen. Die Post garantiert, daß der Brief bestimmt ankommt. Auch Eilbriefe, die besonders rasch zugestellt werden sollen, gibt man da auf. Beim Geldschalter kann man mit Zahlkarte oder Erlagschein Geld einzahlen oder auch von seinem Postsparbuch Geld abheben. Auf dem Postamt gibt man auch Telegramme auf. Eine Postbeamtin gibt den Text telefonisch an das Postamt des Empfängers durch. Dort wird das ☛ Telegramm aufgenommen und sofort zugestellt. Wenn das Postamt am Abend schließt, ist noch lange nicht alle Arbeit getan. Die eingelangten Sendungen werden nach ihrem Bestimmungsort sortiert. In großen Postämtern macht das eine Briefverteilanlage. Die Postleitzahl, die auf der Adresse angegeben werden muß, erleichtert das Sortieren. Die sortierte Post wird in Postsäcken in den Postwagen eines Zuges oder in ein Flugzeug gebracht. Die Postsendungen, die von auswärts ankommen, werden den zuständigen Postämtern noch nachts zugestellt und zeitig in der Früh sortiert. Der Briefträger ordnet die Post nach Hausnummern, dann macht er sich auf den Weg. Am Vormittag bringt er der Mutter den Brief, den sie schon erwartet hat. Die Post stellt auch Telefonverbindungen über Satelliten mit allen Ländern der Welt her. Sie ist für das Geschäftsleben und für unsere privaten Verbindungen unentbehrlich. Deshalb ist sie in Deutschland, Österreich und in der Schweiz eine staatliche Einrichtung.

Pralinen sind Süßigkeiten mit einem Schokoladenüberzug und einer Füllung. Paula hat am liebsten eine Marzipanfüllung. Andere Pralinen sind mit Fruchtcreme, Nougat, Nüssen oder auch mit Likör gefüllt. Paula ist eine Naschkatze. Aber sie weiß, daß allzuviel ungesund ist. Pralinen schmecken zwar gut, aber ein Pausenimbiß in der Schule sind sie nicht!

Preis Im Supermarkt ist bei allen Waren der Preis angeschrieben, den man dafür bezahlen muß. Auf diese Weise kann die Mutter die Preise vergleichen und sich überlegen, wieviel sie ausgeben wird. Die Preise bleiben nicht immer gleich. „Der Preis für Äpfel ist stark gestiegen“, sagt sie. Der Geschäftsführer erklärt: „Es gibt jetzt keine Äpfel mehr aus dem Inland. Diese Sorten kommen alle aus dem Ausland, deshalb sind sie teurer.“ – In der Schule hat Peter bei einem sportlichen Wettkampf einen Preis gewonnen. Sein Freund, der verloren hat, ärgert sich. Er wollte um jeden Preis gewinnen. Bei großen Sportwettkämpfen werden meist drei Preise vergeben. Die Preisverleihung ist oft im Fernsehen zu sehen.

Prärie heißt die weite Grassteppe in Nordamerika westlich des Mississippi. Sie war einst das Jagdgebiet vieler Indianerstämme. Heute ist die Prärie fruchtbares Ackerland oder Weideland. Manche Gebiete im Westen sind auch trockene Steppe.

Präsident Er ist der Vorsitzende eines Vereins, einer großen Firma oder einer Bank. In Deutschland, Österreich und der Schweiz ist der Bundespräsident Oberhaupt des Staates.

Preiselbeeren wachsen im Wald und auf der Heide. Die kleinen Beeren schmecken roh nicht besonders gut. Als Kompott oder Marmelade sind sie aber eine würzige Beilage zu verschiedenen Speisen, besonders zu Wild.

Priester hat es von alters her bei allen Völkern gegeben. In den christlichen Kirchen bringt der Priester das Meßopfer dar. Bei den Katholiken wird er auch Pfarrer genannt, bei den Protestanten Pastor.

Primeln Diese gelben Blumen zählen neben den ☛ Schneeglöckchen und ☛ Krokussen zu den ersten Frühlingsblumen. Sie heißen auch Schlüsselblumen (1). Die Primeln (2) in unseren Gärten sind Zierpflanzen, die rot, gelb, weiß oder blau blühen.

Prinz und Prinzessin sind die Kinder eines Fürsten oder Königs. Prinzen und Prinzessinnen sind allen Kindern bekannt, auch wenn es bei uns keinen König mehr gibt. Sie begegnen uns in vielen Märchen und Sagen. Du kennst gewiß den Prinzen, der das Aschenbrödel zur Frau nimmt. Oder die Prinzessin, die nicht schlafen kann, weil in ihrem Bett eine Erbse liegt.

Problem „Was hast du denn für ein Problem?“ fragt der Vater, weil Paul immer noch bei seiner Aufgabe sitzt. „Die Rechenaufgabe ist so schwer“, sagt Paul, „kannst du mir nicht helfen?“ Wenn man über ein Problem mit jemandem spricht, findet man meist eine Lösung.

Programm Peter sieht sich das Kinderprogramm im Fernsehen an. Die Mutter will ins Theater gehen, sie studiert in der Zeitung das Theaterprogramm. „Wir haben noch kein Programm für Sonntag“, sagt der Vater. „Was schlagt ihr vor?“

Prospekt ist eine Werbeschrift. Das Kaufhaus schickt einen Prospekt über die neue Mode. Der Buchhändler sendet einen Prospekt über neue Bücher. Vor dem Urlaub holt Mutter im Reisebüro einen Reiseprospekt. Anhand der Bilder und Preisangaben kann man sich gut den Urlaubsort und das Hotel auswählen.

Protest bedeutet Einspruch, Widerspruch. Am Stadtrand soll ein Stück Wald gerodet werden. Die Bürger sind dagegen, sie lieben den Wald. Sie halten eine Versammlung ab und beschließen einen Protestmarsch, bei dem sie die Erhaltung des Waldes fordern. Protest ist ein demokratisches Recht.

Protestanten sind die Anhänger von christlichen Kirchen, die sich vor etwa 470 Jahren vom Papst und der katholischen Kirche losgesagt haben. Anlaß dazu waren Mißstände, mit denen viele Menschen nicht einverstanden waren. Der Augustinermönch Martin Luther forderte eine Reform, eine Erneuerung des kirchlichen Lebens. Aus diesem Kampf ging die evangelische Kirche hervor. In der Schweiz lebten die Reformatoren Zwingli und Calvin. Heute gibt es mehr als 300 Millionen protestantische Christen.

Pudel sind sehr gelehrige Hunde. Es gibt weiße, schwarze, graue und braune Pudel. Alle haben ein dichtes lockiges Fell, das meist an bestimmten Stellen geschoren wird. Es gibt verschieden große Pudel, die kleinen Zwergpudel sind besonders herzig.

Puls Wenn du schnell gelaufen bist, schlägt dein Herz schneller als sonst. Das Blut fließt rascher durch deine Adern. Am Handgelenk kann man diese Herzschläge, den Puls, deutlich fühlen. Auch wenn du Fieber hast, ist der Puls erhöht. Der Arzt fühlt deshalb den Puls, wenn er dich untersucht. Lies: Herz.

Pumpe Mit einer Pumpe kann man Flüssigkeiten oder Gase ansaugen und weiterbefördern. Mit der Fahrradpumpe pumpst du Luft in den Schlauch deines Rades. Im Garten steht eine elektrische Wasserpumpe. Der Nachbar hat noch eine alte Brunnenpumpe, die man mit der Hand bewegen muß. Der Tankwart füllt mit der Benzinpumpe den Tank voll. Die Feuerwehr hat eine so starke Pumpe, daß sie mit dem Wasserstrahl Feuer löschen kann.

Puppen sind Nachbildungen von Menschen oder Tieren. Früher hat man die Puppenköpfe aus zerbrechlichem Porzellan gemacht. Sie waren sehr teuer. Die meisten Kinder mußten sich deshalb mit Stoffpuppen begnügen. Heute gibt es Puppen aus Kunststoff. Sie sind billiger und nicht zerbrechlich. Große Puppen haben oft Schlafaugen und lockiges Haar. Manche können sogar sprechen und gehen. Paula spielt gern mit Puppen. Ihre große Lieblingspuppe fährt sie oft im Puppenwagen spazieren. – Puppe kann aber auch etwas anderes bedeuten: Schmetterlinge legen Eier, aus denen Raupen (Larven) schlüpfen. Diese spinnen sich ein und werden zu Puppen, die sich wieder in Schmetterlinge verwandeln. Lies: Insekten.

Puppentheater Manche Puppen können Theater spielen. Sie haben ein Kleid, das der Puppenspieler wie einen Handschuh über seine Hand stülpt. Mit seinen Fingern kann er Kopf und Hände der Puppe bewegen, als ob sie lebendig wäre. Der ☛ Kasperl im Kasperltheater ist so eine Puppe. Eine andere Art ist das Marionettentheater. Dabei werden die Figuren mit Schnüren bewegt. Lies: Marionette.

Puzzle (sprich: paßl) bedeutet Geduldspiel. Man muß nämlich Geduld haben, um aus den kleinen unregelmäßigen Teilchen das schöne Bild zusammenzusetzen, das die Vorlage zeigt. Peter ist sehr geschickt und kann schon schwierige Puzzles zusammensetzen.

Pyramide Onkel erzählt von seiner Reise nach Ägypten. Am meisten staunte er über die Pyramiden in der Wüste. Das sind riesige Grabmäler der ägyptischen Könige. Sie wurden vor etwa 4500 Jahren errichtet. Wie haben die Menschen damals die schweren Steinblöcke übereinandertürmen können, da es doch keinen Kran, keine Baumaschinen gab? Die höchste Pyramide ist heute 137 Meter hoch. Im Innern, in der Grabkammer, lag der einbalsamierte Körper des toten Herrschers.

Quadrat Das Quadrat ist ein Viereck, dessen Seiten gleich lang sind. Du kannst jeden Tag Quadrate sehen: die Fliesen im Badezimmer.

Qualität bedeutet die Beschaffenheit, die Güte einer Ware oder eines Materials. „Beste Qualität!" kann man oft im Kaufhaus lesen. Die Mutter legt bei Stoffen großen Wert auf gute Qualität, weil diese Stoffe lange halten und schön bleiben. Allerdings hat gute Qualität ihren Preis, sie ist teurer.

Quallen sind Meerestiere, die im Wasser frei schweben. Ihr weicher, fast durchsichtiger Körper sieht wie ein Fallschirm aus. Sie haben keine Knochen, auch kein Blut. Ruckartig ziehen sie sich zusammen und können sich dadurch im Wasser fortbewegen. Sie ernähren sich von kleinen Meerestieren, die sie mit ihren Fangarmen festhalten. Wenn Quallen an den Strand gespült werden, vertrocknen sie. Es bleibt von ihnen nichts weiter übrig als ein bißchen Schleim. Manche Quallen leuchten nachts, das kann man auf einer Schiffsreise beobachten. Andere spritzen eine brennende Flüssigkeit aus, wenn man sie berührt. Das kann sehr schmerzhaft sein. Beim Schwimmen im Meer muß man sich deshalb vor Quallen hüten.

Quartett heißt ein beliebtes Kartenspiel für Kinder. Dabei gehören immer vier Karten zusammen, die man an einem bestimmten Zeichen erkennt. Es gibt Tierquartette, Märchenquartette und viele andere. Nach dem Austeilen der Karten muß man so lange vom Nachbarn ziehen, bis man ein „Quartett" beisammen hat. Das wird dann abgelegt. Sieger ist, wer am Schluß die meisten Quartette hat. – Quartett ist auch ein Musikstück, das von vier Musikern gespielt wird. Auch die vier Musiker selbst nennt man ein Quartett.

Quarz ist ein weitverbreitetes, sehr hartes ☛ Mineral, das schöne ☛ Kristalle bildet. Quarz kommt in vielerlei Formen vor: Der glasklare Bergkristall, der violette Amethyst, der Rosenquarz und andere zählen zu den Halbedelsteinen (☛ Edelsteine). Auch der Feuerstein, mit dem unsere Vorfahren in der Steinzeit Funken geschlagen und Feuer entfacht haben, ist ein Quarz. Quarzsand wird zur Glaserzeugung verwendet.

Quecksilber Dieses silberglänzende Metall ist bei Zimmertemperatur flüssig. Es dehnt sich bei Erwärmung rasch aus und zieht sich bei Abkühlung zusammen. Deshalb verwendet man es im ☛ Thermometer zum Messen der Temperatur. Die Dämpfe des Quecksilbers sind sehr giftig. Einatmen kann lebensgefährlich sein.

Quelle Auf dem Waldhang sprudelt zwischen Felsen Wasser aus dem Boden. Das ist die Quelle des Baches, der durch das Tal fließt. Das Regenwasser versickert im Boden, bis es auf undurchlässiges Gestein stößt. Dann sucht es sich einen Weg ins Freie und fließt zu Tal. Mehrere Quellen vereinigen sich zu einem Bach, mehrere Bäche zu einem Fluß oder Strom. Er fließt langsam dem Meer zu. Wenn eine Quelle aus großer Tiefe kommt, ist das Wasser warm oder heiß und oft reich an mineralischen Stoffen. Diese Mineralquellen sind Heilquellen. Viele Kurorte sind für ihre Heilquellen berühmt.

Quittung nennt man eine Empfangsbestätigung. Der Vater hat für eine Reparatur einen größeren Betrag bezahlt. Der Handwerker bestätigt das durch eine Quittung.

Quiz (sprich: kwiß) ist ein Frage- und Antwortspiel. Der Quizmaster stellt die Fragen. Wer die meisten richtigen Antworten weiß oder wer sie am schnellsten gibt, ist Sieger. Solche Spiele werden im Fernsehen gezeigt. Hast du auch schon öfter die richtige Antwort gewußt?

Radar Ein Flugzeug fliegt bei Nacht und Nebel. Kann sich der Pilot zurechtfinden, wenn er die Landschaft, die er überfliegt, nicht sieht? Ja, er hat ein Radargerät an Bord. Es sendet Funksignale auf die Erde. Von dort werden sie wie ein Echo zurückgeworfen und auf einem Bildschirm als Leuchtbild sichtbar gemacht. Auf Flugplätzen können anfliegende Flugzeuge durch Radar bereits aus großer Entfernung wahrgenommen und sicher zur Landebahn geleitet werden. Auch Schiffe benutzen Radar. Im Straßenverkehr werden Radargeräte eingesetzt, um die Geschwindigkeit der Autos zu überprüfen.

Raben sind Singvögel, obwohl sie nicht singen, sondern nur krächzen können. Zu den Rabenvögeln zählen die ☛ Krähen, ☛ Dohlen und ☛ Elstern. Der größte Rabe und zugleich auch der größte Singvogel ist der Kolkrabe. Er ist mehr als 60 cm lang, sein schwarzes Gefieder schimmert stahlblau. Er lebt im Gebirge und baut sein Nest an Felswände.

Rad Das Rad ist rund und rollt. So einfach ist das. Und doch ist das Rad eine der größten Erfindungen der Menschheit. Den Wagen mit Rädern gibt es seit etwa 5000 Jahren. Früher wurden alle schweren Lasten von Menschen und Tieren getragen oder mühsam über den Boden gezogen. Heute rollen Räder mit großen Geschwindigkeiten über die ganze Erde. Eisenbahnen haben Räder, Autos fahren auf Rädern, auch dein Fahrrad. Mühelos werden Lasten über weite Entfernungen transportiert und Menschen befördert. Auch Maschinen und Motoren werden durch Räder bewegt: durch Zahnräder, Wasserräder, Windräder. – Das erste Rad war eine Holzscheibe. In der Mitte hatte sie ein Loch, durch das man eine Stange stecken konnte. Heute sind die meisten Räder aus Metall. In der Mitte ist die Achse, um die sich das Rad dreht.

Radio Riki drückt den Knopf des Radios, und schon kann sie Musik hören, Musik, die von weit her gesendet wird. Mikrofone haben diese Musik aufgenommen und in elektrische Signale umgewandelt. Der Rundfunksender strahlt diese Signale aus. Das Empfangsgerät (Radioapparat) nimmt diese Signale durch eine ☛ Antenne auf und verwandelt sie wieder zurück in Musik. Im Radio werden Nachrichten, Musik, Hörspiele, Sportberichte gesendet. Radio kann man überall hören, in der Wohnung, im Freien, im Auto. Radio ist das Kurzwort für ☛ Rundfunk. Lies auch: Fernsehen.

Radsport Radfahren ist ein beliebter Sport. Auch Ralf fährt gern mit dem Rad. Zum Glück gibt es bereits in vielen Städten und auf dem Land eigene Radfahrwege. Beim eigentlichen Radsport werden Radrennen gefahren. Straßenrennen finden auf öffentlichen Straßen statt. Wettkampfrichter begleiten in Autos das Rennen. In vielen Ländern werden große Straßenrennen veranstaltet. Bei der Österreich-Rundfahrt müssen die Rennfahrer sogar über den höchsten Berg Österreichs, den Großglockner, fahren. Bahnrennen finden auf Radrennbahnen in der Halle statt. Bei Bahnrennen hinter Motoren werden die Fahrer von Schrittmachern auf Motorrädern angeführt. Lies: Fahrrad.

Rakete Feuerwerkskörper (☛ Feuerwerk) sind einfache Raketen. Große Raketen sind Flugkörper, die mit einem Treibstoff gefüllt sind. Bei seiner Verbrennung entstehen Gase, die unter großem Druck aus den Düsen am unteren Ende der Rakete strömen. Dabei wird ein Rückstoß erzeugt, der die Rakete vorwärtstreibt. Dieser Rückstoß kann so gewaltig sein, daß er riesige Raketen in große Höhen zu befördern vermag. Seit es solche Raketen gibt, sind Flüge in den Weltraum möglich. Lies: Raumfahrt.

Rathaus Im Rathaus regiert der ☛ Bürgermeister. Dort sind auch die Ämter, die für die Verwaltung der Gemeinde notwendig sind. Im Sitzungssaal beraten die Gemeinderäte mit dem Bürgermeister die Angelegenheiten der Gemeinde.

Rätsel Erst weiß wie Schnee,
dann grün wie Klee,
dann rot wie Blut,
schmeckt allen Kindern gut.

Was ist das? Weißt du die Lösung dieses Rätsels? Es ist die Kirsche! – Rätselraten macht Spaß. Es gibt gereimte Rätsel, Zahlenrätsel, Buchstabenrätsel, Kreuzworträtsel, Bilderrätsel. Sie alle kannst du auflösen, wenn du lange genug nachdenkst. Hier ist ein schweres Rätsel:

Es flog ein Vogel federlos
auf einen Baum blattlos.
Da kam die Frau mundlos
und aß den Vogel federlos.

(Schneeflocke und Sonne)

Ratten sind mit den Mäusen verwandt, sind aber größer. Die braungrauen Nagetiere mit dem langen Schwanz sind sehr gefräßig und vermehren sich rasch. Sie leben auf Müllplätzen, in Kellern, in Kanälen und Vorratslagern und richten großen Schaden an. Ratten überfallen Hühner und andere kleine Tiere, nagen aber auch größere an. Selbst dem Menschen können sie gefährlich werden. Sie wurden vor langer Zeit mit Schiffen aus Südostasien nach Europa eingeschleppt und verbreiteten gefährliche Seuchen (☛ Pest). Im Mittelalter waren sie in den Städten eine große Plage. Die Sage vom Rattenfänger von Hameln (siehe Bild) erzählt davon.

Raubtiere ernähren sich hauptsächlich von Fleisch. Mit ihrem scharfen Gebiß töten sie andere Tiere. Zu den Raubtieren zählen: Löwe, Leopard, Luchs, Tiger, Bär, Marder, Fuchs, Wolf, Dachs, Hund, Katze. Im Wasser leben: Seehund, See-Elefant, Seelöwe, Walroß.

Raubvögel sind Adler, Bussard, Falken, Geier, Habicht, Sperber. Eigentlich nennt man sie besser Greifvögel, weil sie ihre Beute mit den kräftigen Füßen und Krallen ergreifen und töten. Sie fressen hauptsächlich Mäuse. Wenn sie Hasen und andere Tiere fangen, sind das meist kranke und schwache Tiere. Greifvögel säubern die Natur auch von Aas. Sie wurden früher so viel gejagt, daß sie nahe am Aussterben waren. Heute stehen die meisten von ihnen unter Naturschutz.

Raumfahrt Schon immer träumten die Menschen davon, auf den Mond fliegen zu können. Viele Schriftsteller haben phantasievolle Geschichten über eine Reise zum Mond geschrieben. Dieser uralte Traum erfüllte sich in unserer Zeit: 1969 landeten die ersten Menschen auf dem Mond.

Erst als man gelernt hatte, ☛ Raketen zu bauen, die große Höhen erreichen, konnten Flüge in den Weltraum unternommen werden. Die eigentliche Geburtsstunde der Raumfahrt schlug 1957, als die Sowjetunion den ersten Flugkörper, den Sputnik, in den Weltraum schoß. Es war der erste von Menschenhand geschaffene Satellit, der die Erde umkreiste: eine Metallkugel, die von drei übereinander gestuften Raketen in den Weltraum befördert wurde. Viele andere Satelliten folgten, darunter Wettersatelliten für die Wettervorhersage und Nachrichtensatelliten, die Fernsehen und Ferngespräche von Erdteil zu Erdteil übertragen. Alle diese Satelliten bewegen sich im erdnahen Raum.

Die nächsten Ziele waren, Menschen in den Weltraum zu schicken und den Mond zu erreichen. Der russische Kosmonaut Juri Gagarin war der erste Mensch, der die Erde 1959 umkreiste. Viele Mondsonden erreichten den Mond und sandten Aufnahmen von der Mondoberfläche auf die Erde. 1969 war es so weit: Die amerikanischen Astronauten Armstrong und Aldrin landeten mit einer Mondfähre als erste Menschen auf dem Mond. Es folgten fünf weitere Mondlandungen. Die Astronauten fuhren mit einem Mondauto mehrere Stunden auf dem Mond umher (siehe Bild) und brachten Proben von Mondgestein mit auf die Erde.

Auch zu anderen ☛ Planeten wurden Raumsonden geschickt. Sie erkundeten die Venus, den Mars, Jupiter und Saturn. Sonnensonden erkunden die Sonne. In einer sowjetischen Raumstation, die ständig die Erde umkreist, verrichten Kosmonauten Forschungsarbeiten. Einen großen Fortschritt in der bemannten Raumfahrt bedeutete 1981 der Flug der amerikanischen Raumfähre Space Shuttle (sprich: speß schatl). Sie befördert Menschen und Lasten in den Weltraum, kann aber auf die Erde zurückkehren und wieder eingesetzt werden. Leider explodierte 1986 ein Shuttle kurz nach dem Start. Sieben Astronauten fanden den Tod.

Raupen „Pfui, da kriecht eine Raupe!" ruft Riki. Sind Raupen wirklich so häßlich? Oft sind sie leuchtend gefärbt oder bunt gezeichnet und haben feine Härchen auf dem Rücken. Sie fressen Blätter und richten in Gemüsegärten und Wäldern Schaden an. Raupen schlüpfen aus den Eiern der Schmetterlinge. Nach einiger Zeit verpuppen sie sich. Aus der ☛ Puppe wird ein ☛ Schmetterling.

Regen Graue Wolken hängen am Himmel. „Es wird regnen", sagt Mutter. Wo kommt der Regen her? Das Wasser der Meere, Seen und Flüsse verdunstet und steigt als Wasserdampf in die Luft. Es entstehen Wolken. In den Wolken bilden sich Wassertropfen, die als Regen auf die Erde fallen. Das Regenwasser bewässert das Land und sickert in das Erdreich. Als ☛ Quelle sprudelt es wieder aus dem Boden und fließt als Fluß zum Meer zurück. Regen fällt heute oft als saurer Regen auf die Erde. Er enthält Giftstoffe, die aus den Abgasen von Autos und Fabriken stammen. Saurer Regen gilt als eine der Ursachen für das Waldsterben. Lies: Wald.

Regenbogen Es regnet noch, aber die Sonne tritt bereits aus den Wolken und bescheint die Regenwolke. Plötzlich spannt sich ein bunter Regenbogen über den Himmel. In den Regentropfen wird das Sonnenlicht in die sieben Regenbogenfarben zerlegt: Violett, Dunkelblau, Hellblau, Grün, Gelb, Orange und Rot.

Regenwald ist der ☛ Urwald in den Tropen.

Regenwurm Regenwürmer sind die wertvollsten Bodenbewohner. Sie fressen Röhren in das Erdreich. Die Erde scheiden sie als feine Klümpchen wieder aus. So düngen und durchmischen sie den Boden. Nachts kommen sie aus ihren Erdröhren und holen sich Blätter und modernde Pflanzenteile, die sie unter die Erde ziehen und fressen. Regenwürmer leben zu Tausenden im Ackerland. Den Winter verbringen sie in einer Art Winterstarre. Starke Regengüsse treiben die Regenwürmer an die Erdoberfläche. Wahrscheinlich kommt daher ihr Name.

Regierung Jeder Staat hat eine Regierung. Sie führt und verwaltet den Staat. In einer ☛ Demokratie bestimmt das Volk, wer das Land regieren soll. Es wählt (meist alle vier Jahre) die ☛ Abgeordneten, die im Parlament die Gesetze beraten und beschließen und die Regierung kontrollieren. Deutschland, Österreich und die Schweiz sind Bundesstaaten, sie haben eine Bundesregierung. An ihrer Spitze steht der Bundeskanzler. Mit ihm arbeiten die ☛ Minister. Es gibt auch Staaten, in denen ein Einzelner oder eine Gruppe regiert, sie üben eine Gewaltherrschaft aus, eine Diktatur. Eine solche Regierung bedeutet immer Unterdrückung für die Menschen. Lies auch: Partei.

Reh In der Abenddämmerung kann man am Waldrand die zierlichen Rehe beobachten, wie sie Blätter, Gräser und junge Triebe äsen. Tagsüber halten sie sich im dichten Gehölz auf. Das Reh ist mit dem Hirsch nahe verwandt. Das Sommerfell ist rotbraun, das dichtere Winterfell graubraun und hat einen weißen Fleck („Spiegel") um das Stummelschwänzchen. Der Rehbock hat ein Geweih, es wird jeden Herbst abgeworfen. Das weibliche Reh, die Ricke, bekommt ein bis zwei Junge im Jahr. Die Kitze sind weiß getupft. Rehe dürfen nur in bestimmten Monaten gejagt werden.

Reiher sind so wie die Störche große Schreitvögel. Sie leben in Wassernähe. Mit ihren langen Stelzbeinen schreiten sie langsam durch Sumpfwiesen und seichtes Wasser. Wenn sie auf Beute lauern, stehen sie oft lange bewegungslos da. Mit ihrem langen, spitzen Schnabel stoßen sie dann blitzschnell zu. Reiher fressen Fische, Frösche und andere kleinere Wassertiere. Sie nisten in Gruppen auf hohen Bäumen oder im Schilf. Im Winter ziehen sie in wärmere Länder. Bei uns kommen Fischreiher, Purpurreiher (siehe Bild) und Silberreiher vor. Leider sind diese Tiere heute schon selten geworden, sie stehen unter Naturschutz.

r

Reim „Steigt ein Büblein auf den Baum, ei, so hoch, man sieht es kaum!“ Das sind zwei Verszeilen eines Gedichtes, die sich reimen. Sie enden mit zwei Wörtern, die gleichklingen: Baum – kaum. Versuche auch, Reimwörter zu finden, zum Beispiel: fein – , Herz –, singen –. Doch nicht jeder, der reimen kann, ist ein Dichter, und nicht jedes Gedicht ist gereimt.

Reiten Als es noch keine Fahrzeuge gab, wie wir sie heute kennen, war Reiten die einzige Möglichkeit, schnell voranzukommen. Schon vor 4000 Jahren gab es Reitervölker, die in andere Länder einfielen und Kriege führten. Die ☛ Ritter, die auf den Burgen lebten, ritten hoch zu Roß in den Kampf oder zogen reitend durch die Lande. Und wer könnte sich Indianer und Cowboys ohne Reiten vorstellen? Heute wird Reiten als Sport betrieben. Lies: Pferd, Pferdesport.

Reis Reisspeisen essen wir gern: Milchreis, gedünsteten Reis, Gemüsereis, Reisfleisch. Reis ist neben Weizen das wichtigste ☛ Getreide. Er wächst in den warmen Ländern. Der meiste Reis wird in Asien angebaut: in China, Indien, Indonesien und Thailand. Dort ist er Hauptnahrungsmittel der Menschen. Der Reis wird auf Feldern gepflanzt, die unter Wasser stehen. Nach der Ernte wird er meist geschält und poliert. So erhält er seine weiße Farbe, verliert aber den größten Teil seiner Vitamine. Menschen in Asien, die hauptsächlich von geschältem Reis leben, werden krank. Auch wir sollten möglichst oft ungeschälten, braunen Reis essen.

Reklame ist ☛ Werbung.

Rekord Ralf ist 1,10 m hoch gesprungen. Er ist der Beste der Klasse, er hat einen Klassenrekord im Hochspringen aufgestellt. Der beste Springer der Welt hat einen Weltrekord aufgestellt. Rekorde gibt es aber nicht nur im Sport. Wer in der Klasse die meisten Bücher gelesen hat, hat einen Leserekord aufgestellt.

Rennfahrer Beim Rennfahren entscheidet die Geschwindigkeit. Wer am schnellsten fahren kann, ist Sieger. Im Fernsehen kann man Autorennen, Motorradrennen und Radrennen sehen. Bei Autorennen fahren die Rennfahrer in Rennautos, die eine große Geschwindigkeit erreichen können. Die Rennfahrer tragen Schutzhelme mit splitterfreien Brillen und eine Bekleidung, die nicht Feuer fängt. Motorradrennen verlangen vom Rennfahrer große Geschicklichkeit. Rennfahren ist sehr gefährlich, es gibt oft tödliche Unfälle. Ralf möchte auch gerne Rennfahrer werden, aber nicht mit dem Auto, sondern mit dem Fahrrad. Lies: Radsport.

Rentier, auch Ren genannt, ist eine Hirschart, die in den Wäldern und baumlosen Steppen des hohen Nordens lebt. Die Nahrung der Rentiere sind Gräser, Moose, Flechten und niedrige Sträucher. Männchen und Weibchen tragen ein Geweih, das sie jedes Jahr abwerfen. Rentiere können gut laufen und schwimmen. Die Menschen in Nordeuropa, die Lappen, halten die Rentiere in großen Herden. Sie sind ihre Zug- und Tragtiere und liefern Milch und Fleisch. Aus dem Fell werden Kleidung und Zelte gemacht. Das nordamerikanische, wildlebende Rentier heißt Karibu.

Reporter Im Fernsehen wird ein Fußballspiel übertragen. Ein Reporter berichtet ausführlich über das Spiel. Plötzlich ruft er: „Tor! Tor!“ Die Zuschauer jubeln. Reporter bringen im Rundfunk und Fernsehen Berichte über Sport, Politik und gesellschaftliche Veranstaltungen. Zeitungsreporter berichten über Neuigkeiten und Ereignisse aus aller Welt.

Reptilien sind Kriechtiere. Sie bewohnten bereits vor vielen Millionen Jahren unsere Erde. Ihre Haut ist mit Hornschuppen bedeckt. Zu ihnen zählen: Eidechsen, Schlangen, Krokodile, Schildkröten, Chamäleons. Auch die größten Tiere der Erde, die ausgestorbenen Saurier, waren Reptilien. Je wärmer ein Land, umso mehr Reptilien gibt es dort.

Republik ist eine Staatsform, in der es keinen Kaiser oder König gibt. Das Volk wählt seine Vertreter, diese bilden die ☛ Regierung. Das Staatsoberhaupt einer Republik ist ein gewählter Präsident. Deutschland, Österreich und die Schweiz sind Republiken.

Restaurant ist ein Speiselokal. Rita geht mit den Eltern gerne in ein Restaurant. Da wählt sie sich aus der Speisekarte aus, was sie essen möchte. Der Tisch ist schön gedeckt. Ein Servierfräulein bringt die Speisen, ein junger Kellner die Getränke. Besonders gut schmeckt ihr der Nachtisch, der auf der Speisekarte Dessert (sprich: deßér) genannt wird. Zuletzt verlangt der Vater vom Ober die Rechnung.

Rettich ist ein Wurzelgemüse. Am liebsten mag Ralf die runden roten Radieschen. Er schneidet sie in dünne Scheiben und streut etwas Salz darauf. Der weiße Rettich, auch „Radi" genannt, hat eine zapfenförmige Wurzel, der schwarze Winterrettich ist dick und birnenförmig.

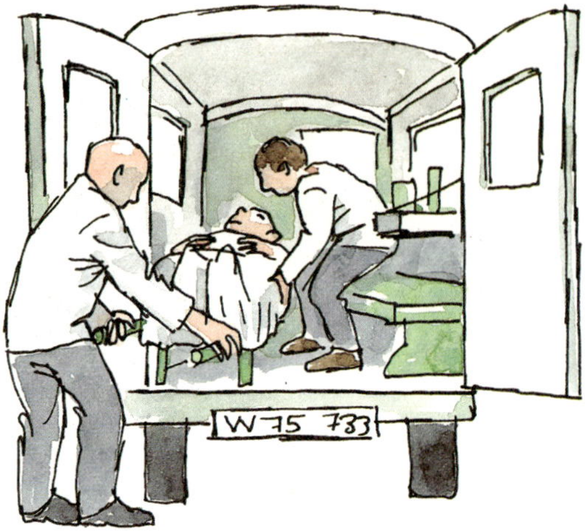

Rettung Sie hilft Menschen in Not und Lebensgefahr. Die „Rettung" bringt Kranke oder Verunglückte mit dem Rettungswagen ins Krankenhaus. Im Schwimmbad wacht ein Rettungsschwimmer, daß niemand ertrinkt. Die Bergrettung rettet oft unter eigener Lebensgefahr Menschen, die beim Bergsteigen verunglückt sind. Im Rettungsdienst arbeiten viele freiwillige Helfer mit. Die größte Hilfsorganisation weltweit ist das ☛ Rote Kreuz.

Revolution Wenn die Menschen eines Landes mit ihrer Regierung unzufrieden sind, kann es zu einem gewaltsamen Aufstand kommen, zu einer Revolution. Eine friedliche Revolution hat 1989 in den ehemaligen Ostblockstaaten die kommunistische Herrschaft beendet. Dadurch wurde die Wiedervereinigung Deutschlands möglich. – Im 19. Jahrhundert fand eine industrielle Revolution statt. Sie hat unser Leben durch revolutionäre Erfindungen verändert.

Rezept „Wer will guten Kuchen backen,
der muß haben sieben Sachen:
Eier und Schmalz,
Butter und Salz,
Milch und Mehl,
Safran macht den Kuchen gelb."

Dieses alte Rezept genügt aber der Mutter nicht. Sie will genau wissen, wie viele Eier, wieviel Butter, Milch und Mehl sie nehmen muß. In ihren Kochbüchern sind viele erprobte Rezepte gesammelt. – Der Arzt schreibt für den Kranken ein Rezept. Damit kann dieser in der Apotheke die Medizin kaufen, die er braucht.

Rhein Dieser größte Fluß Deutschlands ist mehr als 1300 km lang. Er entspringt in der Schweiz und fließt durch den Bodensee. Bei Basel verläßt der Rhein die Schweiz und fließt durch Deutschland. In Süddeutschland bildet er die Grenze zu Frankreich. In den Niederlanden mündet er mit einem breiten Delta in die Nordsee. Am Rhein liegen viele Weinorte und große Städte, wie Mainz, Bonn, Köln, Düsseldorf und Rotterdam. Der Rhein ist die meistbefahrene Schiffahrtsstraße Europas. Die Abwässer der vielen Fabriken an seinen Ufern haben sein Wasser stark verschmutzt.

Richter sind vom Staat eingesetzte Rechtsprecher. Sie leiten die Gerichtsverhandlungen und sprechen das Urteil. Dabei sind sie völlig unabhängig, das heißt, niemand darf sie beeinflussen, sie sind nur an Gesetz und Recht gebunden.

Riesen kommen in Märchen und Sagen vor. Sie sind viel größer und stärker als andere Menschen. Rübezahl war ein solcher Riese, er hat den Menschen oft geholfen. Einen recht einfältigen Riesen hat das tapfere Schneiderlein im Wettkampf überlistet. Andere Riesen sind oft bösartig und richtige Ungeheuer. – Robert sieht im Fernsehen ein Basketballspiel. „Die Spieler sind aber riesengroß", sagt er. Beim Basketballspiel ist es gut, wenn die Spieler groß sind. Sonst aber haben es „Riesen" nicht immer leicht. Kannst du das verstehen?

Riesenschlangen sind wirkliche Riesen unter den Schlangen. Die größte ist die Anakonda, die bis zu zehn Meter lang wird. Sie bewohnt das Amazonasgebiet in Südamerika und lebt im Wasser und auf Bäumen. Auch die Pythons in Afrika und Indien sind Riesenschlangen. Sie sind alle nicht giftig. Sie umschlingen ihre Beute und erdrücken sie. Dann verschlingen sie das ganze tote Tier und verfallen in eine lange Verdauungsruhe.

Rinder sind die wichtigsten Haustiere des Menschen. Sie versorgen uns mit Milch und Fleisch, ihre Haut wird zu Leder verarbeitet. In manchen Ländern helfen sie noch als Zugtiere bei der Feldarbeit. Das Hausrind stammt vom Ur oder Auerochsen ab, er ist schon seit langem ausgestorben. Rinder fressen nur Pflanzen. Sie sind Wiederkäuer, das heißt, das gefressene Grünfutter kommt nach einer Weile noch einmal in das Maul zurück und wird wieder gekaut. Die Rinder liegen dabei behaglich auf der Weide oder im Stall. Auch Schafe und Ziegen sind Wiederkäuer. Das weibliche Rind heißt Kuh, das männliche Stier oder Bulle, das junge Rind heißt Kalb. Der Ochse ist ein männliches Rind, das operiert wurde, damit es sich nicht fortpflanzen kann. Ochsen sind starke Arbeitstiere. Auch die Büffel in Asien und Afrika und der Bison oder Wisent in Amerika sind Rinder.

Ringelnatter Auf einer feuchten Waldwiese neben dem Bach hat Ralf eine Schlange entdeckt. Erschrocken bleibt er stehen. „Du brauchst dich nicht zu fürchten", sagt der Vater. „Es ist eine Ringelnatter. Sie ist nicht giftig. Du kannst sie an den zwei gelben Flecken am Hinterkopf erkennen." Ringelnattern kommen bei uns häufig vor. Sie werden mehr als einen Meter lang und können gut schwimmen, aber auch klettern. Sie fressen Frösche, Kröten und Fische, die sie meist lebend verschlingen. Den Winter verbringt die Ringelnatter in Erdlöchern in Kältestarre.

Ringelspiel nennt man in Österreich das ☛ Karussell.

Ritter lebten im ☛ Mittelalter. Sie zogen für ihren Fürsten in den Krieg. Dafür erhielten sie Land als Lehen. Bearbeitet wurde dieses Land von leibeigenen Bauern. Die mußten auch mithelfen beim Bau der ☛ Burg, in der der Ritter mit seiner Familie und seinen Gefolgsleuten wohnte.
Der Sohn des Ritters diente als Page auf einer benachbarten Burg und, lernte lesen, schreiben und ritterliches Betragen. Mit 14 Jahren wurde er Knappe und lernte Reiten, Armbrustschießen, Lanzenstechen und Fechten. Mit 18 wurde er „zum Ritter geschlagen". Treue, Mut und Großherzigkeit waren die höchsten ritterlichen Tugenden. Ein Ritter sollte Schwachen helfen und alle bekämpfen, die den Frieden bedrohten. Ritter kämpften zu Pferde. Ihre Ausrüstung bestand aus einer eisernen Rüstung, das ist ein Panzer und ein Helm mit Sehschlitzen (Visier genannt), aus Schild und Lanze oder Schwert.
Zu Festen waren Spielleute, Gaukler und Sänger geladen. Ein Turnier wurde veranstaltet. Man kämpfte in voller Rüstung. Zwei Ritter ritten aufeinander zu und versuchten, mit der Lanze den andern aus dem Sattel zu stoßen. Dem Sieger überreichte die Burgherrin einen Preis.
Als die Feuerwaffen erfunden wurden, war die große Zeit der Ritter vorbei. Viele Burgen wurden zerstört. Manche Ritter erbauten sich ein Schloß, manche verarmten. Einige wurden Raubritter, die fahrende Kaufleute beraubten. Die Burgen der Ritter sind verfallen, aber ritterliches Benehmen ist heute noch gefragt.

Robben sind Säugetiere, die im Wasser leben. Ihre Füße sind zu Flossen umgebildet. An Land sind sie unbeholfen, im Wasser aber schnell und beweglich. Robben leben in Gruppen an nördlichen Meeresküsten und fressen vor allem Fische. Zur Fortpflanzung kommen sie an Land. Zu den Robben gehören der ☛ Seehund, der ☛ Seelöwe, der Seebär und das dicke Walroß. Wegen ihres Felles wurden Robben viel gejagt. Sie sind vom Aussterben bedroht und stehen unter Naturschutz.

Robinson ist der Held des berühmten Abenteuerbuches „Robinson Crusoe“ (sprich: robinsn krusou), das der englische Dichter Daniel Defoe vor fast 300 Jahren geschrieben hat. Robinson wird als Schiffbrüchiger auf eine unbewohnte Insel geschwemmt. Aus den Trümmern des Schiffes kann er nur wenig bergen. Nun muß er ganz allein für sich sorgen: Er baut sich eine Hütte, geht mit seinem Gewehr auf die Jagd und macht sich seine Kleidung. Eingeborene greifen seine Insel an, aber er kann sie abwehren. Einen von ihnen nimmt Robinson bei sich auf. Erst nach 28 Jahren kommt ein Schiff vorbei und bringt Robinson in die Heimat zurück. Die Erzählung von Robinsons Abenteuern wird immer noch sehr gern gelesen.

Roboter sind automatische Maschinen, die selbständig Arbeiten verrichten. In modernen Autofabriken machen Roboter alle notwendigen Handgriffe und bauen die Autos zusammen. In Filmen sind Roboter in Menschengestalt zu sehen. Diese Blechmenschen können aber nicht selbst denken und handeln, sie sind elektronisch gesteuerte Automaten.

Rollschuhe Rollschuhlaufen ist ähnlich wie das Eislaufen. Man braucht aber keine Eisfläche dazu, sondern läuft auf ebenen Wegen auf vier kleinen Rollen flott dahin. Auf Autostraßen ist Rollschuhlaufen verboten. Im Rollsport werden auch Wettbewerbe im Schnellaufen und im Kunstlauf ausgetragen.

Rolltreppe Im Kaufhaus gibt es eine lustige Treppe: sie läuft ununterbrochen. Stufe um Stufe kommt aus dem Fußboden heraus. Du brauchst dich nur auf eine Stufe zu stellen, und schon geht es hinauf. Oft gibt es daneben eine andere Treppe, die hinunter fährt. Paß aber auf, daß du den Ausstieg nicht verpaßt, sonst liegst du auf der Nase! Rolltreppen gibt es auch in Bahnhöfen, U-Bahn-Stationen und Flughäfen.

Röntgenstrahlen Vor rund hundert Jahren hat der deutsche Gelehrte Wilhelm Conrad Röntgen diese geheimnisvollen unsichtbaren Strahlen entdeckt. Sie durchdringen die Haut und die Muskeln und können auf einem Leuchtschirm oder einem Film sichtbar gemacht werden. Die Röntgenaufnahme eines Menschen sieht aus wie das Schattenbild seines Skeletts. Solche Röntgenbilder geben den Ärzten wichtige Hinweise. Man kann nicht nur Knochenbrüche und Zahnschäden sichtbar machen, sondern auch krankhafte Veränderungen der Organe. Röntgenstrahlen sind aber nicht ungefährlich. Der Arzt schickt deshalb seine Patienten nur dann zum Röntgenisieren, wenn es unbedingt notwendig ist. Die Röntgenärzte selbst schützen sich durch eine undurchdringliche Schutzkleidung.

Rose Man nennt sie die Königin der Blumen. Sie ist Sinnbild der Liebe und der Schönheit. Rosen blühen in verschiedenen Größen und Farben. Die meisten Sorten haben einen köstlichen Duft. Aber jede Rose hat ihre Dornen. Rosen wurden aus Wildrosen gezüchtet. So eine Wildform ist die ☛ Heckenrose. Aus den Blütenblättern der Rosen werden Duftstoffe (Parfüm) gewonnen.

Rosinen „Das Beste am Kuchen sind die Rosinen", sagt Riki. Rosinen sind getrocknete Weinbeeren aus den Mittelmeerländern. Große Rosinen aus hellen Trauben heißen Sultaninen. Aus dunklen Trauben werden die kleineren Korinthen gewonnen.

Rost Das eiserne Gartentor hat Rostflekke. Mit einem Rostschutzmittel will Vater den Schaden beheben. Eisen rostet in der feuchten Luft, der Rost zerstört das Eisen. Auf der Klinge von Roberts Taschenmesser steht „rostfrei". Der Stahl dieser Klinge rostet nicht. – Rost hat noch eine andere Bedeutung: Im Kamin gibt es den Eisenrost, auf den die Holzscheite gelegt werden. Auch beim Grillen legen wir die Fleischstücke auf den Rost, unter dem die glühenden Kohlen liegen.

Rotes Kreuz Dieses Zeichen hast du schon oft gesehen, etwa auf Krankenwagen. Das Rote Kreuz ist die größte freiwillige Hilfsorganisation der Welt. Ihr Gründer, der Schweizer Kaufmann Henri Dunant (sprich: dünan), hatte auf einem Schlachtfeld das furchtbare Leiden der Verwundeten gesehen. Daraufhin beschloß er, eine Gesellschaft zu gründen, die im Krieg und im Frieden leidenden Menschen helfen soll. Heute gibt es das Rote Kreuz fast in allen Ländern der Welt. Bei den Mohammedanern heißt es „Roter Halbmond“, in Japan „Rote Sonne“. Das Rote Kreuz hilft bei Unfällen und Katastrophen im In- und Ausland. Es sorgt für Flüchtlinge und errichtet für sie Hilfsstationen und Notzelte. Wenn in einem Land gekämpft wird, kümmert sich das Rote Kreuz um die Verwundeten und Gefangenen. Viele Menschen sind freiwillige Helfer des Roten Kreuzes. Auch die Jugend hilft mit im ☛ Jugendrotkreuz. Lies auch: Rettung.

Rotkehlchen und **Rotschwänzchen** sind Singvögel, die man bei uns häufig sehen kann. Sie gehören zu den ☛ Drosseln. Das Rotkehlchen hat an Kehle und Brust gelbrote Federn. Es baut sein Nest meist unter Sträuchern am Boden. Das Rotschwänzchen hat rostrote Schwanzfedern. Sein Nest errichtet es in Mauernischen und unter Dächern. Beide Vögel fressen Insekten und Würmer. Im Spätherbst ziehen sie in wärmere Länder.

Rüben Wenn im Herbst schon alle anderen Früchte abgeerntet sind, kann man noch die Rüben auf den Feldern sehen. Rüben sind dicke Wurzelknollen. Aus den Zuckerrüben wird in der Fabrik Zucker gewonnen. Futterrüben (auch Runkelrüben genannt) sind Winterfutter für das Vieh. Die Rote Rübe (auch Rote Bete genannt) ist ein Gartengemüse. Ihre rote runde Wurzelknolle hat einen süßlichen Geschmack. Wir essen sie gekocht als Salat und Suppe. Auch die Gelbe Rübe (Karotte oder Möhre) ist ein gesundes Wurzelgemüse. Viele Kinder essen sie gerne roh, weil sie süßlich schmeckt.

Rundfunk ist die Bezeichnung für Hörfunk und Fernsehen. Man nennt sie die elektronischen Medien. In beiden Fällen werden elektrische Wellen von einem Sender ausgestrahlt. Eine Antenne fängt die Wellen auf, die dann zum Empfänger geleitet werden. Im Radiogerät werden die Funkwellen in Töne umgewandelt, im Fernsehgerät in Bilder und Töne. In beiden Medien gibt es mehrere Programme. Fernsehen, Radio.

Rudern ist ein Wassersport. Im Urlaub am See hat Rudi einem Wettrudern zugesehen. Zuerst kamen kleine, ganz schmale Boote. In jedem saß nur ein Mann. Es waren die „Einer“. Dann kamen „Zweier“ und „Vierer“ vorbei und zuletzt die „Achter“. Acht Mann zogen da im gleichen Takt die Ruder durch das Wasser. Im Heck des Bootes kauerte der Steuermann. Es waren spannende Rennen. Ein anderes Mal durfte Rudi mit seinem Vater selbst in einem Ruderboot fahren. Dieses Boot war breiter und recht bequem. Aber es war gar nicht leicht, die zwei Ruder gleichmäßig durch das Wasser zu ziehen. Zuletzt setzte sich Rudi ans Steuer, sein Vater nahm die Ruder. Dann ging es flott dahin.

Ruine nennt man die Reste eines verfallenen oder zerstörten Gebäudes. Es gibt Burg- und Schloßruinen, die von vielen Ausflüglern besucht werden. Deutlich kann man da noch die Reste der Mauern, Türme und Befestigungsanlagen erkennen. „Ruiniere deine Schuhe nicht“, sagt die Mutter zu Ralf, der zwischen den Mauertrümmern herumstapft.

Rußland heißt das riesige Land im Osten Europas. Es ist aber nur ein Teil der ☛ Sowjetunion, der Union der Sozialistischen Sowjetrepubliken (UdSSR). Die Hauptstadt Rußlands ist Moskau.

Säge Sie ist ein Werkzeug, mit dem man Holz und andere Stoffe zerschneiden kann. Die Säge hat ein dünnes Stahlblatt mit vielen spitzen Zähnen. Beim Sägen fallen die Sägespäne zu Boden. Eine kurze Handsäge ist der Fuchsschwanz. Er hat ein breites Sägeblatt mit Handgriff und ist im Haus unentbehrlich. Die Laubsäge schneidet auch rund und eignet sich gut für Bastelarbeiten. Du kannst mit ihr Figuren aus dünnen Holzplatten ausschneiden. Der Tischler verwendet Motorsägen. Die größten Maschinensägen gibt es im Sägewerk. Sie zerschneiden dicke Baumstämme in Bretter und Balken.

Sage Sonja hat bisher am liebsten Märchen gelesen, doch jetzt gefallen ihr auch Sagen. Ähnlich wie im Märchen gibt es hier Riesen und Zwerge, Haus-, Fluß- und Waldgeister, Nixen, Hexen, Drachen, Zauberer und Teufel. Aber Sagen erzählen von Orten, Bergen und Flüssen, die es tatsächlich gibt, knüpfen oft an etwas an, das sich vor langer Zeit zugetragen hat, oder handeln von Menschen, die wirklich gelebt haben. Doch alles ist phantasievoll umgestaltet. So ranken sich um den deutschen Kaiser Friedrich Barbarossa viele Sagen: Er schläft als Kaiser Rotbart im Berg Kyffhäuser, aber auch im Untersberg bei Salzburg. Alle Völker haben Götter- und Heldensagen, jedes Land hat seine Heimatsagen. Eine berühmte Sagengestalt ist Siegfried, der Held der Nibelungensage, der einen Drachen tötet.

Salamander gehören so wie die ☛ Frösche und Kröten zu den Lurchen. Der Feuersalamander lebt in Laubwäldern in der Nähe von Bächen. Auf seiner samtschwarzen Haut leuchten große gelbe Flecke. Nachts sucht er seine Nahrung: Würmer, Schnecken, Insekten. Bei regnerischem Wetter kannst du ihn auch bei Tag sehen. Die Weibchen legen ihre Eier im Wasser ab. Der Alpensalamander lebt im Gebirge, er bringt lebende Junge zur Welt.

Salat Zu vielen Mahlzeiten essen wir gern Salat. Es gibt verschiedene Salatpflanzen, wie Kopfsalat und Endiviensalat. Auch Kartoffeln, Tomaten, Gurken und anderes Gemüse werden als Salat gegessen. Salat wird mit einer Salatsoße, meist aus Salz, Essig und Öl, zubereitet.

Salbei ist eine wertvolle Heilpflanze, die in jedem Garten gepflanzt werden sollte. Bei Zahnweh oder Halsweh spülst du mit Salbeitee, der aus den getrockneten Blättern zubereitet wird. Mit Salbei werden auch Speisen gewürzt. Der Salbei hat filzige Blätter und blauviolette Blüten. Es gibt auch den Wiesensalbei.

Salz „Die Suppe schmeckt nicht gut, sie ist nicht gesalzen!“ ruft Stefan beim Mittagessen. Menschen brauchen Salz, ebenso Tiere. Schon ein altes Sprichwort sagt: „Salz und Brot macht Wangen rot.“ Doch zuviel Salz ist ungesund. Vor langer Zeit war Salz ein begehrter und kostbarer Stoff, weil es nur an wenigen Stellen der Erde gefunden wurde. Die Wege, auf denen man Salz transportierte, nannte man Salzstraßen. Das Wort „Salz“ steckt in vielen Ortsnamen, zum Beispiel Salzburg, Salzgitter. Sie sagen uns, daß an diesen Orten Salz abgebaut wurde. Heute gibt es Salz im Überfluß. Das Salz, das die Mutter verwendet, kommt aus dem Salzbergwerk. Es wird mit Wasser aus dem Steinsalz ausgelaugt. Die Salzlösung wird in die Saline geleitet und dort verdampft, übrig bleibt das Salz. Auch aus dem Meerwasser wird Salz gewonnen.

Salto Einen Purzelbaum kann wohl jeder schlagen. Aber einen Purzelbaum in der Luft? Da muß man lange üben. Salto ist ein Luftsprung mit einer Rolle in der Luft. Silke hat im Schwimmbad gesehen, wie Turmspringer während eines Sprunges mehrere Saltos gedreht haben. Zirkuskünstler machen Saltos vorwärts, rückwärts und seitwärts mit mehrfachen Drehungen.

Samen Durch Samen vermehren sich Menschen, Tiere und viele Pflanzen. Der Bauer legt Samen in die Erde, damit daraus neue Pflanzen wachsen. Lies: Blüte.

S

Sand ist fein und weich. Es sind viele kleine Körnchen von Gestein, das verwittert und zerfallen ist. Kinder spielen gern in der Sandkiste und im Sand am Meer. Sie machen Kuchen, bauen Burgen und graben Wasserrinnen. Die Wüste ist wie ein Meer aus Sand. Der Wind weht den Sand auch über grünes Land und deckt es zu (☛ Dünen). Der Maurer braucht Sand zum Bereiten von Mörtel und Beton. – Am Abend kommt das Sandmännchen und streut den Kindern Sand in die Augen, damit sie einschlafen. Stimmt das?

Sardine Silke ißt gerne Ölsardinen. Man kann sie in Dosen kaufen. Sardinen sind kleine Heringsfische (☛ Hering), die in großen Schwärmen an den europäischen Meeresküsten leben.

Satellit ist ein Himmelskörper, der einen ☛ Planeten umkreist. Der Mond zum Beispiel ist ein Satellit der Erde. Es gibt auch künstliche Satelliten. Mit Hilfe von ☛ Raketen werden sie in den Weltraum gebracht und umkreisen längere Zeit die Erde. Sie dienen meist zur Beobachtung des Wetters oder zur Übermittlung von Nachrichten. Lies: Raumfahrt.

Sauerstoff ist in der ☛ Luft enthalten. Er ist ein Gas, das man nicht sehen und nicht riechen kann. Alle Menschen und die meisten Tiere brauchen Sauerstoff zum Leben. Sie atmen ihn ein (☛ Lunge). Sauerstoffarme Luft ist ungesund. Lüfte deshalb dein Zimmer öfter am Tag. Pflanzen geben an die Luft Sauerstoff ab und nehmen einen Teil der schlechten Luft auf. Deshalb sind Pflanzen, vor allem die großen Bäume, für die Verbesserung der Luft so wichtig. Auch Feuer braucht Sauerstoff zum Brennen.

Säugetiere bringen meist lebende Junge zur Welt und ernähren sie mit Muttermilch. Auch der Mensch ist ein Säuger. Zu den Säugetieren gehören: Raubtiere, Nagetiere, Wale, Rinder, Schweine, Schafe, Ziegen, Pferde, Hirsche, Kamele, Elefanten, Maulwürfe, Igel, Fledermäuse, Känguruhs und andere.

Saurier sind ☛ ausgestorbene Tiere. Sie sind Rieseneidechsen, die vor vielen Millionen Jahren unsere Erde bewohnten. Die größten waren die Dinosaurier. Sie waren bis zu 30 m lang und so hoch wie ein Baum. Die meisten haben sich von Pflanzen ernährt. Es gab auch Fischsaurier, die im Meer lebten, und Flugsaurier, die wie Riesenvögel in der Luft flogen. Knochengerüste von Sauriern kannst du im Museum sehen.

Schachspiel ist ein Brettspiel, bei dem der König die Hauptfigur ist. „Schach" kommt vom persischen Wort „Schah", das heißt König. Das Schachbrett hat 32 weiße und 32 schwarze Felder. Zwei Spieler sitzen einander gegenüber: der eine spielt mit 16 weißen, der andere mit 16 schwarzen Figuren. In der ersten Reihe stehen König, Dame, zwei Läufer, zwei Springer, zwei Türme, in der Reihe davor acht Bauern. Jede Figur bewegt sich anders. Sieger ist der Spieler, dem es gelingt, den König des Gegners „matt" zu setzen, das heißt, ihn so anzugreifen, daß er auf kein Feld mehr ausweichen kann. Silke weiß, daß man beim Schachspiel viel nachdenken muß.

Schaf Es ist ein uraltes Haustier. Schafe geben uns Wolle, Fleisch, Milch und Felle. Das männliche Schaf heißt Widder, das Junge heißt Lamm. Schafe werden geschoren. Die beste Wolle liefert das Merinoschaf. Vom Karakulschaf stammt das wertvolle Persianerfell. Große Schafherden gibt es in Ländern mit weiten Weideflächen, zum Beispiel in Australien.

Schäferhund Dieser Hirtenhund wurde gezüchtet, um Schafherden zusammenzuhalten. Am bekanntesten ist der Deutsche Schäferhund. Sein Fell ist oft wolfsgrau, deshalb nennt man ihn auch Wolfshund. Er ist ungefähr 60 cm hoch und hat einen herabhängenden Schwanz, die Rute. Der Belgische Schäferhund ist schwarz oder rehbraun und langhaarig. Schäferhunde bewachen Haus und Hof, sind treue Begleiter von Blinden und kluge Polizeihunde. Sie helfen auch bei der Suche nach Verschütteten.

Schaffner „Einsteigen!" ruft der Schaffner. Er trägt eine Uniform. Gleich darauf schließen sich die Türen der Waggons, und der Zug fährt ab. Der Schaffner kontrolliert und markiert die Fahrkarten der Fahrgäste. Er gibt auch Auskunft, wann der Zug in einer bestimmten Station ankommt, ob man umsteigen muß und wann man mit dem nächsten Zug weiterfahren kann.

Schallplatte Das ist eine kreisrunde Scheibe aus Kunststoff, in die feine Rillen eingeritzt sind. Legt man sie auf einen Plattenspieler und setzt den Tonarm auf, dann ertönt die Musik oder die Stimmen, die in den Schallrillen aufgezeichnet sind.

Schattenspiel Onkel Karl ist ein Zauberer. Er kann seine Hände und Finger so halten, daß ihr Schatten an der Wand allerlei Gestalten zeigt. Mit ein wenig Geschicklichkeit können auch wir Schattenspiele vorführen. Wir spannen in der geöffneten Tür ein Leintuch und beleuchten es mit einer starken Lampe. Zwei Schattenspieler stehen zwischen Lampe und Tuch und spielen eine Szene beim Arzt. Die Zuschauer hinter dem Tuch sehen ihre Schatten: „Herr Doktor, ich habe starke Schmerzen im Hals und im Bauch." – „Setz dich auf den Stuhl", sagt der Arzt. „Jetzt mach den Mund ganz weit auf!" Er greift tief hinein und holt Löffel, Gabel und Messer heraus. Die Zuschauer lachen und staunen. Wie hat er das nur gemacht? Ganz einfach: Seine Hand greift nicht in den Mund, sondern außen am Kopf vorbei. Dabei holt er die Gegenstände herauf, die hinten am Stuhl liegen.

Schere Der Schneider braucht die Schere zum Schneiden von Stoffen, der Friseur zum Schneiden des Haares. Die Mutter zerteilt das Hühnchen mit der Geflügelschere. Mit der Nagelschere schneidet man Finger- und Zehennägel, mit der Gartenschere Hecken und Blumen. Die Schere ist ein Werkzeug mit zwei scharfen Messern und zwei Grifflöchern. Mit der Schere kann man auch einen Scherenschnitt machen: Das sind Figuren, die meist aus schwarzem Papier ausgeschnitten und auf weißes Papier geklebt werden. Als es noch keine Fotografie gab, ließen die Leute Scherenschnitte von sich anfertigen.

Schaukel Im Garten hängt eine Schaukel am Baum. Sie ist mit zwei Seilen an einem starken Ast befestigt. Stefan sitzt auf dem Sitzbrett und schwingt hin und her, dabei bewegt er seine Beine auf und ab. Auf dem Spielplatz gibt es eine Wippe, das ist ein Schaukelbrett. An dem einen Ende sitzt Silke, an dem anderen ihre Freundin. Abwechselnd wippen sie auf und nieder. Der kleine Bruder hat ein Schaukelpferd. Und Vater sitzt gern in seinem Schaukelstuhl.

Scheinwerfer strahlen starkes Licht über weite Strecken. Ihre Lichtstrahlen leuchten nur nach einer Richtung. Autos, Motorräder und Fahrräder brauchen Scheinwerfer, wenn sie bei Dunkelheit über Land fahren. Der Scheinwerfer muß abgeblendet werden, wenn andere Fahrzeuge entgegenkommen oder wenn man in Ortschaften fährt. Scheinwerfer gibt es auch auf Flughäfen, Sportplätzen, im Theater und beim Film. Schöne Gebäude werden bei Nacht mit Scheinwerfern angestrahlt.

Scheune Auf jedem Bauernhof ist eine Scheune. Sie ist meist aus Holz gebaut und hat ein großes Scheunentor, durch das die hohen Erntewagen fahren können. In der Scheune lagert der Bauer Getreide, Stroh und Heu.

Schi Lies: Ski und Skilaufen.

Schiedsrichter Er leitet einen sportlichen Wettkampf und wacht darüber, daß die Spielregeln eingehalten werden. Wird gegen die Regeln verstoßen, unterbricht er das Spiel und spricht Strafen aus. Der Schiedsrichter darf keinen Spieler bevorzugen oder benachteiligen.

Schielen ist ein Augenfehler. Beide Augen blicken gleichzeitig in verschiedene Richtungen. Schielen muß vom Augenarzt behandelt werden.

①

②

③

④

Schiffe zählen zu den ältesten Fahrzeugen der Menschen. Schon in der Bibel wird berichtet, daß Noah mit vielen Tieren in der Arche, das war ein großes Schiff, die Sintflut überlebte. Der Mensch sah, daß Holz auf Wasser schwimmt. Er band mehrere Baumstämme zusammen und hatte ein ☛ Floß. Oder er höhlte einen dicken Baumstamm aus, das war der Einbaum, ein Boot, in dem er sich mit Rudern fortbewegen konnte. Andere wieder bauten ein Holzgerüst und bespannten es mit Tierfellen. Die Eskimos verwenden noch heute solche Boote, man nennt sie Kajaks. Griechen und Römer bauten Schiffe, die von vielen Sklaven gerudert wurden. Diese großen Ruderschiffe (1), die Galeeren, legten weite Strecken auf dem Meer zurück. Auch das Segel kannte man schon. Richtige Segelschiffe (2) gab es aber erst seit dem 12. Jahrhundert. Sie werden durch den Wind vorwärtsgetrieben. Mit den Segelschiffen begann die Zeit der großen Entdeckungsfahrten. Kolumbus segelte über den Atlantischen Ozean und entdeckte Amerika. Andere Seefahrer umsegelten die Erde.

Als man die ☛ Dampfmaschine erfunden hatte, wurden Dampfschiffe gebaut. Sie hatten Schaufelräder, aber meist auch noch Segel. Dampfschiffe ohne Segel gibt es erst seit der Erfindung der Schiffsschraube, das ist ein Propeller mit mehreren Flügeln. Durch seine schnelle Drehung treibt er das Schiff vorwärts. Riesige Ozeandampfer (3) verkehrten zwischen Europa und Amerika. Sie waren wie eine schwimmende Stadt, 2000 Fahrgäste hatten darin Platz.

An die Stelle der Dampfschiffe sind heute Motorschiffe getreten. Ihre Schiffsschrauben werden mit Dieselmotoren angetrieben. Sie werden meist für Vergnügungsreisen, sogenannte Kreuzfahrten, benutzt. Man wohnt hier wie in einem Hotel. Es gibt Schwimmbad, Kino, Läden und Salons für Tanz und Unterhaltung.

Viele Schiffe befahren das Meer. Die meisten sind Frachtschiffe, die Waren aus allen Teilen der Erde transportieren, und Schiffe zum Fischfang. Am größten sind die Tanker (4), die mit Öl beladen sind. Lies auch: Hafen.

Schildkröten sind Kriechtiere (☛ Reptilien) so wie die Eidechsen und Krokodile. Ihr Rücken und Bauch ist von einem Panzer umschlossen, in den sie bei Gefahr Kopf und Beine einziehen können. Schildkröten, die an Land leben, fressen vorwiegend Pflanzen, andere, die das Wasser bewohnen, Fische und Kleintiere. Meeresschildkröten kommen nur an Land, um ihre Eier im Sand zu verscharren; die Sonne brütet sie aus. Es gibt kleine und große Schildkröten. Die größte ist die Lederschildkröte. Sie lebt im Meer und wird zwei Meter lang und bis zu 600 kg schwer. Die kleineren, in Südeuropa lebenden Schildkröten werden bei uns gerne als Heimtiere gehalten. Sie brauchen viel Sonne und Wärme. Bei ihrem Winterschlaf im Keller darfst du sie nicht stören. Schildkröten können über hundert Jahre alt werden.

Schilf wächst im seichten Wasser und umgibt wie ein Gürtel Seen und Teiche. Die Halme dieser Grasart, das Schilfrohr, können bis zu 4 m lang werden. Im Schilfgürtel leben viele Wasservögel.

Schimmel Mutter öffnet ein Glas Marmelade: „Schade, die Marmelade ist verschimmelt. Wir dürfen sie nicht mehr essen.“ Silke sieht, daß auf der Marmelade weiße Flecken liegen. Schimmel wird durch Schimmelpilze gebildet. Sie überziehen Brot, Obst und andere Nahrungsmittel und erzeugen Gift. Es gibt aber auch Schimmel, der nicht schädlich ist, zum Beispiel der Schimmel in manchen Käsesorten. Aus bestimmten Schimmelpilzen stellt man Heilmittel her, sie töten ☛ Bakterien. – Es gibt noch einen anderen Schimmel: das ist ein weißes Pferd.

Schimpansen sind die kleinsten Menschenaffen und zählen zu den klügsten Tieren. Sie lassen sich leicht dressieren. Ihre Kunststücke kannst du im Zirkus bewundern. Schimpansen leben in den Urwäldern und Savannen Afrikas und halten sich vorwiegend auf dem Boden auf. Sie haben meist ein schwarzes Fell und werden etwa so groß wie ein kleiner Mensch. Schimpansen in Gefangenschaft lieben dasselbe abwechslungsreiche Essen wie der Mensch. Lies: Affen.

Schlaraffenland Wer möchte nicht gern im Schlaraffenland leben? Da sind die Häuser gedeckt mit Eierkuchen, die Wände sind aus Schweinebraten. Enten und Hühner fliegen gebraten in der Luft herum. Aus allen Brunnen fließt süßer Wein. Auf den Bäumen hängen Brezeln und süße Wecken, auf der Wiese fließt der Milchbach. Für Faulpelze ist es gerade das richtige Land. Aber wo liegt es? – Im Märchenbuch von Ludwig Bechstein!

Schlangen Viele Menschen fürchten sich vor Schlangen, sie kommen ihnen unheimlich und bedrohlich vor. Schlangen, die bei uns leben, sind jedoch meist harmlos. Viele Völker des Altertums haben Schlangen als heilig verehrt. Schlangen sind Kriechtiere so wie die ☛ Schildkröten, haben aber keine Beine. Mit ihrem langen Leib bewegen sie sich schlängelnd fort. Mit ihrer Zunge, mit der sie unaufhörlich züngeln, können sie riechen und ihre Beute aufspüren. Sie haben Zähne, verschlingen aber ihre Beute im ganzen, auch wenn sie größer ist als sie selbst. Giftschlangen haben Giftzähne, mit denen sie ihre Beute lähmen oder töten. Ihr Biß ist auch für Menschen gefährlich. Zu den gefährlichsten Giftschlangen zählen die Kobra oder Brillenschlange in Südasien, die Mamba in Afrika, die Klapperschlange in Amerika. Bei uns leben die ☛ Kreuzotter und die Sandviper. ☛ Riesenschlangen und die meisten Nattern, zum Beispiel die ☛ Ringelnatter, sind nicht giftig.

Schlitten Der erste Schnee ist gefallen. Silke holt ihren kleinen Schlitten, die Rodel, und mit „Hurra!“ geht's den verschneiten Hang hinunter. Schön ist es auch, mit dem Pferdeschlitten durch die verschneite Landschaft zu fahren. In den kalten Ländern werden Schlitten von Rentieren oder von Hunden gezogen. Schlitten gleiten auf Kufen. Sportler benutzen Rennrodeln oder Bobs, die auf eisigen Bahnen zu Tal rasen.

Schloß ist ein prunkvolles Wohngebäude, das sich Könige und Fürsten, aber auch reiche Bürger in früherer Zeit erbauen ließen. Königsschlösser wurden mit großer Pracht von Künstlern gestaltet. Sie liegen inmitten von weiten Parkanlagen mit Springbrunnen, Statuen und kunstvoll beschnittenen Alleen. Heute sind viele Schlösser nicht mehr bewohnt, sie sind Museen. – Es gibt auch ein anderes Schloß: Wir verschließen damit die Türen.

Schlucht Im Gebirge gibt es tiefe, enge Täler, das sind die Schluchten. Ganz unten fließt ein Fluß. Er hat sich sein Flußbett in Millionen von Jahren durch den Berg gegraben. Eine Schlucht mit steilen Felswänden nennt man Klamm.

Schlüssel Man steckt den Schlüssel in das Schlüsselloch des Schlosses. Je nachdem, wie man ihn dreht, kann man die Tür aufsperren oder zusperren. – Es gibt auch Schlüssel, die nicht sperren: Mit dem Schraubenschlüssel zieht man Schrauben fest oder lockert sie. Der Notenschlüssel ist ein Zeichen in der Musik, er steht am Anfang der Notenlinie.

Schlüsselblumen sind ☛ Primeln.

Schmetterlinge Auf blumigen Wiesen flattern viele bunte Schmetterlinge. Mit ihrem Saugrüssel saugen sie den Nektar aus den Blüten. Schmetterlinge sind Insekten, es gibt mehr als hunderttausend Arten. Ihre vier Flügel sind mit farbigen Schuppen bedeckt. Schmetterlinge legen Eier auf bestimmte Pflanzen, zum Beispiel das Tagpfauenauge auf Brennesseln. Aus den Eiern schlüpfen ☛ Raupen, sie verwandeln sich zu ☛ Puppen und diese dann zu Schmetterlingen. Es gibt Schmetterlinge, die nur nachts fliegen, zum Beispiel die kleinen Motten, die Löcher in Kleider fressen. Schmetterlinge sind nützlich, weil sie Blüten bestäuben. Ihre Raupen aber sind oft schädlich, weil sie Blätter fressen, wie die Raupen des Kohlweißlings im Garten und die der Nonne im Fichtenwald. In unseren Gärten sind Schmetterlinge infolge der giftigen Spritzmittel selten geworden.

S

Schmied Das Schmieden von Eisen ist ein uraltes Handwerk. Der Schmied bringt auf dem Schmiedefeuer Metall zum Glühen und bearbeitet es auf dem Amboß mit dem Schmiedehammer. Der Hufschmied beschlägt die Hufe der Pferde mit Hufeisen. Der Goldschmied verarbeitet Gold und andere Edelmetalle zu Schmuckstükken. Der Kunstschmied schmiedet kunstvolle Gitter, Leuchter und Schalen.

Schnecke „Geh nicht so langsam", sagt Mutter, „du kriechst wie eine Schnecke." Schnecken sind das Sinnbild der Langsamkeit. Es gibt viele tausend Arten von Schnecken. Sie leben an Land und im Wasser, die meisten im Meer. Schnecken sind so wie die ☛ Muscheln Weichtiere, sie haben keine Knochen. Die meisten tragen ein Schneckenhaus, in das sie sich zurückziehen können. Mit ihrem breiten Kriechfuß kann sich die Schnecke langsam fortbewegen. Schnecken ernähren sich meist von Pflanzen. In Weingärten und Laubwäldern lebt die Weinbergschnecke. Gekocht gilt sie als Leckerbissen. Wegschnecken haben kein Haus, sie richten in unseren Gärten oft Schaden an.

Schnee Draußen ist es kalt, Schnee ist gefallen. Alles ist von einer weißen Schneedecke zugedeckt. Die Wassertröpfchen der Wolken, die sonst als ☛ Regen zur Erde fallen, sind zu Eiskristallen gefroren. Mehrere Eiskristalle bilden eine Schneeflocke. Wenn du Schnee genau betrachtest, siehst du viele schöne sechsstrahlige Kristallsternchen. Schnee bedeutet für Kinder viel Spaß: Sie bauen Schneemänner, machen Schneeballschlachten und fahren mit dem Schlitten. Auch Skifahrer freuen sich über die weiße Pracht. Schnee ist aber auch beschwerlich und gefährlich. Er behindert den Verkehr. Schneepflüge und Schneefräsen müssen Straßen und Schienen vom Schnee säubern. In den Bergen lösen große Schneemassen ☛ Lawinen aus, die alles unter sich begraben.

Schneeglöckchen zählen zu den ersten Frühlingsboten. Oft gucken schon im Februar ihre weißen glockenförmigen Blüten aus dem Schnee. Schneeglöckchen sind mit den Narzissen verwandt.

Schnittlauch ist ein Würzkraut, das Mutter fein schneidet und auf Salate und Suppen streut. Es wächst im Garten, auch im Blumentopf am Fenster, und hat dünne röhrenförmige Blätter. Butterbrot mit Schnittlauch schmeckt gut!

Schokolade Wer ißt nicht gerne Schokolade? Sie wird aus ☛ Kakao und Zucker hergestellt. In der Milchschokolade ist Milch beigemengt, in der Nußschokolade sind Nüsse. Gefüllte Schokolade enthält eine Fruchtmasse, Nougatcreme, Marzipan oder Likör. Auch für Torten und andere Süßspeisen verwendet man Schokolade.

Schornsteinfeger heißen auch Rauchfangkehrer oder Kaminfeger. Sie sind Handwerker, die den Schornstein, durch den der Rauch abzieht, regelmäßig vom Ruß reinigen. Sie überprüfen auch die Heizungsanlagen, ob sie sicher sind. Schornsteinfeger haben eine schwarze Arbeitskleidung und tragen ihre Kehrbesen zusammengerollt über der Schulter. Zu Neujahr gelten sie als Glücksbringer.

Schreibmaschine Mit der Schreibmaschine kann man viel schneller schreiben als mit der Hand. Man drückt auf die Tasten mit den Buchstaben, ein Farbband macht die Buchstaben auf dem Papier sichtbar. Gute Maschinschreiber schreiben mit allen zehn Fingern, sie schreiben „blind", das heißt, ohne auf die Tasten zu sehen. In Büros verwendet man elektrische Schreibmaschinen und ☛ Computer.

Schrift In der Schule lernst du lesen und schreiben. Du lernst die 26 Buchstaben unserer Schrift. Sie sind im ☛ Alphabet angeführt. Mit der Schrift kannst du alles festhalten, was du denkst, was du weißt und was sich ereignet. Du kannst es jederzeit nachlesen, auch ein anderer kann es tun. Die ersten Schriften waren Bilderschriften. Jedes Bild bedeutet ein Wort. Die bekannteste Bilderschrift ist die chinesische Schrift. Sie hat Tausende von Bildzeichen. Später wurden die Wörter mit Buchstaben geschrieben, die für einzelne Laute stehen. Wir verwenden die lateinische Buchstabenschrift.

S

Schwalben Ein Sprichwort sagt: „Wo Schwalben nisten, wohnt das Glück.“ Schwalben bauen ihre Nester aus Lehmklümpchen, Halmen und Federn. Die blauschwarzen Rauchschwalben mit der braunroten Kehle bauen ihr Nest in Häuser und Kuhställe. Die Mehlschwalben mit dem weißen Bauch kleben es außen an die Hausmauer. Ihr kugeliges Nest hat oben ein kleines Schlupfloch. Schwalben sind schnelle Flieger. Sie jagen die Insekten im Flug und verzehren Millionen Fliegen und Mücken. Der tief gegabelte Schwanz dient ihnen als Steuer. Im Herbst sammeln sich die Schwalben für ihren Flug in warme Länder. „Zu Maria Geburt fliegen die Schwalben furt“, sagt eine Bauernregel. Aber Jahr um Jahr kommen sie im April auf den gleichen Nistplatz zurück.

Schwamm Dieses einfach gebaute Tier lebt meist im Meer. Es sitzt mit einem Ende am Boden fest. Der Schwammkörper hat viele kugelige Hohlräume. Der Badeschwamm, den wir benutzen, ist das wassersaugende Skelett des Schwammes. – Es gibt auch Schwämme im Wald, das sind die ☛ Pilze.

Schwan Mit seinem langen schlanken Hals und dem schneeweißen Gefieder gleitet er majestätisch auf Teichen und Seen dahin. Der Schwan ist der größte Gänsevogel. Er kann ausgezeichnet schwimmen, fliegt gut, nur auf dem Land watschelt er schwerfällig umher. Schwäne suchen „gründelnd“ nach Wasserpflanzen und Wassertieren, das heißt, sie stecken ihren Kopf tief ins Wasser. Ihre Jungen haben anfangs ein graues Federkleid.

Schwein Das Hausschwein ist für uns das wichtigste Fleischtier. Es liefert Fleisch, Speck und Schmalz. Seine dicke Haut wird zu Leder verarbeitet, die Borsten der Haut zu Bürsten. Mit seiner rüsselartigen Schnauze wühlt und gräbt das Schwein in der Erde. Der Bauer füttert es mit Kartoffeln, Rüben, Getreide und Magermilch. Das männliche Schwein heißt Eber, das Weibchen Sau, das Junge Ferkel. Das Hausschwein stammt vom Wildschwein ab. Juden und Mohammedaner essen kein Schweinefleisch.

Schweiz Die Schweizerische Eidgenossenschaft ist ein demokratischer Bundesstaat mit 23 Kantonen und drei Halbkantonen. So heißen die Bundesländer. Die Nachbarländer der Schweiz sind Deutschland im Norden, Österreich und Liechtenstein im Osten, Italien im Süden und Frankreich im Westen. Die Schweiz ist um die Hälfte kleiner als Österreich, hat aber rund 6,6 Millionen Einwohner. Die Hauptstadt ist Bern, die größten Städte sind Zürich, Basel und Genf.

Die Schweiz ist ein Gebirgsland und wird so wie Österreich von den Ketten der ☛ Alpen mit vielen schneebedeckten Berggipfeln durchzogen. Der höchste Berg, der Monte Rosa, ist 4634 m hoch. In der Schweiz erstreckt sich der größte Gletscher der Alpen, der Aletschgletscher. In den Hochtälern der Alpen liegen weltbekannte Wintersport- und Luftkurorte, wie Davos, Arosa, St. Moritz sowie Zermatt am Fuße des Matterhorns. Von besonderer Schönheit sind die im Alpenland liegenden Seen: Zürichsee, Vierwaldstätter, Thuner, Luganer und Genfer See. Der Bodensee liegt an der Grenze zu Deutschland. Inmitten der Alpen erhebt sich das Gotthardmassiv, wo die Flüsse ☛ Rhein, Rhone, Reuß und Tessin entspringen.

Im hügeligen Mittelland liegen fruchtbare Ackerbaugebiete. Große Bedeutung haben die Viehzucht und die Milchwirtschaft mit der Käseerzeugung (Emmentaler).

Die Schweiz zählt zu den wohlhabendsten Ländern der Welt. Die Industrie erzeugt hochwertige Güter. Schweizer Uhren, Arzneimittel und Schokolade haben Weltruf. Schweizer Banken haben weltweite Geschäftsverbindungen. Das Land wird im Sommer und im Winter von vielen Touristen besucht.

In der Schweiz gibt es vier Landessprachen: Deutsch, Französisch, Italienisch, Rätoromanisch. Für die meisten Schweizer ist Deutsch die Muttersprache, ihre Umgangssprache ist das „Schwyzerdütsch“ (Schweizerdeutsch).

Schwertlilie Sie heißt auch Iris und ist eine Zierstaude unserer Gärten. Die Schwertlilie hat schwertartige Blätter und blüht rot und weiß. Wildwachsende Schwertlilien gibt es an Bachufern und auf sumpfigem Grasland, sie werden bis ein Meter hoch und blühen gelb oder blau. Verwandt mit den Schwertlilien sind Krokus und Gladiole.

Schwimmen Holz, Papier und Blätter schwimmen auf dem Wasser. Sie gehen nicht unter, weil sie leichter sind als Wasser. Tiere können von Geburt an schwimmen. Der Mensch muß es lernen. Sonja hatte anfangs Angst vor dem Wasser. Aber Mutter sagt, Schwimmen ist wichtig. Es ist nicht nur gesund, es kann uns vor dem Ertrinken retten. Zuerst ist Sonja mit „Schwimmflügeln“ an den Armen im Schwimmbad geschwommen. Sie sind mit Luft gefüllt und halten den Menschen über Wasser. Inzwischen hat sie die richtigen Schwimmbewegungen gelernt und kann jetzt schon ohne Hilfe Brustschwimmen. Dabei liegt sie auf dem Bauch im Wasser, zieht Arme und Beine wie ein Frosch an, stößt dann die Arme nach vorne und die Beine nach hinten: sie schwimmt. Jetzt übt sie Rückenschwimmen. Kraul- und Delphinschwimmen sind die schnellsten Schwimmarten. – Schwimmen kann aber auch gefährlich sein. Auch gute Schwimmer müssen deshalb die Baderegeln einhalten: Geh nicht gleich nach dem Essen ins Wasser. Wenn du erhitzt bist, kühle dich vorher ab. Spring nie in unbekannte Gewässer. In Flüssen, Seen und im Meer gibt es Strömungen, die den Schwimmer abtreiben oder in die Tiefe ziehen.

S

Seehund Er gehört zur Familie der ☛ Robben und bewohnt die Küsten der nördlichen Meere. Seehunde atmen durch Lungen und können kaum länger als 10 Minuten unter Wasser bleiben. Wegen des begehrten Fells werden viele Seehundbabys grausam ermordet. Für die Eskimos sind Seehunde lebensnotwendig. Sie liefern ihnen Nahrung und Kleidung. Seehunde sind streng geschützt.

Seelöwen haben im Unterschied zum Seehund kleine Ohren (sie heißen deshalb auch Ohrenrobben) und vier Flossen, mit denen sie wie mit Füßen geschickt laufen können. Sie gehören ebenfalls zur Familie der ☛ Robben und tummeln sich in dichten Herden an bestimmten Küstenplätzen Nordamerikas. Seelöwen sind sehr gelehrig und lassen sich leicht dressieren. Man kann sie oft im Zirkus sehen, wie sie mit Bällen jonglieren oder andere Kunststücke vorführen.

Seerosen Auf dem Teich schwimmen große breite Blätter und wunderschöne weiße Blüten der Seerosen. Die langen Blattstengel reichen bis zum schlammigen Grund. Die Blüten öffnen sich am frühen Morgen und schließen sich am Abend. Die kleinere Teichrose hat gelbe kugelförmige Blüten. Seerosen stehen unter Naturschutz. Die Seerose der tropischen Länder ist die Lotosblume. Die alten Ägypter verehrten sie als heilig. Auch in China und Indien gilt sie als heilige Pflanze. Die größte Seerose gibt es in Südamerika. Es ist die Victoria regia. Ihre Blätter werden mehrere Meter breit. Sie blüht nur zwei Nächte lang.

Segeln Zum Segeln braucht man ein Segelboot. Es hat einen Mast mit einem Segel aus starkem Segeltuch und wird durch den Wind vorwärtsgetrieben. Segeln ist ein Sport, aber auch eine Kunst, die gelernt werden muß. Man muß wissen, wie das Segel gehißt, das heißt am Mast befestigt und hochgezogen wird. Das richtet sich immer nach dem Wind. Der Wind bestimmt auch den Kurs des Segelbootes. Will man gegen den Wind fahren, muß das Boot ständig im Zick-Zack segeln, man nennt das kreuzen. Eine Wettfahrt zwischen Segelbooten heißt Regatta. Dem Segeln ähnlich ist das Windsurfen (sprich: windsörfen). Man steht auf einem langen Brett und läßt sich mit Hilfe eines Segels durch den Wind vorwärtstreiben. Segelschiffe haben mehrere Masten mit Segeln. Lies: Schiffe.

S

Seide Mutters neues Kleid fühlt sich ganz weich und zart an, und seine Farben glänzen. „Es ist auch etwas Besonderes“, sagt sie, „es ist aus Seide.“ Seide wird aus einer Naturfaser hergestellt, die ein kleiner Schmetterling liefert: der Seidenspinner. Seine Raupen nähren sich von den Blättern des Maulbeerbaumes. Wenn die Raupen zur Puppe werden, spinnen sie einen langen dünnen Faden und wickeln sich darin ein. Dieser Seidenfaden ist oft mehrere Kilometer lang. Man kann ihn abwickeln, zu Garn spinnen, färben und schließlich daraus einen Stoff weben: die Seide. Diese Kunst war in alter Zeit ein Geheimnis der Chinesen. Seide aus China war eine besondere Kostbarkeit. Später wurden auch in Frankreich und Italien Seidenraupen gezüchtet. Kunstseide, die der Seide ähnlich ist, wird aus Kunstfasern hergestellt und ist billiger.

Seife brauchen wir zum Waschen. Sie wird aus pflanzlichen und tierischen Fetten hergestellt. Meist werden Duftstoffe beigemengt, dadurch riecht die Seife angenehm. Susi kennt ein schönes Spiel: Sie löst ein Stückchen Seife in einem Becher auf. Mit einem Trinkhalm saugt sie ein paar Tröpfchen der Seifenlösung an und bläst vorsichtig in den Halm. Und siehe da, viele buntschillernde Seifenblasen schweben wie kleine Lufballons lustig davon.

Seilbahn Mit der Gondel der Seilbahn fahren Wanderer und Skifahrer auf den Berg hinauf. Die Gondel hängt an einem dicken Drahtseil. Von einem anderen Seil, dem Zugseil, wird sie den Berg hinaufgezogen. Von der Bergstation sieht man weit ins Land hinein. Auch Sessellifte und Schlepplifte für Skifahrer sind Seilbahnen. Seilbahnen gibt es in vielen Ferienorten im Gebirge. Sie ersparen den Menschen den mühsamen Weg auf den Berg hinauf.

Sekunde ist ein winziger Teil der ☛ Zeit. Sprich das Wort „einundzwanzig“ deutlich aus, das dauert etwa eine Sekunde. 60 Sekunden sind eine Minute.

Senf ist eine Speisewürze, die aus den gemahlenen Samenkörnern der Senfpflanze hergestellt wird. Es gibt süßen und scharfen Senf. In manchen Gegenden heißt er Mostrich.

Seuchen Im Mittelalter sind oft Seuchen ausgebrochen, so die ☛ Pest und die Cholera. Diese furchtbaren, ansteckenden Krankheiten haben manchmal ganze Städte ausgerottet. Auch heute noch können Seuchen ausbrechen, wenn verdorbene Lebensmittel gegessen werden oder Trinkwasser getrunken wird, das Krankheitserreger enthält. Aber keine Angst, heute können die Ärzte rasch helfen!

Signal ist ein sichtbares oder hörbares Zeichen, das uns etwas mitteilen soll. Die Farben Rot, Gelb oder Grün der Verkehrsampel sagen uns, ob wir die Kreuzung überqueren dürfen oder warten müssen. Mit der Hupe im Auto oder mit der Fahrradklingel geben wir Warnsignale. Auch der Eisenbahnverkehr wird durch viele Signale geregelt.

Silber ist ein ☛ Edelmetall, aber nicht so wertvoll wie Gold. Aus Silber prägt man Münzen und verarbeitet es auch zu Schmuck. Meist wird Silber mit ein wenig Kupfer vermischt, damit es härter wird. Susanne hat eine Halskette aus Silber. Am Verschluß ist eine „Punze“ eingeprägt, das ist das Zeichen für echtes Silber.

Singvögel Mehr als die Hälfte aller Vogelarten sind Singvögel. Sie haben einen besonderen „Singapparat“, aber nicht alle singen schön. Die besten Sänger sind die Drosselvögel: Amsel, Singdrossel, Rotkehlchen und Nachtigall, aber auch Lerchen, Finken und Schwalben. Die größten Singvögel, die Raben, sind keine guten Sänger. Viele Singvögel fressen Insekten und helfen so dem Menschen im Kampf gegen Schädlinge.

Skelett Menschen und viele Tiere haben ein Knochengerüst, das ihren Körper stützt: das Skelett. Es gibt ihrem Körper die Gestalt und schützt auch die inneren Organe. Das Skelett besteht aus vielen Knochen: aus den Knochen des Schädels und der Wirbelsäule, aus dem Brustkorb, dem Schulter- und dem Beckengürtel und den Arm- und Beinknochen. Lies: Knochen.

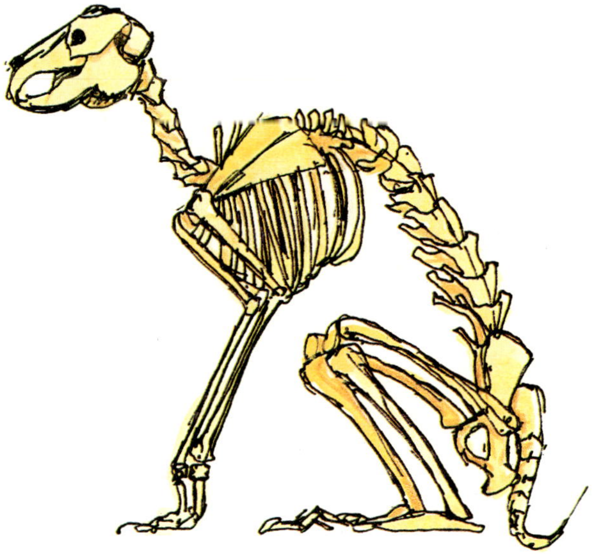

Ski (auch: Schi) Dieses Wintersportgerät stammt aus Norwegen und diente ursprünglich zum Laufen im tiefen Schnee. Skier hat man früher aus Holz hergestellt, heute sind sie meist aus Kunststoff oder Metall. Mit einer Bindung werden sie am Skischuh befestigt. Zu den „Brettern" gehören zwei Skistöcke, mit denen sich der Skifahrer abstützen kann.

Skilaufen Stefan hat einen Skikurs besucht. Zuerst haben die Kinder mit dem Skilehrer das Gehen mit Skiern geübt, danach den „Schneepflug". Nach wenigen Tagen konnten sie die Skier schon parallel (nebeneinander) führen und kleine Bogen machen. Das war ein Spaß, wenn sie hintereinander die Piste hinunterfuhren, auch wenn es öfter Stürze gab! Ein kleiner Schlepplift brachte sie wieder den Übungshang hinauf. Höhepunkt des Skikurses war eine Fahrt mit dem Sessellift auf den Berg hinauf, dann die lange Abfahrt hinunter. Zuletzt bekamen alle eine Medaille. Skifahren ist ein beliebter Wintersport, vor allem in den Alpenländern, wo es viele Pisten und Liftanlagen gibt. Aber auch Langlaufen hat bei uns viele Freunde gefunden. Auf schmalen Langlaufskiern gleitet der Langläufer auf der Loipe mit langen, schwungvollen Schritten durch die Winterlandschaft.

Sklaven In früheren Zeiten hat es bei vielen Völkern Sklaven gegeben. Sie waren unfrei und völlig rechtlos und Eigentum des Sklavenhalters. Sklaven mußten alle Arbeiten verrichten und bekamen dafür nur Essen und eine bescheidene Unterkunft. Ihre Kinder waren wieder Sklaven. Im ☛ Mittelalter ging es den Bauern bei uns nicht viel besser, sie waren „Leibeigene“ ihrer Grundherren. In Amerika gab es Sklaverei bis weit ins 19. Jahrhundert. Sklavenhändler verschleppten viele Neger aus Afrika nach Amerika und verkauften sie dort als Arbeitskräfte. Die Schwarzen, die heute in Amerika leben, sind ihre Nachkommen. Heute ist Sklaverei auf der ganzen Welt verboten, doch ganz aufgehört hat sie noch nicht.

Sonne Sie geht – scheinbar – jeden Tag im Osten auf und im Westen unter. Aber nicht die Sonne wandert, in Wirklichkeit ist sie ein Stern, um den sich die Erde und alle anderen ☛ Planeten drehen. Sie ist der Mittelpunkt unseres Sonnensystems. Im Weltraum gibt es Milliarden anderer Sonnensysteme. Unsere Sonne ist eine riesige Kugel aus glühenden Gasen, In ihrem Inneren herrscht eine unvorstellbare Hitze. Der Durchmesser der Sonne ist 110mal größer als der der Erde. Die Entfernung von der Erde beträgt 150 Millionen Kilometer. Das Sonnenlicht braucht $8\frac{1}{2}$ Minuten, bis es die Erde erreicht. Die Sonne strahlt Licht und Wärme und andere Strahlen in den Weltraum. Nur ein kleiner Teil davon trifft unsere Erde. Ohne das Licht und die Wärme der Sonne gäbe es kein Leben auf der Erde. In vielen Religionen wurde die Sonne als göttlich verehrt.

Sonnenblume Diese große Pflanze kann bis zu drei Meter hoch werden. Sie wendet ihren großen Blütenkorb, der von gelben, zungenförmigen Blütenblättern umrandet ist, immer der aufgehenden Sonne zu, daher ihr Name. Sonnenblumen werden auf Feldern angepflanzt. Aus ihren Samenkörnern wird Speiseöl gewonnen.

Sonnenfinsternis Manchmal kommt der Mond auf seiner Kreisbahn genau zwischen Erde und Sonne zu stehen. Dann wird die Sonne für kurze Zeit teilweise oder ganz verdeckt: Wir haben eine Sonnenfinsternis. Alle Menschen schauen zum verdunkelten Himmel hinauf und freuen sich, wenn die Sonne wieder auftaucht.

Sowjetunion Dieser größte Staat der Erde umfaßt ganz Osteuropa und den Norden Asiens. Viele große und kleine Völker leben dort. Die größte Teilrepublik ist ☛ Rußland. In der Sowjetunion hat sich in den letzten Jahren ein tiefer Wandel angebahnt, der die Menschen von der kommunistischen Zwangsherrschaft befreite.

sparen Stefan bekommt jede Woche Taschengeld. Einen Teil davon steckt er in sein Sparschwein. Eines Tages sagt sein Vater: „Komm, wir wollen das Geld auf ein Sparbuch legen!“ In der Sparkasse wird auf Stefans Namen ein Sparbuch ausgestellt. Die Sparkasse oder die Bank belohnt das Sparen und zahlt dem Sparer Zinsen. In der Sparkasse kann man auch Geld ausleihen. Das muß man dann mit Zinsen zurückzahlen.

Spargel ist ein Gemüse, das im Frühling auf den Markt kommt. Der Spargel wird auf Feldern mit sandigem Boden gepflanzt und mit Erde zugedeckt. Im dritten Jahr wird geerntet. Sobald die jungen Köpfe des Spargels aus dem Boden ragen, werden die Spargelstangen gestochen. Spargel gilt als Delikatesse.

Spatzen Sie werden auch Sperlinge genannt und sind kleine ☛ Singvögel mit bräunlichem Gefieder. Es gibt sie überall, auf Feldern, in Dörfern und Städten. Sie sind gar nicht scheu. Laut tschilpend hüpfen sie um das Futterkästchen, das Sabine gefüllt hat. Dort sind sie Stammkunden. Spatzen fressen Insekten und Körner, aber auch Abfälle aller Art.

Specht Im Wald hört Stefan ein lautes Klopfen: Tak-tak-tak. „Das ist ein Specht“, sagt Vater. „Er ist der Zimmermann des Waldes.“ Tatsächlich, am Stamm eines Baumes hängt ein Buntspecht (1). Sein schwarz, weiß und rot gefärbtes Federkleid ist deutlich zu sehen. Klopfend klettert er den Stamm hinauf und schlägt mit seinem kräftigen Schnabel Löcher in die Rinde. Er sucht Larven und Käfer, die er mit seiner langen Zunge aus ihren Schlupflöchern holt. Spechte bauen kein Nest, sondern hacken eine Bruthöhle in einen Baumstamm. Neben dem Buntspecht kommt bei uns der Grünspecht (2) vor. Er hält sich auch auf Wiesen auf und sucht seine Nahrung auf dem Boden. In Nadelwäldern lebt der Schwarzspecht (3), der größte von allen. Der Förster sieht Spechte gern, weil sie viele Waldschädlinge vernichten.

Spielen ist die schönste und wichtigste Beschäftigung der Kinder. Schon das Baby spielt mit den bunten Ringen und Kugeln, die an seinem Bettchen befestigt sind. Später bekommt es eine Rassel, ein Schmusetier und eine kleine Puppe aus Stoff. Immer wieder gibt es neues Spielzeug: bunte Bauklötzchen, kleine Autos, Eisenbahnen, Stofftiere, Teddybären und Puppen. Bilderlotto und Würfelspiele, bei denen man Regeln beachten muß, sind schon schwieriger. Warum spielen Kinder so gerne? „Weil man dabei etwas machen kann", sagt Susi. Geschickte Hände und ein kluges Köpfchen sind beim Spielen wichtig. Kinder haben zu allen Zeiten gespielt. Schon vor 4000 Jahren, im alten Ägypten, spielten sie mit Hampelmännern und Negerpuppen. Heute gibt es viele Spiele für jedes Alter. Nicht nur Kinder spielen gerne, auch Erwachsene. Sie spielen Kartenspiele, Brettspiele und Glücksspiele. Am schönsten ist es, wenn die Eltern mit den Kindern ein Spiel spielen. Welches Spiel spielst du am liebsten?

Spielplatz Bei schönem Wetter geht Susi auf den Spielplatz. Da gibt es eine Spielwiese mit Sandkiste, Schaukeln, Rutschen und einem Kletterturm. Susi trifft dort ihre Freunde. Sie spielen Tempelhüpfen, Blinde Kuh und Ballspiele. Auch Versteckenspielen, Schnurspringen und Federballspielen macht Spaß. Susi möchte gar nicht aufhören. Die Mutter wundert sich und fragt: „Bist du noch gar nicht müde?"

Spinnen haben acht Beine und können schnell laufen. Es gibt unzählige Arten. Am häufigsten sind bei uns die Kreuzspinne und die Hausspinne. Am Hinterleib haben sie Drüsen, aus denen sie die Spinnfäden pressen. Das sind hauchdünne, aber ganz feste Fäden. Die Spinnen weben daraus ein Netz, in dem sie ihre Beute fangen. Spinnen vertilgen Unmengen von Insekten, sie sind unentbehrliche Helfer in der Bekämpfung von Schädlingen. Für den Menschen sind sie harmlos. Nur in den Tropen gibt es große Spinnenarten, zum Beispiel die Skorpione, ihr Biß ist gefährlich.

S

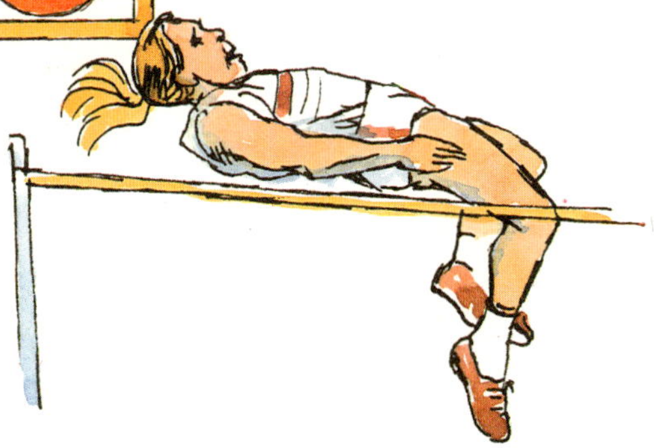

Sport Sabine und Sebastian machen mit ihren Eltern am Sonntagmorgen gern einen Waldlauf. Da schmeckt dann das Frühstück besonders gut. Der Vater spielt auch Tennis, die Mutter geht lieber schwimmen. Sabine fährt mit dem Rad, und Sebastian spielt mit seinen Freunden Fußball. Sport ist gesund, macht kräftig und fröhlich und ist eine der schönsten Freizeitbeschäftigungen für jung und alt.
Es gibt viele Möglichkeiten, Sport zu treiben: an Land und im Wasser, im Sommer und im Winter, im Freien und im Saal. Viele Kinder besuchen einen Sport- oder Turnverein. Dort gibt es einen Trainer, der die Übungen leitet. Wer Sport zum Vergnügen betreibt, muß keine Höchstleistungen erbringen. Sportler aber, die bei Wettkämpfen antreten oder sogar bei Olympischen Spielen, versuchen, Rekorde zu erzielen. Manche Amateursportler werden später Berufssportler, auch „Profisportler" genannt. Sie üben ihren Sport als Beruf aus. Die Fußballer der großen Fußballklubs gehören dazu, auch Eishockeyspieler, Tennisspieler, Golfspieler, Skiläufer. Sie verdienen meist viel Geld, müssen aber hart trainieren. Ihre Wettkämpfe sieht man oft im Fernsehen.
Sport ist keine Erfindung unserer Zeit. Schon die alten Griechen haben Sport betrieben und Wettkämpfe veranstaltet (☛ Olympische Spiele). Die meisten modernen Sportarten sind im vorigen Jahrhundert in England entstanden. England gilt deshalb als Mutterland des Sports. Von dort kommt auch der Begriff des „fair play" (sprich: fär ple), das bedeutet, daß man sich im Wettkampf sportlich, also fair verhalten muß. Ein guter Sportler freut sich, wenn er siegt, aber er kann auch verlieren.
Die bekannten Sportarten findest du in diesem Lexikon unter ihrem Namen (Stichwort). Unser Bild zeigt einige Sportarten, die man nicht so oft sieht. Kennst du sie?

Sprache Nur Menschen können sich durch Sprache verständigen. Kinder lernen ihre Muttersprache schon im frühen Alter. Zuerst lallen sie einzelne Wörter, aber bald können sie kurze Sätze sagen. Im Kindergarten sprechen die meisten Kinder schon recht gut. Es gibt mehrere tausend Sprachen auf der Welt. Wir sprechen die deutsche Sprache. Es ist gut, wenn man neben der Muttersprache noch eine andere Sprache sprechen kann. In der Schule wirst du Englisch lernen, weil man sich mit Englisch auf der ganzen Welt verständigen kann.

Sprungschanze Im Fernsehen wird ein Skispringen übertragen. Deutlich ist die große Sprungschanze zu sehen. Auf der langen Anlaufbahn rast der Springer in der Hocke hinunter und springt dann mit einem mächtigen Satz vom Schanzentisch ab. Wie ein Vogel gleitet er durch die Luft und landet schließlich auf der Aufsprungbahn. Auf großen Sprungschanzen werden Weiten von mehr als 100 Metern erreicht.

Spur In der Nacht ist Schnee gefallen. Am Morgen sind im Garten Spuren zu sehen. „Da ist eine Katze gelaufen", sagt der Vater, „und dort sind Spuren von Krähen." Jedes Tier hinterläßt eine andere Spur. Der Förster erkennt die Spuren von Hasen, Rehen, Hirschen oder Wildschweinen. Die Spuren des Wildes nennt man ☛ Fährten. Auch Menschen hinterlassen Spuren, nicht nur im Schnee. „Der Einbrecher hat viele Spuren hinterlassen", steht in der Zeitung. „Die Polizei ist ihm schon auf der Spur."

Staat ist das Land, in dem Menschen, die Staatsbürger, innerhalb bestimmter Staatsgrenzen zusammenleben. Der Staat sorgt für Recht und Ordnung. Es gibt viele Staaten auf der Welt. Deutschland, Österreich und die Schweiz sind Bundesstaaten: sie bestehen aus mehreren Bundesländern (in der Schweiz heißen sie Kantone). Jeder Staat hat eine ☛ Regierung. Das Oberhaupt des Staates ist der ☛ Bundespräsident.

Stadion ist eine große Sportanlage, in der Fußballspiele und andere Wettkämpfe ausgetragen werden. Rund um das Spielfeld sind große Tribünen für viele tausend Zuschauer.

S

Stadt Susanne hat früher in einer kleinen Stadt gelebt. Am Hauptplatz waren alle Geschäfte, die die Mutter zum Einkaufen brauchte. Fast jeder hat jeden gekannt. Nun sind sie in eine Großstadt übersiedelt. Mit den Eltern besucht sie die „City" (sprich: siti), das Zentrum der Stadt. Schöne weite Plätze und Geschäftsstraßen gibt es da, einen alten Dom, das Rathaus, ein Theater und ein Konzerthaus. Rund um die City sind große Wohnbezirke mit Grünanlagen. Am Stadtrand gibt es Fabriken, Sportplätze und Gartensiedlungen. In einem Stadtteil stehen Wolkenkratzer. Von einem Aussichtsturm kann man die ganze Stadt überblicken. Sie ist riesengroß. Wie kann man sich da nur zurechtfinden? U-Bahnlinien führen von einem Ende der Stadt zum anderen. Auch viele Straßenbahnen und Autobusse gibt es. Susanne fährt mit dem Autobus in die Schule. „Mit dem Autofahren ist es schwierig", sagt der Vater. „In den Straßen herrscht dichter Verkehr, nirgends gibt es einen Parkplatz. Ein großer Teil der City ist Fußgängerzone. Am besten, man fährt mit der U-Bahn und dem Autobus."
Viele Städte sind schon im Altertum entstanden. Im Mittelalter waren sie von einer Stadtmauer und einem Stadtgraben umgeben, um sie vor Raub- und Kriegszügen zu schützen. Heute können wir in manchen Städten noch Reste dieser Stadtmauer sehen. Handwerker und Kaufleute siedelten sich in den Städten an, Schulen und Krankenhäuser wurden erbaut. Im Laufe der Zeit wurden die Städte größer, immer mehr Menschen zogen in die Stadt, weil sie dort Arbeit und Brot fanden. Großstädte (über 100.000 Einwohner) hat es aber früher wenige gegeben. Heute gibt es viele Städte, in denen mehrere Millionen Menschen wohnen. Die größte Stadt ist Mexiko City mit rund 20 Millionen Einwohnern. In solchen riesigen Städten leben viele Menschen in Elendsvierteln. Bei uns ist das Leben in den Städten geordnet. Überlege einmal, was für das Zusammenleben von so vielen Menschen notwendig ist: Wasser, Strom, Müllabfuhr . . .

Stahl ist ☛ Eisen, das sich schmieden, walzen und pressen läßt. Der Stahl wird aus Roheisen gewonnen. Durch Vermischen mit anderen Metallen wird er besonders hart. Rostfreier Stahl ist mit Chrom oder Nickel vermischt. Aus Stahl macht man Blech, Röhren, Werkzeug, Maschinen, Schiffe, Brücken. Auch beim Bau hoher Häuser wird Stahl verwendet.

Stall Auf dem Bauernhof gibt es neben dem Wohnhaus einen großen Stall. Hier sind Kühe, Schweine, Hasen und Hühner untergebracht. Der Stall macht viel Arbeit. Die Tiere müssen Futter und Wasser bekommen, der Stallmist muß ausgeräumt und frisches Stroh eingestreut werden. Kühe muß man regelmäßig melken. Susanne besucht am liebsten die kleinen Kälber und die Ferkel im Stall und schaut zu, wie sie die Muttermilch saugen.

Star „Die Stare sind da!", sagt Vater. „Es wird bald Frühling werden!" Der Star ist einer der ersten ☛ Zugvögel, der nach dem Winter zu uns kommt. Er bezieht seinen alten Nistplatz. Stare sind ☛ Singvögel, aber ihr Gesang klingt nicht besonders schön. Sie fressen Raupen und Insekten, sehr gern aber auch Kirschen und Weintrauben. Wenn sie im Herbst in großen Scharen in einen Weinberg einfallen, vernichten sie oft einen großen Teil der Ernte. Die Weinbauern feuern deshalb Warnschüsse ab, um sie zu vertreiben. – Star nennt man auch einen berühmten Schauspieler oder Sänger. Das Wort kommt aus dem Englischen und bedeutet Stern.

starten Wenn die Mutter das Auto startet, dreht sie den Zündschlüssel im Zündschloß und gibt Gas. Dann läuft der Motor. Auch beim sportlichen Wettlauf gibt es einen Start. Alle Kinder stehen auf der Startlinie. Der Lehrer gibt das Startzeichen: „Achtung – fertig – los!"

Station Autobusse und Eisenbahnen halten bei einer Station, damit die Menschen ein- und aussteigen können. „Auf dem nächsten Rastplatz wollen wir einmal Station machen", sagt Vater während der Fahrt auf der Autobahn.

S

Steinzeit Bevor die Menschen Metalle kannten, hatten sie Geräte aus Stein, Knochen und Holz. Diese Zeit, die hunderttausende Jahre dauerte, wird Steinzeit genannt. Die Menschen waren damals Jäger und Sammler und hausten meist in ☛ Höhlen. Später wurden sie Bauern und bauten sich Hütten. Ihre Faustkeile, Schabmesser, Steinspitzen und Äxte können wir heute im ☛ Museum sehen. Vor rund 5000 Jahren lernten die Menschen Metalle schmelzen und verarbeiten. Die Steinzeit war zu Ende. Es gibt ☛ Naturvölker, die heute noch so leben wie in der Steinzeit.

Steine Wenn man tiefer in die Erde gräbt, stößt man bald auf festes Gestein. Die Oberfläche der Erde wird von Gesteinsschichten gebildet, die verschieden hart sind. Granit und Gneis sind sehr hart, Sandstein ist weniger hart. Im Gebirge türmt sich das Gestein zu hohen Gipfeln. Es verwittert durch den Regen. Im Bach finden wir kleine Kieselsteine, die das Wasser abgeschliffen hat. Im Steinbruch am Rande der Stadt wird Kalkstein abgebaut. Man macht daraus Schotter.

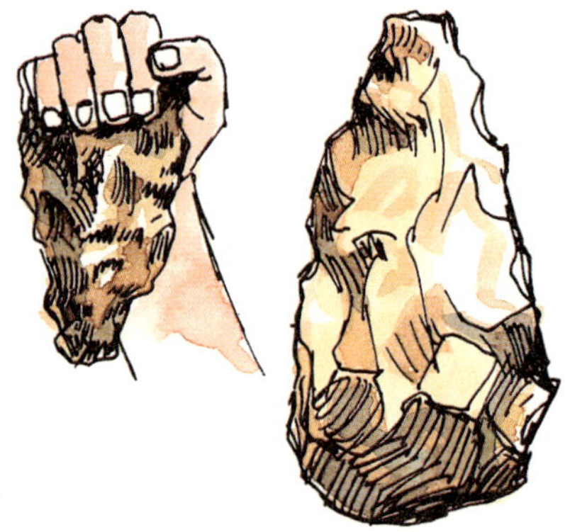

Steppen sind weites Grasland mit niedrigen Büschen und Stauden. Die Steppe Nordamerikas wird ☛ Prärie genannt. Die Steppen Südamerikas heißen Pampas. In den tropischen Gebieten Asiens, Afrikas und Australiens heißen die Steppen Savannen. Dort wachsen auch Bäume auf den Grasfluren. Auf Steppen weiden Viehherden, besiedelt sind sie nur wenig.

sterben Ein Onkel ist gestorben. Er war schon sehr alt. Auf dem Friedhof haben seine Verwandten und Freunde trauernd von ihm Abschied genommen. Alle Lebewesen auf der Erde, Pflanzen, Tiere und Menschen, müssen eines Tages sterben. Sie haben eine verschieden lange Lebenszeit. Die Eintagsfliege lebt nur einen einzigen Tag. Ein Hund wird zehn bis fünfzehn Jahre alt. Menschen erreichen meist ein Alter von 70 bis 80 Jahren und auch mehr.

Sterne In klaren, wolkenlosen Nächten kann man sie als leuchtende Punkte am Himmel sehen. Manche von ihnen stehen nahe beieinander. Wenn man die Sterne durch gedachte Linien verbindet, entstehen Figuren, die Tieren, Gegenständen oder Gestalten ähneln. Schon in alter Zeit haben Menschen diesen Sternbildern Namen gegeben. Zwei davon hat Stefan schon kennengelernt, sie heißen: „Großer Wagen“ oder „Großer Bär“ und „Kleiner Wagen“ oder „Kleiner Bär“. Sie sehen wirklich aus wie ein Wagen mit einer langen Deichsel. Am Ende der Deichsel des Kleinen Wagens steht ein besonderer Stern, der Polarstern. Er leuchtet etwas heller als die anderen Sterne und steht immer im Norden. Seit alters her haben sich die Seefahrer nach ihm gerichtet.

Die Sterne am Himmel sind wie die ☛ Sonne glühende Gaskugeln. Viele sind aber weitaus größer als die Sonne, doch sehen wir sie wegen der riesigen Entfernung nur als kleine Lichtpunkte. Auch die ☛ Planeten, die um die Sonne kreisen, erscheinen uns wie Sterne (☛ Abendstern). Alle Sterne, die wir am Himmel sehen, gehören zum riesigen Sternhaufen der ☛ Milchstraße. Es gibt Millionen anderer Milchstraßen. Das Weltall ist unendlich groß. Die Wissenschaft von den Sternen ist die Astronomie.

Sternwarte Das ist ein turmartiges Gebäude mit einem drehbaren Kuppeldach. Darin ist ein großes Fernrohr, mit dem die Sterne beobachtet werden. Sternwarten heißen auch Observatorien, die Menschen, die dort arbeiten, sind die Astronomen. Während man mit bloßem Auge nur einige tausend Sterne sieht, haben die Astronomen über eine Milliarde Sterne gesehen und fotografiert.

Stiefmütterchen sind großblumige Veilchen. Sie blühen im Frühling in vielen Farben in den Gärten. Das Wilde Stiefmütterchen, auch Ackerveilchen genannt, wächst auf Wiesen und Feldern.

S

Stieglitz Er ist ein buntgefiederter Singvogel, den wir manchmal in Gärten sehen können. Brust und Bauch sind weiß, Schnabel und Hinterkopf haben ein schmales schwarzes Band. Das Weibchen baut das Nest auf die äußerste Spitze dünner Zweige. Das Männchen ermuntert es zwitschernd und trillernd. Der Stieglitz frißt im Herbst gern Distelsamen, deshalb heißt er auch Distelfink.

Stier ist das männliche ☛ Rind. Er wird auch Bulle genannt.

Stoffe werden aus Garn gemacht. Das Garn ist ein aus Fasern gesponnener Faden. Spinnen und ☛ Weben konnten die Menschen schon in alter Zeit. Es gibt Stoffe aus tierischen Fasern (Wolle, ☛ Seide) und aus pflanzlichen Fasern (☛ Baumwolle, Leinen). Heute werden auch künstliche Fasern hergestellt und oft mit Wolle oder Baumwolle gemischt. – Das Wort Stoff kann aber auch etwas anderes bedeuten: Zum Basteln brauchst du einen Klebstoff. Wenn die Mutter zu Ostern Eier färbt, braucht sie einen Farbstoff. Und wenn du aus der Schule heimkommst, hast du manchmal viel Stoff zum Erzählen – oder auch viel Stoff zum Lernen.

Störche „Die Störche kommen!“ ruft Sabine an einem Frühlingstag. Die Störche lassen sich auf den Dächern nieder, auf denen sie im Vorjahr ihre Nester hatten. Mit ihren langen roten Beinen und dem langen Hals sind Störche etwa einen Meter hoch. Sie klappern gern mit dem Schnabel und werden deshalb auch Klapperstorch genannt. Eine Stimme haben Störche aber nicht. In der Fabel heißt der Storch Adebar. Störche nisten auf Dächern oder in Baumkronen. Sie bauen aus Reisig ihr Nest. Beim Ausbrüten der Eier und bei der Pflege der Jungen helfen Männchen und Weibchen zusammen. Auf sumpfigen Wiesen und am Seeufer suchen sie ihr Futter: Frösche, Mäuse, kleine Fische, auch Schlangen und Eidechsen. Weil bei uns viele Sümpfe trockengelegt wurden, kommen immer weniger Störche zu uns. Im Spätsommer sammeln sie sich und fliegen in den Süden. „Hoffentlich kommen sie im nächsten Jahr wieder“, sagt Sabine.

Strahlen Als Susanne die Augen öffnet, fällt ein Sonnenstrahl ins Zimmer. An der Wand ist er wie eine helle Linie zu sehen. Susanne steht auf und geht unter die Dusche. Sie mag die warmen Wasserstrahlen, die aus der Düse kommen. Die Wärmestrahlen, die der Heizkörper aussendet, sind nicht zu sehen, aber man spürt sie. Es gibt noch andere unsichtbare Strahlen, zum Beispiel die ☛ Röntgenstrahlen. Die radioaktiven Strahlen der Atomkraftwerke können tödlich sein. – Susannes Bruder „strahlt“ über das ganze Gesicht, er hat eine gute Note bekommen.

Strand heißt der Uferstreifen eines Meeres oder eines Sees. Er ist mit feinem Sand oder Schotter bedeckt. Am Strand kann man nach dem Schwimmen in der Sonne liegen, man kann Muschelschalen und Schneckenhäuser suchen oder Sandburgen bauen.

Straßen Auf den Straßen der Stadt herrscht dichter ☛ Verkehr. Die Kreuzung wird von einer Verkehrsampel geregelt. Fußgänger überqueren die Straße auf dem Schutzweg, einem Zebrastreifen. Der Straßenbelag ist aus Asphalt oder Beton. Unter der Straße liegen Kanalrohre und Leitungen für Wasser, Gas, Strom und Kabel für Telefon und Fernsehen. Außerhalb der Stadt, auf der Landstraße, ist weniger Verkehr. An den Straßen stehen Verkehrszeichen. Ein dichtes Netz von Straßen durchzieht das ganze Land und verbindet Städte und Dörfer miteinander. Die großen Städte sind durch ☛ Autobahnen verbunden. Das dichte Straßennetz hat aber auch Nachteile: Zu viele Straßen zerstören die Landschaft, die Abgase der Autos schädigen Menschen und Natur.

Straßenbahn ist ein Verkehrsmittel in größeren Städten. Sie fährt wie die ☛ Eisenbahn auf Schienen. Die ersten Straßenbahnen wurden von Pferden gezogen, seit mehr als hundert Jahren werden sie elektrisch betrieben.

Strauß Dieser größte Vogel der Erde lebt in den Steppen Südafrikas. Er wird mehr als zweieinhalb Meter groß und ist schwerer als ein Mensch. Mit seinen verkümmerten Flügeln kann er nicht fliegen, dafür aber mit den langen, kräftigen Beinen sehr schnell laufen. Selbst die schnellsten Pferde können ihn nicht einholen. Das Weibchen legt etwa 15 Eier. Jedes Ei ist so groß wie eine Kokosnuß und eineinhalb Kilo schwer. Wegen der prachtvollen Federn werden Strauße auch gezüchtet. In Australien leben die Straußenarten Emu und Kasuar, in Südamerika der Nandu, sie alle sind kleiner. – Strauß bedeutet aber noch etwas anderes: einen Blumenstrauß kennst du gewiß.

Streik „Dieser Betrieb wird bestreikt!“ steht auf einem Plakat, das am Fabrikstor hängt. Die Arbeiter fordern höheren Lohn und konnten sich mit der Firmenleitung nicht einigen. Deshalb haben sie beschlossen zu streiken, das heißt, die Arbeit niederzulegen. Im Betrieb wird nicht gearbeitet Streik ist ein demokratisches Recht.

Stroh sind die dürren Halme der Getreidepflanzen. Sie werden von der Erntemaschine zu Ballen gepreßt. Der Bauer verwendet Stroh für seine Tiere im Stall.

Strom nennen wir die elektrische Energie, die im Kraftwerk erzeugt wird (☛ Elektrizität). Durch ein Leitungsnetz wird der Strom in Dörfer und Städte geleitet. In der Wohnung können wir ihn einfach aus der Steckdose entnehmen. Manchmal, bei einem starken Gewitter, „fällt der Strom aus“. – Strom heißt auch ein großer, breiter Fluß. Und beim Stadtfest ergießt sich ein Menschenstrom durch die Straßen.

Sturm Im Radio ist Sturmwarnung durchgegeben worden. Sturm ist ein starker ☛ Wind. Er kann Bäume entwurzeln und Dächer abtragen. Am Meer peitscht er hohe Wellen gegen die Uferdämme. Stürme und Sturmfluten zählen zu den ☛ Naturkatastrophen. Ein besonders starker Sturm heißt Orkan.

Südamerika ist der südliche Teil von ☛ Amerika. An seiner Westküste verläuft ein hoher Gebirgszug, die Anden. Ihr höchster Gipfel, der Aconcagua, ist fast 7000 m hoch. In den Anden entspringen gewaltige Ströme: Der Amazonas in Brasilien ist der größte Strom der Erde. An seinen Ufern liegen riesige Regenwälder, die für das Klima der ganzen Erde wichtig sind. Leider wurden große Teile abgeholzt, um Weideland zu gewinnen. Die Ureinwohner Südamerikas sind ☛ Indianer. Einzelne Stämme in den Anden entwickelten eine hohe Kultur. Sie gründeten Städte, deren Ruinen wir heute noch bewundern. Nach 1520 wurde Südamerika von Spaniern und Portugiesen erobert. Sie holten auch viele Negersklaven ins Land. Im vorigen Jahrhundert konnten die südamerikanischen Staaten ihre Unabhängigkeit erlangen. Heute leben in Südamerika rund 250 Millionen Menschen, viele davon in Armut. Die größten Staaten sind Brasilien und Argentinien.

Südfrüchte nennen wir alle Obstarten, die nur in warmen Ländern gedeihen und bei uns eingeführt werden müssen: Orangen, Mandarinen, Zitronen, Bananen, Feigen, Datteln, Ananas, Kokosnüsse, Kiwis und Melonen.

Südpol Das ist der südlichste Punkt der Erde. Er liegt in der Antarktis. Der Norweger Roald Amundsen konnte ihn 1911 als erster Mensch erreichen. Lies: Arktis.

Sumpf ist ein mit Wasser durchtränkter Boden. Im Sumpfgebiet wachsen Sumpf- und Wasserpflanzen, die Wiesen sind „sauer". Hier fühlen sich Frösche, Kröten und Schlangen wohl. Störche und Reiher finden im Sumpf reiche Nahrung. Aus Sumpf kann ☛ Moor entstehen. Viele Sümpfe wurden trockengelegt und in Akkerland umgewandelt. Zahlreiche Tiere haben so ihren Lebensraum verloren.

Supermarkt In diesem Selbstbedienungsladen bekommt Mutter alles, was sie für den Haushalt braucht: Brot, Mehl, Zukker, Salz, Fleisch, Wurst, Milch, Käse, Früchte, Gemüse, Getränke und vieles andere. Auch Haushaltsartikel wie Seife und Waschpulver kauft sie hier. Mit dem Einkaufswagen fährt sie von Regal zu Regal und wählt aus. An der Kassa rechnet die Kassierin flink die Preise der gekauften Waren zusammen und kassiert das Geld. Im Supermarkt liegen die verlockendsten Süßigkeiten immer dort, wo Kinder sie am besten sehen können. Warum wohl?

Tabak So wie die Kartoffel wurde auch der Tabak nach der Entdeckung Amerikas zu uns nach Europa gebracht. Das Rauchen von Tabak wurde hier schnell zu einem weitverbreiteten Genuß. Tabak wirkt anregend. Aus den Blättern der Tabakpflanze werden Zigaretten, Zigarren und Pfeifentabak hergestellt. Tabak enthält jedoch die Giftstoffe Nikotin und Teer. Sie werden beim Rauchen eingeatmet und schädigen unseren Körper. Rauchen kann Herzerkrankungen und Lungenkrebs auslösen und zum frühen Tod führen. Wer längere Zeit in einem verrauchten Raum lebt, wird zum „Mitraucher". Viele junge Menschen fangen zu rauchen an, weil sie als „erwachsen" gelten wollen. Leider können sie sich das Laster dann nur schwer abgewöhnen. Heute wird bereits vieles unternommen, um vor dem Rauchen zu warnen. In Amerika ist in allen Räumen, wo Menschen arbeiten, Rauchen verboten.

Tachometer In jedem Auto ist ein Tachometer. Er ist ein Geschwindigkeitsmesser und zeigt an, wie schnell man fährt. Auf Autostraßen stehen am Straßenrand Verkehrsschilder, die angeben, wie viele Kilometer man dort in der Stunde fahren darf.

Tag Wenn der Morgen dämmert und die Sonne aufgeht, beginnt der Tag. Er endet, wenn die Sonne untergeht und es Nacht wird. Im Sommer sind die Tage länger, im Winter kürzer (☛ Jahreszeiten). Am Äquator sind sie immer gleich lang. um den Nordpol und Südpol ist 6 Monate lang Tag und 6 Monate lang Nacht. Tag bedeutet aber nicht nur die helle ☛ Zeit, Tag ist auch der Zeitraum von 24 Stunden, das sind Tag und Nacht zusammen. Ein Monat hat 30 oder 31 Tage, ein Jahr 365 Tage.

Tal Wenn du auf einem Berg stehst, blickst du hinunter in das Tal. Meist fließt ein Fluß durch das Tal. Täler sind durch Flüsse entstanden. Diese haben in Millionen Jahren Gesteine und Erdreich abgetragen und dadurch das Flußbett verbreitert und vertieft. Ein enges steiles Tal nennt man ☛ Schlucht.

Tanne „O Tannenbaum, o Tannenbaum, wie grün sind deine Blätter!“
Das ist der Anfang eines Liedes, das wir gern zu Weihnachten singen. Die Tanne ist so wie die ☛ Fichte ein beliebter Weihnachtsbaum. Wegen der weißlichgrauen Rinde wird sie auch Weißtanne genannt. Ihre Nadeln sind länger und breiter als die der Fichte. Die hellbraunen Zapfen mit den Samen hängen nicht nach unten, sondern stehen aufrecht auf den Zweigen. Lies auch: Nadelbäume.

Tanz „Schwesterchen, komm tanz mit mir,
beide Hände reich ich dir.
Einmal hin, einmal her,
rundherum, das ist nicht schwer.“

Dieses Lied und andere Tanzlieder singen die Kinder schon im Kindergarten und machen dazu Tanzschritte. Tanzen zur Musik macht den Kleinen und den Großen Freude. Überall auf der Welt wird getanzt, jedes Volk hat seine Volkstänze. Gesellschaftstänze werden in Tanzlokalen, auf Bällen und in Diskotheken getanzt. Dazu gehören ältere Tänze, wie Walzer, Tango, Foxtrott, Rumba und Samba, und neuere Tänze, wie Boogie-Woogie und Rock'n Roll.

Tau Am frühen Morgen kannst du öfter glitzernde Wassertröpfchen an Gräsern und Sträuchern hängen sehen. Das ist der Tau, der sich in klaren, windstillen Nächten bildet. Er entsteht aus der feuchten Luft, die sich in der Nähe des Erdbodens stark abkühlt. Wenn die Wassertröpfchen gefrieren, bildet sich Reif, alles ist mit weißem Tau bedeckt.

Tauben Die vielen Tauben, die es in unseren Städten gibt, sind verwilderte Haustauben. Sie bauen ihre Nester in Mauernischen und verschmutzen Gebäude und Denkmäler. Deshalb sind sie oft eine richtige Plage. Auch Krankheiten können sie übertragen. Tauben fressen Körner, die sie im Kropf aufweichen und dann im Magen mit aufgepickten Sandkörnern zerreiben. Sie können schnell und über weite Strecken fliegen (☛ Brieftaube). Bei uns häufig sind die großen Ringeltauben (1), die Turteltauben (2) und die Türkentauben (3).

Taubstumm sind Menschen, die nicht hören und deshalb auch nicht selbst das Sprechen erlernen können. Sie sind stumm, meist schon von Geburt an. Für taubstumme Kinder gibt es eigene Schulen. Durch Sehen und Tasten lernen sie „sprechen“. Sie lesen die Worte vom Mund des anderen ab. Mit der Fingersprache verständigen sie sich untereinander. Sie machen mit den Fingern bestimmte Bewegungen, die bestimmte Buchstaben bedeuten.

Tauchen ist so wie das Schwimmen ein Sport. Überall am Meer und am See kannst du Sporttaucher sehen. Sie haben Flossen an den Füßen und tragen Schnorchel und Taucherbrille. Ohne diese Tauchgeräte könnten sie nicht länger als zwei bis drei Minuten unter Wasser bleiben. Der Schnorchel ist das Atemrohr, durch das der Taucher mit dem Mund atmet. Das Schnorchelende ragt aus dem Wasser. Die Taucherbrille schützt die Augen und schließt auch die Nase fest ab. Wer tiefer tauchen will, braucht einen wasserdichten Taucheranzug und ein Atemgerät, das die Luft zum Atmen enthält und auf dem Rükken getragen wird. In einer Tauchschule können auch Kinder tauchen lernen.

Tee sind die getrockneten Blätter des Teestrauchs, der vor allem in Asien gepflanzt wird. Tee, mit heißem Wasser übergossen, ergibt ein anregendes, duftendes Getränk, weil Tee so wie der Kaffee Koffein enthält. Der meiste Tee kommt aus Indien und China. In diesen Ländern, aber auch in Japan und England ist Tee das beliebteste Getränk. Es gibt auch Kräutertee, den man aus Kamille, Pfefferminze oder Salbei bereitet. Lies: Heilpflanzen.

Teich ist ein kleiner See. Er wird oft künstlich angelegt, um Fische, meist Karpfen und Forellen, zu züchten.

Telefon Das ist ein Fernsprecher. Telefonieren ist ganz einfach. Du hebst den Hörer ab, wählst die gewünschte Nummer, und schon sprichst du mit Menschen, die oft weit weg wohnen. Selbst deinen Onkel in Amerika oder Australien kannst du anrufen. Der Telefonhörer hat eine Sprechmuschel mit ☛ Mikrofon und eine Hörmuschel mit einem kleinen Lautsprecher. Alles, was du sprichst, wird durch das Mikrofon in elektrische Wellen umgewandelt. Sie gelangen über Leitungsdrähte oder drahtlos zum Empfänger und werden dort im Hörer in gesprochene Worte zurückverwandelt. Auch vom Auto, Schiff, Zug oder Flugzeug aus kann man telefonieren. Der Erfinder des Telefons ist der Deutsche Johann Philipp Reis, er hat es 1861 erstmals vorgeführt.

Tempel Was für die Christen die Kirche, ist für andere Religionen der Tempel. Er ist das Haus der Gottheit. Im alten Griechenland gab es große Tempel mit vielen Säulen. Der berühmte Tempel der Juden in Jerusalem wurde von den Römern vor mehr als 1900 Jahren zerstört. Vor der Klagemauer, das ist ein Rest des Tempels, verrichten die Juden noch heute ihre Gebete. In China, Indien und Thailand gibt es besonders prächtige Tempel.

Telegramm Der Postbote hat ein Telegramm gebracht. Es wurde in Amerika aufgegeben und hat uns bereits nach wenigen Stunden erreicht. Das Telegramm ist eine telegrafische Nachricht. Sie wird von der ☛ Post aufgenommen und weitergeleitet. Telegramme sind im „Telegrammstil“ abgefaßt, das heißt, mit wenigen Worten wird das Wichtigste mitgeteilt.

Temperatur Sie wird mit dem ☛ Thermometer gemessen und bei uns in Celsius-Graden (abgekürzt: C) angegeben. Im Winter friert es, die Lufttemperatur sinkt unter Null Grad Celsius. Im Sommer ist es warm, die Temperatur steigt. Unsere Körpertemperatur beträgt zwischen 36 und 37 Grad Celsius. Lies: Fieber.

Tennis ist ein beliebtes Ballspiel. Tom sieht öfter seinem Vater zu. Das Spielfeld hat einen harten Boden und wird durch weiße Linien begrenzt. In der Mitte ist über das Spielfeld ein Netz gespannt. Zwei Spieler stehen sich gegenüber. Der mit Filz überzogene Tennisball wird mit dem Tennisschläger, dem Rackett (sprich: reket), über das Netz in das andere Feld geschlagen. Der Ball wird entweder im Flug, oder nachdem er einmal den Boden berührt hat, vom Partner zurückgeschlagen. Erreicht dieser den Ball nicht, ist das ein Fehler. Fehler sind auch, wenn der Ball ins Netz fällt oder ins „Out" (sprich: aut) geht, das heißt, außerhalb des Spielfeldes auftrifft. Tennis, der „weiße Sport", wird meist in weißer Kleidung gespielt. Lies: Tischtennis.

Theater Tom war mit seinen Eltern im Theater. Es wurde ein Märchenstück aufgeführt, die Schauspieler waren als Märchenfiguren verkleidet. Im Theater ist ein Zuschauerraum und eine ☛ Bühne. Während der Aufführung des Theaterstücks wird die Bühne mehrmals verwandelt. Unter dem Bühnenboden befinden sich Maschinen, die die Bühne drehen oder versenken und die Seitenwände, die Kulissen, verschieben. Der Souffleur (sprich: suflör), der im Souffleurkasten vor dem Bühnenrand sitzt, hilft dem Schauspieler, wenn er seinen Text vergessen hat. Viel Spaß hat es gegeben, als Toms Klasse ein Weihnachtsstück aufführte. Sie bastelten die Bühneneinrichtung und die Kostüme selbst, Tom war der Weihnachtsmann. Lies auch: Oper, Puppentheater.

Thermometer Mit dem Thermometer mißt man die ☛ Temperatur. Das Badethermometer mißt die Temperatur des Wassers, das Fieberthermometer die Körpertemperatur. Das Thermometer hat eine dünne Glasröhre, in ihrem unteren Ende befindet sich Quecksilber. Bei Wärme dehnt sich das Quecksilber aus, es steigt; wenn es kalt ist, fällt die Quecksilbersäule. Auf einer Gradeinteilung kann man die Temperatur ablesen. Bei Null Grad Celsius gefriert das Wasser, bei 100 Grad Celsius siedet es.

Tierarzt Jedes Haustier, das wir halten, kann krank werden. Wir suchen einen Tierarzt auf oder bitten ihn um einen Besuch. Der Bauer braucht den Tierarzt für seine Kühe, Schweine, Pferde und Ziegen. Auch wenn Tiere auf die Welt kommen, muß der Tierarzt oft helfen. In Tierkliniken werden Tiere auch operiert. Tierärzte untersuchen das Fleisch geschlachteter Tiere, ob es nicht Krankheitserreger enthält, die dem Menschen schaden. Wer Tierarzt werden will, muß an einer Hochschule Tierheilkunde studieren.

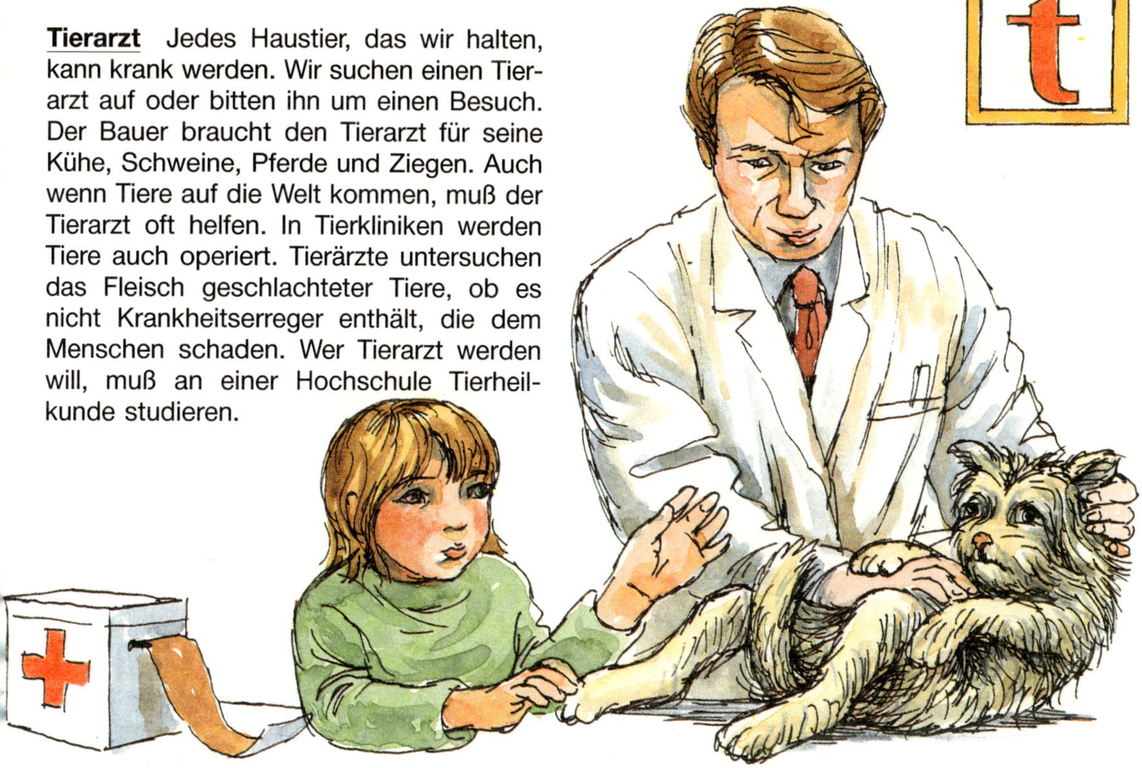

Tiergarten Lies: Zoo.

Tierschutz Ein Hund hat seinen Herrn verloren. Verlassen irrt er auf der Straße umher. Zum Glück gibt es ein Tierheim, dort wird er aufgenommen. Tierschutzvereine kümmern sich um den Schutz der Tiere. Jeder, der ein Tier hat, muß es richtig halten und auch richtig ernähren (☛ Haustiere). Kein Tier darf mißhandelt oder gequält werden. Manche Leute, die in den Urlaub fahren, setzen ihr Heimtier aus, weil sie nicht wissen, wohin damit. Das ist Tierquälerei und strafbar. Auch die Tiere, die in der freien Natur leben, müssen geschützt werden. Ein Jäger muß die Schonzeiten einhalten, in denen ein Tier nicht gejagt werden darf. Durch rücksichtsloses Jagen sind viele Tiere vom Aussterben bedroht. Sie stehen heute unter strengem Schutz und dürfen nicht gefangen oder getötet werden. Tiere haben ein Recht auf Leben, wir dürfen ihren Lebensraum nicht zerstören! Am 4.Oktober ist Welttierschutztag.

Tiger Tom steht im Zoo vor dem Gehege des Tigers. „Er sieht wie eine riesige Katze aus, aber streicheln möchte ich ihn nicht", sagt er. Der Tiger ist größer als der Löwe und wohl die gefürchtetste Großkatze. Sein Fell ist rotbraun und schwarz gestreift. Er lebt in den heißen Dschungeln Südasiens, aber auch in den kalten Wäldern Sibiriens. Sein größter Feind ist der Mensch, er hat den Tiger fast ausgerottet.

Tischtennis, auch Pingpong genannt, ist ein Ballspiel ähnlich dem ☛ Tennis. Es wird auf einer grünen Tischplatte gespielt. Tom spielt oft Tischtennis, im Sommer im Freien, im Winter in der Halle. Man braucht dazu einen kleinen weißen Zelluloidball und Holzschläger, die mit Gummi überzogen sind. In der Mitte des Tisches ist ein Netz gespannt. Ziel des Spiels ist es, den Ball so über das Netz zu schlagen, daß der Gegner den Ball nicht richtig zurückschlagen kann und einen Fehler macht. Wer 21 Fehlerpunkte hat, hat verloren.

Tomate Sie wird in Österreich Paradeiser genannt. Diese Gemüsepflanze stammt aus Amerika. Ihre roten saftigen Früchte sind reich an Vitaminen. Die Stengel der Tomatenpflanze müssen gestützt und aufgebunden werden. Frische Tomaten schmecken gut. Man ißt sie als Salat, gekocht als Suppe oder Soße. Auch ☛ Ketchup (sprich: ketschap) macht man aus Tomaten. Lies auch: Beeren.

Ton ist eine besondere Erde. Feuchten Ton kann man kneten. Durch Brennen wird er fest und hart. Aus Ton werden keramische Gefäße (☛ Keramik) und Ziegel geformt. Aus reinem weißen Ton, dem Kaolin, macht man ☛ Porzellan. – Ton hat auch eine andere Bedeutung: Wenn du in die Blockflöte bläst, erklingt ein Ton.

Tonbandgerät Mit dem Tonbandgerät können Töne und Geräusche aufgenommen und auf dem Tonband gespeichert werden. Das Tonband ist mit winzigen Eisenteilchen beschichtet, die die elektrischen Tonsignale magnetisch festhalten. Beim Abspielen werden sie in Töne zurückverwandelt. Tonbandaufnahmen kann man beliebig oft abspielen, man kann sie auch löschen und das Tonband für neue Aufnahmen verwenden. Im Rundfunk werden oft Sendungen auf Tonband aufgenommen und erst später gesendet. Jeder kann mit einem Tonbandgerät, an dem ein Mikrofon angeschlossen oder eingebaut ist, selbst Tonbandaufnahmen machen. Dein Kassettenrecorder und Tonis Walkman (sprich: wokmen) und Vaters Diktiergerät sind auch Tonbandgeräte.

Training (sprich: trehning) „So gut möchte ich auch eislaufen können“, ruft Tanja begeistert, als sie auf dem Eislaufplatz einer Kunstläuferin zusieht. „Da müßtest du fleißig und hart trainieren“, sagt die Mutter. „Diese Kunstläuferin ist täglich viele Stunden auf dem Eis.“ Trainieren heißt, durch lange Zeit regelmäßig üben. Viele Sportler haben einen Trainer, der ihr Training leitet. Er zeigt ihnen die richtigen Übungen und bessert ihre Fehler aus.

Trommel Eine Musikkapelle zieht durch die Straße. An ihrem Ende marschieren die Trommler. Sie schlagen auf ihren Trommeln mit zwei Schlegeln den Takt zur Marschmusik. Trommeln gehören zu den ältesten Musikinstrumenten. Sie bestehen aus einem runden Kessel, der oben und meist auch unten mit Fell bespannt ist. Die Trommel einer modernen „Band“ (sprich: bend) ist das Schlagzeug. In Afrika schlagen die Eingeborenen die Trommeln mit den Händen und geben mit Trommelsignalen auch Nachrichten weiter.

Traktor Ist eine Zugmaschine, die der Bauer braucht. Der Traktor hat einen starken Motor, große Hinterräder und kleine Vorderräder. Der Bauer kann damit alle Geräte ziehen, die er bei seiner Arbeit auf den Feldern benötigt: den Pflug, die Egge, die Sämaschine, die Mähmaschine und die schweren Erntewagen. Früher hat er dazu Pferde oder Ochsen verwendet. Der Traktor kann zwar nur langsam fahren, ist aber doch schneller und viel stärker als jedes Tiergespann. Er ist die wichtigste Arbeitsmaschine des Bauern.

Trompete Das ist ein Blasinstrument aus Messingblech. Wenn man in das Mundstück bläst und dabei auf Ventile drückt, entstehen die Töne. Die Trompete hat einen hellen, schmetternden Klang. Gute Trompeter können aber auch ganz weiche, zarte Töne spielen. Trompeter gibt es in ☛ Orchestern und Jazzbands.

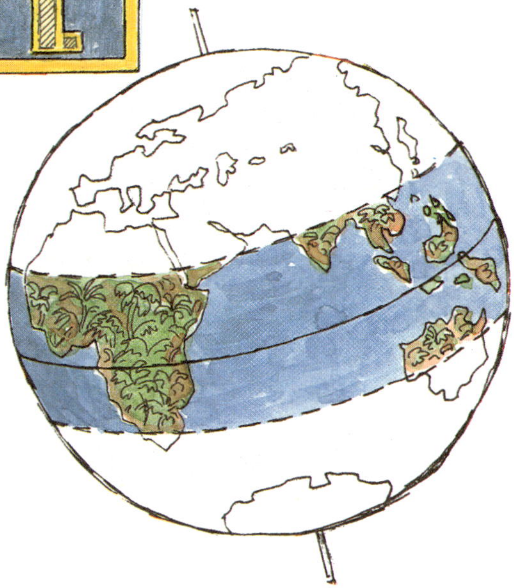

Tropen Das sind die heißen Gebiete zu beiden Seiten des ☛ Äquators. Sie liegen wie ein Gürtel um die Mitte der Erde. Die Sonne steht dort fast senkrecht am Himmel, fast täglich prasselt ein Gewitterregen nieder. Das „tropische Klima“ ist wie in einem Treibhaus: heiß und schwül. Dort wachsen riesige Regenwälder, so nennt man den Urwald der Tropen. Auch alle anderen Pflanzen gedeihen üppiger als sonstwo. Aus den Tropen bekommen wir Kaffee, Kakao, Rohrzucker, Bananen, Baumwolle. Große Teile von Afrika, Asien, Australien und Südamerika liegen in den Tropen. Lies: Urwald.

Truthühner sind große Hühnervögel, sie können mehr als 15 kg schwer werden. Das Männchen, der Puter, ist prächtig gefärbt. Wenn er sich aufregt, bekommt er einen „puterroten“ Kopf und Hals und schlägt mit seinen Schwanzfedern ein „Rad“. Das Weibchen heißt Pute. Die Truthühner stammen aus Amerika, sie wurden von den Indianern als Haustiere gehalten. Heute sind sie das Weihnachtsessen der Amerikaner. Auch bei uns werden sie gezüchtet und gern gegessen.

Tschechoslowakei, abgekürzt CSFR, ist ein Nachbarland von Deutschland im Südosten und von Österreich im Norden. Die Hauptstadt ist Prag.

Tulpen Diese Frühlingsblumen findet man fast in allen Gärten und Parks. Sie blühen in vielen Farben und sind mit den Lilien verwandt. Die Tulpenzwiebel setzt man im Herbst in die Erde, im Frühling sprießen daraus drei Blätter und eine becherförmige Blüte. Die Tulpen kamen ursprünglich aus dem Orient. Heute werden die meisten Tulpen in Holland gezüchtet. Die „Tulpenblüte“ ist dort eine Sehenswürdigkeit. Es gibt auch wildwachsende Tulpen.

Tunnel Bist du schon einmal durch einen Tunnel gefahren? Der Tunnel ist eine lange Röhre unter der Erde, durch die Eisenbahnen oder Autos fahren. Es gibt Tunnels, die durch einen Berg führen oder unter einem Fluß oder einem Meeresarm liegen. In der Stadt fahren U-Bahnen in Tunnels. Unter Straßenkreuzungen gibt es Tunnels für Fußgänger. Der längste Eisenbahntunnel durch ein Gebirge ist der 20 km lange Simplontunnel in der Schweiz. Zwischen Frankreich und England wird ein rund 50 km langer Tunnel unter dem Meer gebaut.

Turbine Das ist eine Kraftmaschine. Man braucht sie zur Erzeugung von elektrischem Strom und zum Antrieb großer Schiffe und Flugzeuge. Sie arbeitet ähnlich wie ein Mühlrad, ist aber viel stärker.

Turm Tom sieht von seinem Fenster aus den Kirchturm. Er überragt die Häuser der Stadt. Auf dem Berg steht ein Aussichtsturm. Wenn du hinaufsteigst, kannst du weit in das Land hineinsehen. Am höchsten sind die Fernsehtürme. Sie strahlen elektrische Wellen aus, die wir mit dem Fernsehgerät empfangen. Den höchsten Kirchturm der Welt hat das Münster in Ulm, er ist 161 m hoch. Im Mittelalter hatte jede Burg einen hohen Turm, den „Bergfried". Von ihm aus konnte man herannahende Feinde schon von weitem sehen. – Im Schwimmbad gibt es einen Sprungturm, von dem die Springer ihre Saltos hinab ins Wasser machen.

Turnen „Fein, heute haben wir Turnen!" sagt Tom. Das ist sein Lieblingsgegenstand. Im Turnsaal in der Schule gibt es viele Turngeräte: Barren, Pferd, Bock, Reck, Schwebebalken, Ringe, Kletterstangen, Sprossenwand. Toms Freund ist der beste Turner in der Klasse, er turnt auch in einem Turnverein. Im Kunstturnen vollführen die Turner wahre Kunststücke auf den Turngeräten und auf dem Boden. Lies: Sport.

Turnier war im Mittelalter ein ritterliches Kampfspiel zu Pferd (☛ Ritter). Heute sind Turniere Wettkämpfe im Sport oder im Spiel: Tennisturnier, Reitturnier, Tanzturnier, Schachturnier.

U-Bahn ist die Kurzbezeichnung für Untergrundbahn. Sie ist eine elektrische Straßenbahn, die durch Tunnels unter der Erde fährt. Da es dort keine Autos und Straßenkreuzungen gibt, kann sie sehr schnell fahren. Die erste U-Bahn wurde 1890 in London eröffnet. Heute gibt es in vielen Großstädten ein U-Bahn-Netz.

U-Boot ist die Kurzbezeichnung für Unterseeboot. Es kann über Wasser und unter Wasser fahren. Dazu braucht es große Wassertanks. Wenn das Boot tauchen soll, wird Wasser in die Tanks eingelassen, das Boot wird schwerer und sinkt. Zum Auftauchen wird das Wasser aus den Tanks gepreßt. Wenn es unter Wasser fährt, kann der Kapitän durch ein Sehrohr die Wasseroberfläche beobachten. Kleine U-Boote werden zur Erforschung des Lebens in der Tiefe des Meeres verwendet.

Uhr Sie dient zum Messen der ☛ Zeit und sagt uns, wie spät es ist. Warum wollen wir das wissen? Ursula soll pünktlich in der Schule sein, Mutter und Vater müssen pünktlich mit der Arbeit beginnen. Die Uhr hat ein Zifferblatt mit zwei Zeigern. Der kleinere zeigt die Stunden an, der größere die Minuten. Manche Uhren haben noch einen Sekundenzeiger. Die Zeiger werden von einem Uhrwerk bewegt, das regelmäßig aufgezogen werden muß. Moderne Uhren braucht man nicht mehr aufzuziehen, sie werden von einer Batterie betrieben. Manche haben kein Zifferblatt, die Uhrzeit wird in Zahlen angegeben. In früherer Zeit gab es keine genauen Zeitmesser. Am Rathaus befand sich eine Sonnenuhr (1), die bei Sonnenschein ungefähr die Stunde anzeigte. Auch kleine Sanduhren (2) gab es. Später kam die Räderuhr auf, die als Kirchturmuhr (3) die Zeit anzeigte. Um 1600 wurde in Nürnberg eine eiförmige Taschenuhr, das „Nürnberger Ei“ (4), erfunden. Heute tragen die meisten Menschen eine Armbanduhr.

③

①

②

④

Uhu Er ist die größte ☛ Eule Europas und lebt in Bergwäldern. Der Uhu ist bei uns vom Aussterben bedroht und steht unter Naturschutz.

U

Umwelt ist die Umgebung, in der du lebst. Die Wohnung, deine Familie, die Schule, Lehrer, Freunde und Nachbarn, das ist deine kleine Umwelt. Nicht alle Kinder leben in einer Umwelt, die ihnen Sicherheit und Geborgenheit gibt. Viele leben in Armut und Not, haben oft kein Zuhause und können auch keine Schule besuchen (☛ Menschenrechte). Auch ihr Leben wird von dieser Umwelt bestimmt.
Umwelt ist auch der Lebensraum von Menschen, Tieren und Pflanzen: Stadt und Land, Berge und Täler, Flüsse, Seen und Meer, Boden, Luft und Wasser, die ganze Natur. Alle Lebewesen brauchen eine gesunde Umwelt. Aber der Mensch nutzt die Natur und zerstört dabei die Umwelt – schon seit langem. In letzter Zeit sind die Umweltschäden so stark angewachsen, daß sie das Leben auf der Erde bedrohen: Die Abgase von Autos und Industrie verpesten die Luft und zerstören die Wälder. Die Abwässer aus Häusern und Fabriken töten das Leben in Flüssen, Seen und sogar im Meer. Viele Pflanzen und Tiere sind bereits ausgestorben. Die Müllberge (☛ Müll) werden immer größer. Wenn die Menschen weiterleben wollen, müssen sie für eine gesunde Umwelt sorgen, sie müssen sie schützen.

Umweltschutz ist Lebensschutz. Jeder muß mithelfen, jeder muß Umweltschützer sein. Heute ist Umweltschutz eine der wichtigsten Aufgaben des Staates: Abwässer dürfen nicht mehr ungereinigt in die Flüsse geleitet werden. Die Rauchgase aus Fabrikschloten müssen gefiltert sein. Die Abgase der Autos werden durch einen Katalysator entgiftet. Um die Müllberge kleiner zu machen, sammeln wir Altpapier, Flaschen, Dosen und andere Stoffe, damit man sie wiederverwerten kann. Beim Einkaufen achten wir auf eine umweltfreundliche ☛ Verpackung der Waren. Mit Wasser, Heizung und elektrischem Strom gehen wir sparsam um. Wir fahren mit U-Bahn, Straßenbahn oder Eisenbahn, damit es auf den Straßen nicht so viele Autos gibt. Der Bauer benutzt möglichst wenig Kunstdünger und giftige Spritzmittel. Auch ☛ Naturschutz und ☛ Tierschutz sind Umweltschutz.

Universität Wer Arzt, Richter, Rechtsanwalt, Lehrer, Wissenschafter oder Priester werden will, der muß „studieren“, das heißt, eine Universität besuchen. Vorher muß er aber sein ☛ Abitur machen. Die Universität wird auch Hochschule oder kurz „Uni“ genannt. Zum Abschluß des Studiums bekommt der Student einen „akademischen Titel“: Doktor oder Magister. Die Lehrer an einer Universität sind Professoren oder Dozenten. Die ersten deutschen Universitäten wurden in Prag, Wien und Heidelberg gegründet.

Unfall Ulli ist auf dem Heimweg von der Schule. Was ist da auf der Straße los? Ein Radfahrer liegt mit seinem Fahrrad auf dem Boden, ein Auto steht daneben. Neugierige stehen herum. Eine Frau bemüht sich um den Verletzten. Jemand sagt: „Ich habe die Notrufnummer der Rettung angerufen.“ Bald kommt der Rettungswagen und holt den Verletzten ab. Auch die Polizei ist eingetroffen. „Ich hab genau gesehen, wie es passiert ist“, sagt ein Mann. „Der Radfahrer wollte plötzlich abbiegen, da hat ihn das Auto niedergestoßen.“ Der Polizist schreibt die Namen des Autofahrers und des Zeugen auf. Unfälle passieren jeden Tag, nicht nur im Straßenverkehr, auch zu Hause, in der Schule und am Arbeitsplatz. Lies: Verkehr.

Ungarn ist ein Nachbarland Österreichs im Osten. Die Hauptstadt ist Budapest.

Unkraut Großvater jätet seine Beete im Garten. „Immer wieder sind sie voll Unkraut“, schimpft er. Zwischen Blumen und Gemüse wächst vieles, was er dort nicht gepflanzt hat: Löwenzahn, Gänseblümchen, Distel, Huflattich, auch Gras. Die rote Mohnblume und die blaue Kornblume im Getreidefeld sind für den Bauern Unkraut. Wir aber erfreuen uns an den bunten Blüten, die Bienen und Schmetterlinge anlokken. Viele „Unkräuter“ sind Heilpflanzen, wie Kamille, Brennessel und Spitzwegerich. Unkräuter nennt man daher besser Wildkräuter. Man soll sie nicht mit giftigen Spritzmitteln vernichten, sondern – wie der Großvater – jäten.

UNO ist die Abkürzung von United Nations Organization (sprich: junaitid nejschns organisejschn), das ist der englische Name für die ☛ Vereinten Nationen.

Urkunde ist ein amtliches Dokument mit Stempel und Unterschrift. Dein Geburtsschein ist eine Urkunde, ebenso dein Schulzeugnis. Die Eltern haben eine Heiratsurkunde. Urkunden darf man nicht verändern, das wäre Urkundenfälschung. Urkunden sind auch Schriftstücke aus vergangener Zeit. Im Heimatmuseum kannst du solche Urkunden sehen.

Urlaub ist die schönste Zeit des Jahres, sagen viele. Wer arbeitet, hat Anspruch auf mehrere Wochen Urlaub. Im Urlaub braucht man nicht zu arbeiten, bekommt aber trotzdem seinen Lohn. Der Urlaub soll der Erholung dienen. Viele Urlauber machen eine Reise, sie fahren in die Berge oder ans Meer. Übrigens: Schulkinder haben keinen Urlaub, sie haben Ferien! Wo würdest du gerne deine Ferien verbringen?

Urwald nennen wir die riesigen Waldgebiete der ☛ Tropen in Südamerika, Afrika und Südasien. Weil es im Urwald häufig regnet und der Boden oft überschwemmt ist, heißt er auch Regenwald. Da wachsen riesige Bäume, armdicke Schlingpflanzen und dichtes Unterholz (☛ Dschungel). Umgestürzte Bäume bleiben liegen. Für Affen, ungezählte Vogelarten und Insekten ist der Urwald ein Paradies. Die größten Urwälder der Erde liegen am Amazonas in Südamerika. Der Urwald ist für das Klima der ganzen Welt außerordentlich wichtig. Er sorgt dafür, daß es genügend Regen auf der Erde gibt. Leider werden die Urwälder heute oft abgeholzt. Auch außerhalb der Tropen gibt es Urwälder: in Sibirien und Kanada. Bei uns in Europa gibt es schon lange keine Urwälder mehr.

USA Das ist die Abkürzung für United States of America (sprich: junaitid stejts of amerika), das heißt Vereinigte Staaten von Amerika. Die Hauptstadt ist Washington. Lies: Amerika, Nordamerika.

Ventilator Draußen ist es heiß. Viki kommt ganz erhitzt vom Spielplatz nach Hause. Mutter schaltet den Ventilator ein, und schon drehen sich die Flügel des kleinen Propellers. Ein angenehmer Luftstrom streicht durch den Raum. Mit Ventilatoren kann man auch Räume entlüften und belüften. Sie saugen schlechte Luft ab und pressen reine Luft in den Raum. Der Ventilator im Auto kühlt den Motor.

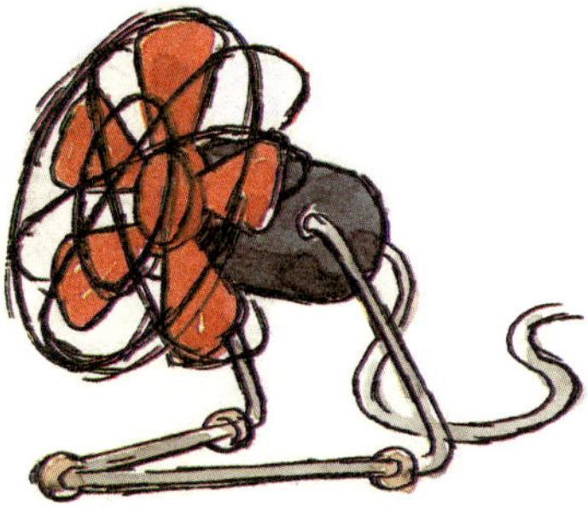

Veilchen Wer freut sich nicht, wenn er im Frühling an der Hecke oder am Waldrand das erste Märzveilchen findet! Es heißt auch Wohlriechendes Veilchen, weil seine violette Blüte einen lieblichen Duft verströmt. Das Hundsveilchen hat blaue Blüten und duftet nicht. Ein Veilchen mit großen Blüten in mehreren Farben ist das ☛ Stiefmütterchen.

Ventil Der Luftschlauch von Viktors Fahrrad hat ein Ventil. Es versperrt die Öffnung des Luftschlauchs. Wenn du mit der Fahrradpumpe den Schlauch aufpumpst, öffnet sich das Ventil, und die Luft strömt hinein. Auch im Auto gibt es Ventile. Sie lassen das Gasgemisch in den Zylinder des Motors einströmen und die verbrannten Gase durch das Auspuffrohr entweichen. Wenn in Mutters Dampfkochtopf der Druck zu groß wird, öffnet sich das Ventil, der Dampf strömt aus, und ein schriller Pfiff ertönt. Auch die Wasserleitung in Küche und Bad hat ein Ventil, den Wasserhahn. Wir öffnen und schließen ihn mit der Hand.

Venus ist ein ☛ Planet, der die Sonne in 225 Tagen umkreist. Er ist nach der römischen Göttin der Liebe benannt. Wir sehen die Venus als helleuchtenden ☛ Abend- oder Morgenstern am Himmel. Die Venus ist etwas kleiner als die Erde, ist aber der Sonne näher. Deshalb ist es dort auch viel heißer. Um die Venus zu erforschen, wurden Raumsonden auf die Venus geschickt. Sie haben viele Bilder auf die Erde gesendet. Lies: Raumfahrt.

Verdauung Alles, was wir essen und trinken, muß verdaut werden. Das heißt, unsere Nahrung muß so zerlegt und umgewandelt werden, daß sie der Körper verwerten kann. Die Verdauung beginnt im Mund. „Gut gekaut, ist halb verdaut", sagt ein Sprichwort. Die Nahrung wird mit den Zähnen zerkleinert und mit dem Speichel vermischt. Der Speisebrei wird geschluckt und gelangt durch die Speiseröhre in den ☛ Magen und von dort in den ☛ Darm. Dabei wird er mit den Verdauungssäften vermengt und so aufgelöst, daß die Nährstoffe von der Darmwand aufgesaugt werden und mit dem Blut in alle Teile des Körpers gelangen. Lies: Ernährung.

Verein Viki ist seit kurzem Mitglied eines Turnvereins. Jede Woche geht sie turnen, viele andere Kinder sind dort. Ihr Bruder ist in einem Fußballverein, ihre Eltern im Gesangsverein. Sie sind auch Mitglieder eines Kegelvereins, er nennt sich Kegelklub.

Vereinigte Staaten Lies: USA, Amerika.

Vereinte Nationen, Kurzname: ☛ UNO. Fast alle Staaten der Welt haben sich zusammengeschlossen, um den Frieden und die Freiheit unter den Völkern zu erhalten. Hauptsitz der UNO ist New York, auch Genf und Wien sind Sitz der UNO.

Vererbung Viki sieht ihrem Vater, aber auch ihrer Mutter ähnlich. Vom Vater hat sie die blonden Haare, von der Mutter die braunen Augen geerbt. Vater ist kurzsichtig, auch Viki muß eine Brille tragen. Mutter singt gern und spielt Klavier, auch Viki ist musikalisch. Selbst den Großeltern gleicht Viki in vielem.

Vergißmeinnicht Das ist die Blume der Liebe und der Erinnerung. Sie hat viele kleine blaue Blüten und schmale behaarte Blätter. Das Vergißmeinnicht wächst in Gärten und auf feuchten Wiesen. Eine Legende erzählt, wie das Vergißmeinnicht zu seinem Namen gekommen ist: Als Gott allen Blumen einen Namen gab, hat er auf eine Blume vergessen. „Herr, vergiß mein nicht!" rief das Blümchen.

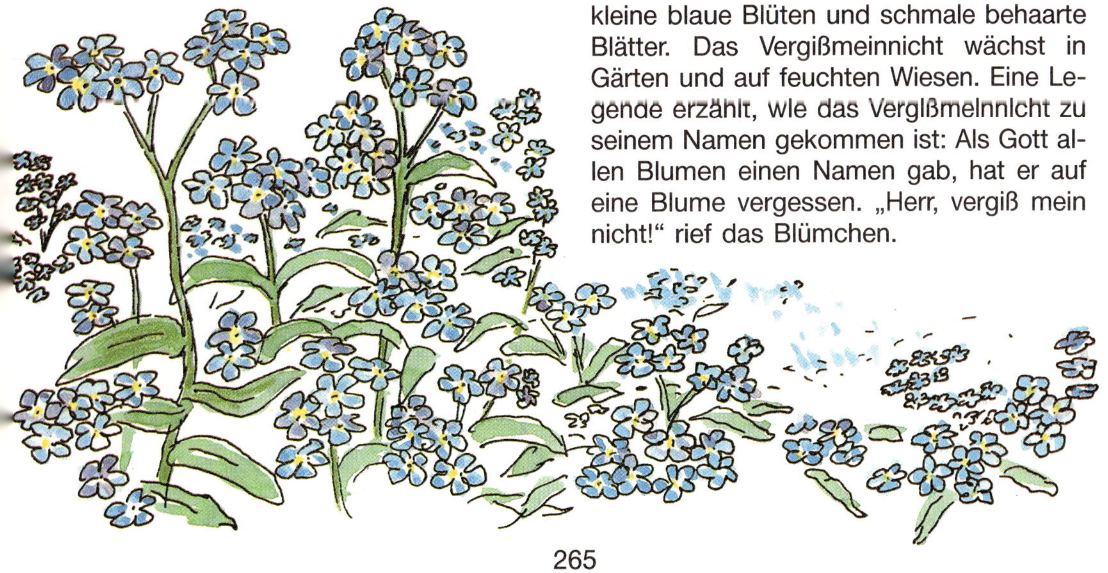

Verkehr Vikis Schulweg führt durch eine verkehrsreiche ☛ Straße. Sie geht auf dem Gehsteig, so wie alle anderen Fußgänger. Auf der Straße fahren viele Autos und Motorräder, auch Straßenbahnen und Autobusse verkehren hier. Die Radfahrer fahren auf einem eigenen Radfahrweg (☛ Rad). Auf der Straßenkreuzung gibt es eine Verkehrsampel. Viki kennt die Verkehrsregel: Bei rotem Licht steh, bei grünem Licht geh! Das gelbe Licht bedeutet: Achtung, aufpassen! Sie muß auch eine Straße überqueren, wo es einen Schutzweg gibt. Auf diesem „Zebrastreifen" haben Fußgänger Vorrang, die Autos müssen anhalten. Viki schaut immer zuerst nach links, bevor sie die Straße überquert. Denn von links kommt die Gefahr zuerst. Auch auf einer Straße, auf der es keinen Gehsteig gibt, geht man auf der linken Seite, denn „links gehen, heißt die Gefahr sehen".
Alle Verkehrsteilnehmer müssen sich an die Verkehrsregeln halten. Jeder muß sie kennen, damit er nicht sich selbst und andere in Gefahr bringt. Falsches Verhalten im Verkehr führt zu Unfällen, sehr oft sind auch Kinder davon betroffen. Darum trägt Viki auf dem Schulweg bunte Kleider, eine gelbe Mütze und eine Schultasche mit Rückstrahler, damit Fahrzeuglenker sie gut sehen können. Eine Straße ohne Ampel oder Schutzweg überquert sie immer auf dem kürzesten Weg, und das ist der gerade Weg. Sie läuft nie schräg über die Straße. Sie weiß auch, daß es gefährlich ist, zwischen parkenden Autos auf die Straße zu steigen, da Autofahrer sie dort nicht sehen können.
Die Verkehrszeichen an den Straßen helfen, den Verkehr zu regeln. Auch du mußt die wichtigsten kennen. Schau dir die Abbildung unten an.
Der Verkehr auf unseren Straßen ist in letzter Zeit so stark angewachsen, daß er eine Gefahr für unsere ☛ Umwelt darstellt. Lies: Auto, Lärm.

Einfahrt verboten

Achtung

Fußweg

Radweg

Stoptafel

Verpackung Viki geht mit Mutter einkaufen. Im Geschäft sieht sie viele Waren, die verpackt sind: in Plastikbehältern, Dosen, Schachteln, die Getränke in Plastikflaschen und Aludosen. „Die Waren müssen verpackt werden, damit sie keinen Schaden erleiden. Aber manches ist zuviel und unnötig verpackt“, sagt Mutter. Verpackung kostet Geld und macht viel Abfall. Die großen Müllberge (☛ Müll) bestehen zur Hälfte aus Verpackungsmaterial. Viele Lebensmittel, zum Beispiel Gemüse und Obst, kann man offen, das heißt nicht verpackt, kaufen, andere läßt man in umweltfreundliches Papier wickeln. Milch, Joghurt und Getränke gibt es auch in Glasflaschen, die können öfter verwendet werden. Weniger Verpackung bedeutet weniger Abfall. Überall dort, wo es möglich ist, sollte man auf Verpackung verzichten. Schon beim Einkaufen beginnt der ☛ Umweltschutz.

Verwandtschaft Zu Großmutters Geburtstag sind alle Verwandten gekommen: Onkel und Tanten, Cousins (Vettern) und Cousinen (Basen). Viki hat gestaunt, wie viele Verwandte sie hat!

Videorecorder ist ein Gerät, mit dem man auf Videoband Fernsehsendungen aufnehmen und sie später über den Fernsehapparat abspielen kann. Auch Filme auf Videokassetten und eigene Aufnahmen mit der Videokamera kann man über den Videorecorder am Fernsehapparat sehen. Die Kassette mit dem bespielten Videoband wird in den Recorder geschoben und abgespielt.

Viehzucht Der Landwirt betreibt Viehzucht. Er züchtet Rinder, Schweine, Schafe, Ziegen, Geflügel und Kaninchen. Sie liefern Milch, Fleisch und Eier für die Ernährung der Menschen. Für Bergbauern ist die Viehzucht besonders wichtig.

Violine Das ist eine ☛ Geige. Eine Viola, auch Bratsche genannt, ist eine größere Geige, ihre Töne klingen tiefer.

Violoncello, kurz Cello (sprich: tschello) genannt, ist eine sehr große Geige. Sie wird beim Spielen auf den Boden gestützt und im Sitzen zwischen den Knien gehalten. Die Töne des Violoncellos klingen viel tiefer als die der Geige.

Viren sind Erreger von ansteckenden Krankheiten. Sie sind so winzig, daß sie nur bei sehr starker Vergrößerung wahrgenommen werden können. Viruserkrankungen sind: Grippe, Masern, Kinderlähmung, Tollwut. Auch bei Tieren und Pflanzen können Viren viele gefährliche Krankheiten hervorrufen.

Vitamine Viki ist blaß und oft müde. Mutter geht mit ihr zum Arzt. „Das Kind ist nicht krank, doch fehlen ihm Vitamine“, sagt er. Viki soll viel frisches Obst und Gemüse essen, auch Milch, Butter und Vollkornbrot. Sie enthalten alle Vitamine. Menschen und Tiere brauchen Vitamine, wenn auch nur in geringen Mengen. Sie müssen mit der Nahrung zugeführt werden, weil sie der Körper nicht selbst bilden kann. Fehlt das eine oder andere Vitamin über längere Zeit, wird man krank.

Vögel Es gibt tausende Vogelarten auf der Erde. Mehr als die Hälfte aller Vögel sind ☛ Singvögel. Vögel haben ☛ Federn, sie bieten Schutz gegen Nässe und Kälte. Die meisten Vögel können fliegen. Schlechte Flieger sind die Hühner. Der größte Vogel, der ☛ Strauß, kann nicht fliegen, dafür aber sehr schnell laufen. Auch der ☛ Pinguin fliegt nicht, aber er schwimmt und taucht sehr gut. Enten und Gänse können schwimmen und fliegen. Schwalben, Möwen und Brieftauben sind sehr schnelle Flieger. Vögel sind „Zweibeiner“ und haben meist sehr leichte Knochen, weil sie mit Luft gefüllt sind. Die Vögel legen Eier mit einer harten Schale und brüten sie mit ihrer Körperwärme aus. Jedes Jahr erneuern sie ihr Federkleid, sie „mausern sich“. Viele Vögel ziehen im Herbst in warme Länder, sie sind ☛ Zugvögel. Vögel vertilgen Insekten. So helfen sie uns bei der Bekämpfung von Schädlingen in Garten, Feld und Wald.

Völkerball ist ein Ballspiel, das gerne an Schulen gespielt wird. Das Spielfeld ist durch eine Mittelline in zwei Hälften geteilt. Zwei Mannschaften stehen sich gegenüber. Der Ball wird mit den Händen geworfen. Jede Mannschaft versucht, Spieler aus der gegnerischen Mannschaft abzuschießen. Wer getroffen wird, ohne den Ball fangen zu können, scheidet aus. Sieger ist die Mannschaft, der es gelingt, alle Gegenspieler abzuschießen.

Volkskunst Viki ist öfter bei ihren Großeltern auf dem Land. Zur Sonntagsmesse und auf dem Volksfest tragen viele Frauen die Volkstracht ihrer Gegend, sie ist oft kunstvoll bestickt. Auch Volkstänze werden getanzt und Volkslieder gesungen. Bemalte Möbel, geschnitzte Heiligenfiguren und Krippen, Perchtenmasken und Spielzeug sind Arbeiten der Volkskunst. Man kann sie im Heimatmuseum bewundern.

Vormund Für Kinder, die ohne Eltern aufwachsen, wird vom Gericht ein Vormund bestellt. Er übernimmt den Schutz und die Betreuung des Kindes, seines Mündels. Meist ist der Vormund ein Verwandter, zum Beispiel ein Onkel.

Vulkan Das ist ein feuerspeiender Berg. Auf seinem Gipfel hat er eine trichterförmige Öffnung, das ist der Krater. Von Zeit zu Zeit brechen aus dem Krater Gase, Asche und glühendes, zähflüssiges Gestein, die Lava, hervor. Sie fließt wie ein Strom den Berg hinunter und kann Häuser, Dörfer, ja sogar Städte unter sich begraben. Im Altertum wurde die Stadt Pompeji in Italien durch einen Ausbruch des Vesuvs verschüttet. Die Ausgrabungen von Pompeij kann man besichtigen. Der höchste Vulkan Europas ist der Ätna auf der Insel Sizilien. Viele Vulkane sind bereits erloschen, sie sind nicht mehr „feuerspeiend“. Durch vulkanische Kräfte können auch schwere ☛ Erdbeben entstehen.

Waage Mutter kauft Äpfel im Supermarkt. Sie legt sie auf die Waage. Der Zeiger der Waage zeigt auf einer Skala das ☛ Gewicht der Äpfel an. Sie wiegen 2 kg. Es gibt elektronische Waagen, die geben nicht nur das Gewicht, sondern auch den Preis der Waren an. Wenn Viki wissen will, wie schwer sie ist, stellt sie sich auf die Personenwaage im Badezimmer. Mutter hat eine Küchenwaage, die hängt an der Wand. Auf Vaters Schreibtisch steht eine Briefwaage. Großmutter hat noch eine Waage mit Gewichten, wie man sie früher verwendet hat.

Wachs Die ☛ Bienen scheiden Wachs aus und bauen damit ihre Waben. Wachs wird auch aus Erdöl gewonnen. Aus Wachs werden Kerzen und Schuhputzmittel hergestellt. Man wachst auch Skier, damit sie gleiten, den Fußboden, damit er glänzt, und das Auto, damit der Lack geschützt ist.

Wal Wale sind die größten Tiere der Erde. Sie leben im Wasser, sind aber keine Fische, sondern Säugetiere. Sie bringen lebende Junge zur Welt. Wale atmen so wie der Mensch durch Lungen und müssen deshalb immer wieder an die Wasseroberfläche auftauchen, um Luft zu holen. Beim Ausatmen wird die Luft bis 8 m hoch ausgetoßen: der Wal bläst! Wale leben meist in kalten Meeren und schwimmen und tauchen sehr gut. Es gibt Bartenwale und Zahnwale. Die Bartenwale haben statt der Zähne Barten, das sind Hornplatten mit Fransen, die wie ein Sieb die Nahrung aus dem Meer seihen: unzählige kleine Wassertiere, wie Krebschen, Fischchen, Schnecken. Die Bartenwale sind die größten Wale: Der Blauwal ist bis zu 30 m lang und so schwer wie 30 Elefanten, der Grönlandwal an die 24 m. Die Zahnwale haben Zähne und sind kleiner, so der Pottwal und der ☛ Delphin. Sie fressen Fische, Robben und Pinguine. Durch den Walfang ist die Zahl der Wale stark zurückgegangen. Manche Arten wurden fast ausgerottet. Heute darf nur eine bestimmte Anzahl Wale gefangen werden, aber das ist immer noch zuviel.

Wald Wie schön ist es, im Wald zu wandern, wie still und ruhig ist es da! Und doch ist der Wald voller Leben. Vögel nisten in den Bäumen, Käfer und Ameisen krabbeln im Laub. Auch Hirsche und Rehe, Füchse und Dachse haben hier ihre Heimat. Wir pflücken im Wald Himbeeren, Erdbeeren und Blaubeeren und suchen Steinpilze und Pfifferlinge. Der Wald liefert uns ☛ Holz, das wir für Häuser, Möbel und Papier brauchen. Die Forstarbeiter schlägern die Bäume und bringen sie zu Tal in das Sägewerk. Sie sorgen aber auch dafür, daß wieder junge Bäumchen nachgepflanzt werden. In vielen Jahren wachsen sie zu großen Bäumen heran.

Weite Gebiete unserer Erde sind mit Wald bedeckt. In unseren Nadelwäldern wachsen Fichten, Tannen, Föhren und Lärchen, in den Laubwäldern Eichen, Buchen und Birken. In Mischwäldern gibt es ☛ Nadelbäume und ☛ Laubbäume. In den heißen Ländern, in den Tropen, wächst der ☛ Urwald, der auch Regenwald genannt wird.

Der Wald ist für uns lebenswichtig. Er schützt das Land vor Lawinen, Erdrutschen und Überschwemmungen. Wenn es keinen Wald gäbe, könnten Wind und Regen die Erde forttragen. Das Land wäre ausgetrocknet und kahl, Steppe und Wüste würden entstehen. Der Wald speichert das Wasser, die Wurzeln der Bäume halten es fest. Sie binden auch das Erdreich, es kann nicht so leicht fortgeschwemmt werden. Das Wasser sickert tief in den Boden, als ☛ Quelle sprudelt es wieder heraus. Die Erde bleibt feucht, die Pflanzen können wachsen.

Der Wald ist auch die Lunge der Natur. Bäume und Sträucher spenden Sauerstoff und verbessern unsere Atemluft. Die Blätter verdunsten Wasser und reinigen die Luft von Staub.

Überall in der Welt ist der Wald in Gefahr. Große Waldgebiete werden gerodet, das heißt, die Bäume werden umgeschnitten, weil die Menschen Weideland und Ackerland brauchen und Platz für Häuser und Straßen.

„Saurer Regen" macht unsere Wälder krank. Schuld daran ist die Verschmutzung der Luft durch die Abgase von Fabriken und Autos. Lies auch: Regen, Umwelt, Umweltschutz.

Wasser Wie köstlich schmeckt ein Glas frisches Wasser, wenn es heiß ist. Wie erfrischend ist ein Bad im See! Täglich nehmen wir Wasser zum Waschen, die Mutter braucht es zum Kochen. Wir gießen mit Wasser die Blumen am Fenster, die Pflanzen im Garten. Wasser löscht das Feuer, es treibt die Turbinen, die elektrischen Strom erzeugen. Auf dem Wasser fahren Schiffe, im Wasser leben Fische.
Ohne Wasser gäbe es kein Leben auf der Erde. Menschen, Tiere und Pflanzen müßten verdursten, die Felder vertrocknen. Der größte Teil der Erde ist von Wasser bedeckt, von Meer. Durch das Land fließen Bäche, Flüsse und Ströme. Wenn die Sonne das Wasser erwärmt, verdunstet es. Als unsichtbarer Wasserdampf steigt es in die Höhe. Am Himmel bilden sich Wolken mit Wassertropfen, die als ☛ Regen oder ☛ Schnee herabfallen: Das Wasser kommt wieder auf die Erde zurück. Das ist der Kreislauf des Wassers in der Natur. Das Vieh hat saftiges Gras zum Fressen, auf den Feldern reift das Korn.
Wie kostbar Wasser sein kann, wissen die Menschen, die in heißen, trockenen Ländern leben. Sie müssen Trinkwasser kaufen und ihre Gärten und Felder künstlich bewässern, weil es nur selten regnet. Weißt du, wieviel Wasser wir täglich verbrauchen? Jeder von uns braucht weit über hundert Liter! Wir verschwenden viel Wasser und verschmutzen es auch. Reines natürliches Trinkwasser ist auch bei uns schon selten geworden. Durch Fabriken und Haushalt, giftige Spritzmittel und Dünger wird das Wasser oft so verschmutzt, daß Tiere und Pflanzen krank werden. Lies: Abwasser, Umwelt, Umweltschutz.

Wasserfall In den Bergen hat Willi einen Wasserfall gesehen: Ein Gebirgsbach stürzt über eine hohe Felswand herab. Zu den größten Wasserfällen in Europa zählen die Krimmler Fälle in Salzburg. Aus einer Höhe von 380 m stürzen dort die Wasser donnernd in die Tiefe.

Watt ist ein flacher Küstenstreifen an der Nordsee. Zweimal täglich, bei Flut, liegt das Watt unter Wasser, bei ☛ Ebbe geht das Wasser kilometerweit zurück. Da kann man lange Wattwanderungen machen.

Weide Auf der Weide grasen Rinder, Pferde, Schafe, Ziegen. Das Gras wird nicht gemäht, die Tiere fressen die Gräser. Im Winter kommt das Vieh in den Stall zurück. Eine Weide im Gebirge heißt ☛ Alm. – Weide ist aber nicht nur Grasland, sie ist auch ein Laubbaum oder Strauch. Ihre Zweige mit den pelzigen Blütenkätzchen werden am Palmsonntag in der Kirche geweiht. Weidenbäume stehen oft an Bächen, die Trauerweiden mit ihren langen hängenden Zweigen in Gärten und Parks.

Wein wird aus dem Saft der Weintrauben gemacht. Das sind die Früchte des Weinstocks (Weinrebe). Er wächst im Weingarten. Zur Weinlese im Herbst pflückt der Weinbauer (Winzer) die Trauben. Er preßt den Saft aus den Weinbeeren und läßt den süßen Most zu Wein gären. Wein enthält ☛ Alkohol, darum dürfen Kinder keinen Wein trinken. Aus blauen Weintrauben erhält man Rotwein, aus gelben und grünen Weißwein.

Weihnachten ist das schönste aller ☛ Feste. Es ist das Geburtsfest Christi und wird bei uns am Abend des 24. Dezember gefeiert. Auf dem ☛ Christbaum leuchten Kerzen, glitzern Ketten und Glaskugeln und hängen goldene Nüsse und Süßigkeiten. Wir singen das Lied „Stille Nacht, heilige Nacht".

Was der Weihnachtsmann bringen soll:

Ein Pferdchen zum Reiten,
ein Püppchen zum Kleiden,
zum Kochen ein Küchlein,
zum Lesen ein Büchlein,
viel Hölzer zum Bauen,
viel Äpfel zum Kauen.

Weizen ist das am meisten angebaute ☛ Getreide. Es wächst in allen Erdteilen. Du erkennst den Weizen an seinen Ähren. Sie haben dicke Körner und kurze Grannen. Die Körner werden zu Mehl gemahlen, dabei werden die vitaminreichen Schalen und Keime (die Kleie) von den Körnern getrennt. Das dunkle Vollkornbrot ist aus ungeschältem Weizen gebacken, es ist sehr gesund. Aus Weizenmehl macht man ☛ Brot, Kuchen, Nudeln.

Wellensittich Dieser kleine ☛ Papagei ist der beliebteste Stubenvogel. Er ist anhänglich und zärtlich. Wenn er allein im Käfig lebt, lernt er kurze Sätze sprechen und Melodien pfeifen. In seiner Heimat Australien fliegt er in Scharen über die Steppen. Wellensittiche werden bei uns gezüchtet. Sie haben ein blaues, gelbes oder grünes Federkleid. Lies auch: Haustiere.

Werbung Die Werbung will zum Kauf anregen und verlocken. Sie zeigt uns, welche Waren es gibt, und sagt uns, wozu sie gut sind. Willi kennt viele Werbesprüche aus den Werbesendungen im Fernsehen, weil sie so oft wiederholt werden. Auf der Straße schaut er sich die Wahlplakate an (☛ Plakat). Sie wollen Menschen für eine bestimmte Partei gewinnen. In den Schaufenstern werden Waren zur Werbung ausgestellt. Wenn etwas aufdringlich angepriesen wird, spricht man auch von Reklame. Mutter ärgert sich oft über die vielen Reklamesendungen im Briefkasten. Glaubst du, daß alles stimmt, was die Werbung verspricht?

Werkzeug Mit Werkzeug kann man viele Gegenstände herstellen, bearbeiten und reparieren. Der Handwerker braucht Werkzeug, auch der Landwirt. Der Vater braucht es im Haus. Er hat einen Werkzeugkasten, darin sind Hämmer, Zangen, Sägen, Feilen, Bohrer, Stemmeisen, Schraubenschlüssel. Schon vor vielen tausend Jahren, in der ☛ Steinzeit, gab es Werkzeuge, sie waren aus Stein. Heute sind sie meist aus Stahl. Lies: Handwerk.

Wespen sehen den ☛ Bienen so ähnlich, daß Willi sie oft nicht unterscheiden kann. Auch Wespen leben in einem Wespenstaat mit Arbeiterinnen und einer Königin. Ihre Nester, die sie in den Boden oder in Bäume bauen, sind aus einem papierähnlichen Stoff und haben Waben. Wespen ernähren sich von Blütenstaub und Nektar, ihre Larven füttern sie aber mit Insekten. Das Weibchen hat einen Giftstachel. Mehrere Wespenstiche können gefährlich sein. Die größte Wespe ist die ☛ Hornisse.

Wette „Wetten, daß ich schneller laufen kann als du“, sagt Willi zu seinem Freund. Gemeinsam laufen sie eine Runde. Knapp vor dem Ziel überholt ihn sein Freund. Willi hat die Wette verloren. In vielen Sportarten werden Wettkämpfe ausgetragen: im Laufen, Springen, Schwimmen, Skifahren. Auf dem Rennplatz werden bei Pferderennen Wetten abgeschlossen. Man setzt Geld auf das Pferd, von dem man glaubt, daß es gewinnen wird.

Wetter „Wie wird das Wetter zum Wochenende?“ So fragen wir, wenn wir einen Ausflug machen wollen. Wir hören uns die Wettervorhersagen im Radio und Fernsehen an. Wir schauen zum Himmel hinauf und beobachten die ☛ Wolken. Sie können uns oft verraten, was für ein Wetter es in den nächsten Tagen geben wird. Schon alte Wetterregeln sagen:

> Hat der Berg einen Hut,
> bleibt das Wetter sicher gut.
> Hat der Berg einen Sabel,
> wird das Wetter miserabel.

Kleine Schäferwölkchen kündigen meist schlechtes Wetter an, langgezogene Federwölkchen hoch oben am Himmel bedeuten Wind. Der Westwind bringt oft feuchtes Wetter, der Südwind warmes, der Nordwind kaltes und der Ostwind meist schönes Wetter. Das Wetter läßt sich nur für eine kurze Zeit und nur für ein bestimmtes Gebiet vorhersagen, und auch das nie ganz sicher. Temperatur, Luftfeuchtigkeit, Wind, Bewölkung und Niederschläge, wie Regen, Schnee, Hagel, bestimmen das Wetter. Bleibt das Wetter einige Tage annähernd gleich, so bezeichnen wir das als Witterung. Lies auch: Klima.
Auf Wetterstationen in aller Welt wird das Wetter beobachtet und gemessen: Wetterballons mit Meßgeräten steigen auf, Wettersatelliten liefern Wolkenbilder, auch Wetterschiffe sind unterwegs. Aus ihren Beobachtungen und Messungen berechnen die Wetterwissenschafter, die Meteorologen, wie das Wetter sein wird, sie bringen den Wetterbericht. Er wird mehrmals am Tag im Radio und Fernsehen bekanntgegeben.

Wiederkäuer Auf der Weide liegen Rinder behaglich im Gras und kauen. „Aber die fressen doch gar nicht“, wundert sich Walter. „Warum kauen sie denn?“ Wir Menschen kauen unsere Speisen gut, bevor wir sie hinunterschlucken. Bei den Rindern ist das anders. Ihr Magen besteht aus vier Teilen. Sie fressen zunächst soviel Gras als möglich, ohne es richtig zu kauen. Das verschlungene Futter kommt zuerst in den großen Vordermagen und wird dort zerkleinert. Nach einer Weile wird es aufgestoßen und wieder gekaut, diesmal langsam und gründlich. Dann kommt es in jene Teile des Magens, wo es endgültig verdaut wird. Wiederkäuer sind auch Schafe und Ziegen, Rehe, Hirsche und Gemsen, Gazellen und Kamele, Antilopen und Giraffen.

Wien ist die Hauptstadt von ☛ Österreich. Sie hat rund 1,6 Millionen Einwohner. Wien liegt an der Donau und wird zu einem großen Teil vom Wienerwald und von seinen rebenbewachsenen Hängen bekränzt. Das Wahrzeichen Wiens ist der Stephansdom mit seinem 137 m hohen Turm. Um die Innere Stadt zieht sich in einem weiten Bogen die Ringstraße mit ihren Prachtbauten: Oper, Museen, Parlament, Rathaus, Burgtheater, Universität. Wien war Jahrhunderte hindurch Kaiserstadt. Sie war Herrschersitz der Habsburger, die in der Hofburg und im Schloß Schönbrunn regierten. Wien ist eine der bedeutendsten Kulturstädte der Welt. Große Musiker lebten hier: Mozart, Beethoven, Schubert, Johann Strauß. Wiener Musik ist in der ganzen Welt beliebt.

Wiese „Schau, wie viele Blumen auf der Wiese blühen“, sagt Waltraud. „Und wie viele Bienen und Schmetterlinge da herumschwirren!“ Im Frühsommer sieht die Wiese wie ein bunter Blumenteppich aus. Weiße Margeriten sind da, roter Klee, gelber Hahnenfuß und Löwenzahn, blaue Glockenblumen und viele Gräser. Auf der Wiese leben Käfer, Heuschrecken, Schnekken, Schlangen und Eidechsen. Die Wiese wird öfter gemäht, der Bauer braucht das Gras für seine Tiere. Im Juni läßt er das Gras trocknen, es wird zu Heu.

Wiesel Dieser kleine ☛ Marder lebt an Wald- und Feldrändern. Das gelbbraune Mauswiesel oder Kleine Wiesel frißt hauptsächlich Mäuse. Das Hermelin oder Große Wiesel lebt auch im Gebirge und jagt Ratten und Hamster. Im Winter wird sein Fell weiß, nur die Schwanzspitze bleibt schwarz. Mit dem weißen Pelz des Hermelins wurden einst Königsmäntel geschmückt.

Wildschweine leben in unseren Laubwäldern. Ihr schwarzbraunes Fell hat lange borstige Haare. Das Männchen, der Keiler, hat mächtige Hauer (Eckzähne), beim Weibchen, der Bache, sind sie kleiner. Die Jungen, die Frischlinge, sind gelbbraun gestreift. Die scheuen Tiere gehen erst in der Dämmerung auf Nahrungssuche. Dabei durchwühlen sie oft ganze Felder und vernichten die Ernte. Sie fressen Eicheln, Pilze und Feldfrüchte, aber auch Mäuse, Schnecken und kleine Vögel. Vom Wildschwein stammt das Hausschwein ab. Lies: Schwein.

Wild Als Wild bezeichnen wir alle Tiere, die von den Menschen gejagt werden. Rehe und Hirsche sind Rotwild, Wildschweine Schwarzwild. Fasane, Rebhühner, Wildenten und Wildgänse gehören zum Federwild, Füchse und Marder zum Raubwild. In Afrika gibt es Großwild: Löwen, Elefanten, Nilpferde. Wild darf nur zu bestimmten Zeiten gejagt werden. In der Schonzeit sind die Tiere geschützt, damit ihre Jungen aufwachsen können. Lies: Jagd.

Wind Vor dem Fenster steht ein Baum. Seine Blätter rascheln, seine Zweige schwanken hin und her. Es weht ein Wind. Wie entsteht diese Luftbewegung? Die Sonne erwärmt die Luft. Warme Luft ist leichter, sie steigt in die Höhe. Auf ihren Platz strömt kalte Luft nach; manchmal so stark, daß sie Blätter abreißt und Staub hochwirbelt. Wenn Dachziegel fallen und Äste brechen, dann tobt ein ☛ Sturm. Die Stärke des Windes wird in Zahlen von 0 bis 12 angegeben. Bei Windstärke 5 schwanken die Wipfel der Bäume, Windstärke 9 ist Sturm, Windstärke 12 ein ☛ Orkan.

Windhund Schnell wie der Wind jagt dieser schlanke, hochbeinige Hund dahin. Windhunde gehören zu den schnellsten Tieren der Welt. Früher wurden sie auch für die Jagd verwendet. In England züchtet man Windhunde für Hunderennen. Die Zuschauer schließen dabei Wetten ab wie bei Pferderennen.

Windmühle An der Küste von Norddeutschland und Holland kann man viele Windmühlen sehen. Ihr Windrad mit den großen Flügeln wird vom Wind bewegt und dreht sich. Diese Drehung wird auf den Mühlstein im Innern der Mühle übertragen. Auf diese Weise wurde früher Getreide gemahlen. Heute sind die meisten Windmühlen nicht mehr in Betrieb. Willi hat ein kleines Windrad zum Spielen. Seine Flügel sind aus buntem Papier gefaltet.

Winterschlaf Manche Tiere finden bei uns im Winter keine Nahrung. Sie verkriechen sich im Spätherbst in ihrem Bau und halten einen Winterschlaf. Dabei atmen sie ganz wenig, ihr Herz schlägt nur schwach und langsam. Ihr Körper zehrt von der Fettschicht, die sich diese Tiere im Sommer angefressen haben. Der Winterschlaf dauert beim Igel 3 bis 4 Monate, bei der Fledermaus 6, beim Murmeltier 7 Monate. Eichhörnchen, Dachs und Bär halten eine Winterruhe: Sie unterbrechen öfter ihren Schlaf, um von ihren Vorräten zu fressen.

Wintersport Wenn es draußen kalt ist, mußt du nicht beim warmen Ofen sitzen bleiben. Du kannst ☛ eislaufen, ☛ Ski laufen, mit dem Schlitten fahren. Beim Wintersport gibt es auch Wettkämpfe.
Eiskunstlauf, Eisschnellauf und ☛ Eishokkey sind die bekanntesten Sportarten auf dem Eis. Beim „alpinen Skilauf", der in den Alpen entwickelt wurde, unterscheidet man zwischen Torlauf (Slalom und Riesenslalom) und Abfahrtslauf. Langlauf und Skispringen gehören zum „nordischen Skilauf", der aus Skandinavien kommt.

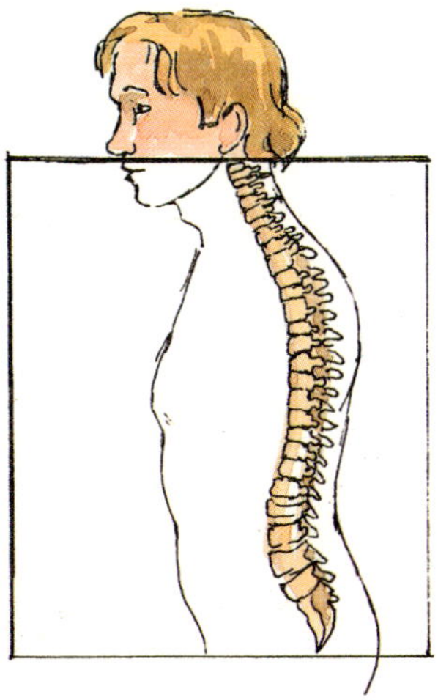

Wirbelsäule Sie heißt auch Rückgrat und ist die Hauptstütze unseres Körpers. Die Wirbelsäule besteht aus vielen Knochen, den Wirbeln, die beweglich miteinander verbunden sind. Man kann die Wirbel am Rücken deutlich fühlen. Der Hohlraum im Innern der übereinanderliegenden Wirbel bildet einen Kanal, in dem das Rückenmark liegt. Es ist neben dem Gehirn der wichtigste Teil unseres Nervensystems. Verletzungen der Wirbelsäule sind deshalb sehr gefährlich. Auch Säugetiere, Vögel, Fische und andere Wirbeltiere haben eine Wirbelsäule. Lies auch: Skelett.

Woche „Ich freue mich auf das Wochenende", sagt Walter. „Warum kann nicht immer Wochenende sein?" „Weil wir an den anderen Tagen arbeiten müssen", antwortet die Mutter. „Und du mußt in die Schule gehen!" Jeder Wochentag hat einen Namen: Montag, Dienstag, Mittwoch, Donnerstag, Freitag, Samstag, Sonntag. Und jede Woche hat sieben Tage. Weißt du, wie viele Wochen ein Jahr hat? Lies: Zeit.

Wohnung Jeder Mensch braucht einen Platz, wo er Schutz vor Wind und Wetter findet und wo er sich ausruhen kann. Willi wohnt mit seinen Eltern in einer modernen Wohnung. Da gibt es einen Vorraum, eine Küche, ein großes Wohnzimmer, ein Schlafzimmer und ein Kinderzimmer, Bad und Toilette. Auf dem Balkon zieht Mutter Blumen. In der Wohnung gibt es eine Wasserleitung mit kaltem und warmem Wasser, elektrisches Licht, Zentralheizung, Radio, Fernsehen und Telefon. In der Wohnung wird gekocht, gegessen, geschlafen, gebadet, hier ist es warm und gemütlich. In Willis Zimmer steht sein Bett, ein Schrank mit Kleidern und Wäsche und ein Schreibtisch, auf dem er seine Schulaufgaben machen kann. Die Spielecke mit der Spielzeugtruhe und dem Regal für seine Bücher ist Willis Lieblingsplatz. Wie sieht es in deiner Wohnung aus?

W

Wolkenkratzer sind Hochhäuser mit mehr als zehn Stockwerken. Weil in Großstädten Baugrund sehr teuer und auch rar ist, baut man die Häuser hoch in den Himmel. Zuerst hat man das in Amerika gemacht, besonders in New York. Der höchste Wolkenkratzer der Welt steht in Chikago, er ist 445 Meter hoch. Der höchste Wolkenkratzer Europas ist in Frankfurt.

Wolf In der Fabel heißt er Isegrim. Der Wolf sieht dem Schäferhund ähnlich, sein langhaariges Fell ist gelbgrau. Im Sommer lebt er für sich allein, im Winter schließen sich die Wölfe zu Rudeln zusammen. Dann gehen sie gemeinsam auf Jagd. Sie jagen alle Tiere. In besonders kalten Wintern ist auch das Vieh der Bauern vor ihnen nicht sicher. Auch Menschen greifen sie an. Wölfe bellen kaum, sie heulen. Sie leben in Osteuropa, auf dem Balkan und im Norden Asiens und Amerikas. Unser Haushund stammt vom Wolf ab.

Wolken Werner guckt sich gerne die Wolken am Himmel an. Sie sehen immer anders aus. Wie kommt es zu diesen Wolken? Wenn warme feuchte Luft aufsteigt und sich abkühlt, verdichtet sich der Wasserdampf der Luft zu Tröpfchen. Alle Wolken bestehen aus solchen Wassertröpfchen. Wenn sie zu schwer werden, fallen sie als ☛ Regen, ☛ Hagel oder ☛ Schnee zur Erde. Dunkle Regenwolken hängen oft tief auf die Erde herab, die weißen Federwölkchen ziehen in 10.000 Meter Höhe dahin. Bei Schlechtwetter ist der ganze Himmel von Wolken bedeckt. Wolkenbruch heißt ein starker Regen, der plötzlich auf die Erde prasselt. Lies auch: Wetter.

Wolle gewinnt man aus den Haaren von Tieren, vor allem von ☛ Schafen. Auch Ziegen, Kamele und Kaninchen liefern Wolle. Die Tiere werden geschoren, dann werden die Haare gewaschen und gefärbt und zu Wolle versponnen. Wollsachen sind warm, Mutter strickt einen Pullover für den Winter. Auch gute Kleiderstoffe werden aus Wolle hergestellt.

Würfel Wanda und Willi spielen „Mensch ärgere dich nicht!“ Das ist ein Würfelspiel. Würfel haben sechs gleichgroße Flächen, auf jeder ist eine Anzahl von Punkten, auch „Augen“ genannt. Die kleinste Punktezahl ist 1, die größte 6. Wanda möchte eine Sechs würfeln, aber das gelingt ihr nur selten. Alle Würfelspiele sind Glücksspiele. Der Zufall, das Glück, entscheidet darunter, wer gewinnt.

Würmer gibt es in vielen tausend Arten. Am bekanntesten ist der nützliche ☛ Regenwurm. Würmer haben kein Skelett und keine Beine. Aber sie können sich fortbewegen, indem sie sich zusammenziehen und wieder ausstrecken. Manche Würmer sind winzig klein, andere erstaunlich lang. Viele leben im Wasser, manche auch als Schmarotzer in den Eingeweiden von Tieren und Menschen. Diese Würmer können schwere Krankheiten verursachen.

Wurzeln Mit den Wurzeln nehmen die Pflanzen Wasser und Nährstoffe auf, sie halten sich mit ihnen auch im Boden fest. Große Bäume haben große Wurzeln, sie sind so weit verzweigt wie ihre Kronen. Auch unsere Zähne haben Wurzeln. Sie sind damit im Kiefer „verwurzelt“. Wenn ein Zahn gezogen wird, werden auch seine Wurzeln gezogen. Eine Wurzelentzündung ist sehr schmerzhaft.

Wüste ist ein sandiges oder steiniges Land. In der Wüste wachsen nur ganz wenige oder überhaupt keine Pflanzen, weil es dort oft jahrelang nicht regnet. Die größte Wüste der Erde ist die Sahara in Nordafrika. Sie ist über weite Strecken eine riesige Sandfläche, die von ☛ Dünen durchzogen ist. Kamelkarawanen sind tagelang unterwegs, bis sie endlich in einer ☛ Oase Wasser und Nahrung finden. Gefürchtet sind Sandstürme, die alles in eine dichte Sandwolke einhüllen. In der Wüste leben nur wenige Tiere: der Wüstenfuchs, die Wüstenspringmaus, Spinnen und Skorpione. In den Polargebieten (☛ Arktis) gibt es riesige Eiswüsten. Schwere Unwetter können bei uns eine Landschaft „verwüsten“.

Zahlen Zita lernt in der ersten Klasse die Buchstaben und die Ziffern schreiben. Ziffern sind Zeichen für Zahlen. Zita kann schon zählen, das heißt, die Zahlen der Reihe nach aufsagen. Nach den ausgestreckten fünf Fingern der Hand haben im Altertum die Römer ihre Ziffern geschrieben (siehe Bild). Für die Zahlen 6 bis 9 wurden einfach weitere Einser dazugestellt. Die Zahl 10 bestand aus zweimal 5. Die Zahlen 50, 100, 500 und 1000 wurden mit ihren Anfangsbuchstaben geschrieben. Römische Ziffern kann man noch auf manchen Uhren sehen. Auch die Jahreszahlen auf Denkmälern sind oft in römischen Ziffern geschrieben. Die Ziffern, die wir heute schreiben, haben wir von den Arabern übernommen. Mit den zehn Ziffern von 0 bis 9 kann man alle Zahlen schreiben, sogar die allergrößten. Man kann mit diesen arabischen Ziffern auch gut rechnen.

Zahn Im ersten Lebensjahr bekommt das ☛ Baby seine ersten Zähne. Alle Zähne zusammen nennen wir Gebiß. Das Gebiß der Kinder (Milchgebiß) hat zehn Zähne oben und zehn Zähne unten. Im Alter von fünf bis sieben Jahren fallen die Milchzähne nach und nach aus: die zweiten, die bleibenden Zähne kommen nach. Der erwachsene Mensch hat 32 Zähne. Die hintersten Backenzähne, die sogenannten Weisheitszähne, wachsen erst sehr spät nach. Die Zähne stecken mit ihren Wurzeln im Kiefer. Die Zahnkrone, die aus dem Kiefer ragt, ist mit hartem Zahnschmelz überzogen. Damit diese Schutzschicht nicht zerstört wird, müssen wir unsere Zähne nach dem Essen und vor dem Schlafengehen sorgfältig putzen. Großvater, der schon viele Zähne verloren hat, hat ein künstliches Gebiß: Die Zähne sind aus Kunststoff.

Zahnrad ist ein Rad mit Zähnen. Wird das Rad bewegt, so greifen seine Zähne in die Zähne eines zweiten Zahnrades und drehen es. Zahnräder gibt es in vielen Maschinen. Zahnradbahnen und auch Uhren haben sie. Die Zahnräder am Fahrrad sind durch eine Zahnradkette verbunden.

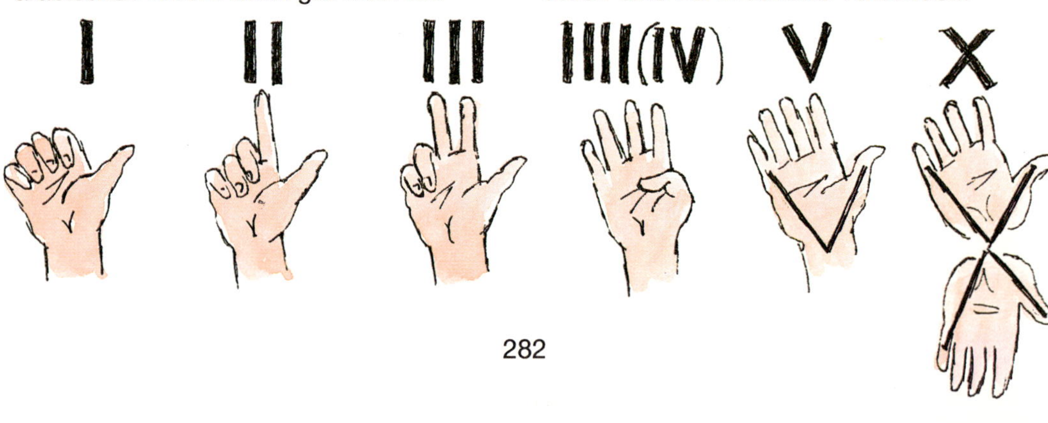

Zange ist ein ☛ Werkzeug, das viele Handwerker brauchen. Mit Zangen kann man etwas festhalten, drehen, herausziehen und abtrennen. Vater hat in seinem Werkzeugkasten verschiedene Zangen: mit der Beißzange (Kneifzange) zieht er Nägel heraus und zwickt den Draht ab. Der Zahnarzt zieht mit einer Zange die Zähne.

Zauberer Er trägt einen schwarzen Zylinderhut und begrüßt sein Publikum. Dann stellt er den leeren Hut verkehrt auf ein Tischchen und bedeckt ihn mit einem Tuch. Mit dem Zauberstab klopft er dreimal an den Hut und spricht dabei einen Zauberspruch: Abrakadabra – simsalabim. Dann greift er vorsichtig in den Hut – und zieht ein schneeweißes Kaninchen heraus! Die Zuschauer sind sprachlos. Noch einmal klopft er an den Hut, noch ein Kaninchen kommt heraus und schließlich noch ein drittes. Wie macht er das nur?
Zita möchte auch so einen Zauberspruch kennen. Aber der Vater lacht sie aus: „Es gibt keinen Zauberspruch und auch keinen Zauberer“, sagt er. „Das sind nur Tricks, die man erlernen kann. Man braucht dazu allerdings flinke Finger.“ Zauberer treten oft bei Kinderfesten auf, in Kabaretts und im Zirkus. Sie werden auch Magier genannt. In Märchen, Sagen und Geschichten kommen auch Zauberer vor. Kennst du die Geschichte „Der kleine Zauberer“ von Gina Ruck-Pauquèt?

Zaun Das Haus ist von einem Gitterzaun umgeben, der Zaun des Nachbarn ist aus Holzlatten gezimmert. Der Sportplatz hat einen Drahtzaun, der Garten einen lebenden Zaun, das ist eine Hecke. Jeder Zaun schließt ein Grundstück ein. Über fremde Zäune soll man nicht klettern!

Zaunkönig Er ist einer unserer kleinsten ☛ Singvögel, er wird nicht einmal 10 cm groß. Sein Federkleid ist bräunlich, sein kurzes Schwänzchen zeigt nach oben. Aus Moos baut er sich im Gebüsch ein kugelrundes Nest. Der Zaunkönig singt laut. Er bleibt auch im Winter bei uns. Dann besucht er gerne das Futterhäuschen.

Z

Zeisig Dieser kleine gelbgrüne Singvogel nistet im Frühling und im Sommer auf hohen Nadelbäumen, im Herbst zieht er in Laubwälder und Gärten. Dort kann er leichter überwintern. Der Zeisig gehört zu den ☛ Finken. Er wird manchmal auch als Stubenvogel gehalten.

Zebra ist ein Wildpferd. Es hat ein gestreiftes Fell und lebt in den Grassteppen Afrikas. Zebras lassen sich nicht zähmen. Sie leben in großen Herden, meist in Gesellschaft von Antilopen und Straußen. – Zebrastreifen sieht man auf der Straße. Es ist der Schutzweg, auf dem Fußgänger die Straße überqueren können. Sie haben dort Vorrang! Lies: Verkehr.

Zecken sind winzige Spinnentiere. Sie sind Schmarotzer, das heißt, sie ernähren sich vom Blut ihrer Beute. Am häufigsten ist bei uns die Waldzecke – sie heißt auch Holzbock –, die auf Bäumen und Sträuchern lebt. Sobald sie die Körperwärme eines Tieres oder Menschen spürt, läßt sie sich vom Baum fallen und saugt sich auf der Haut fest. Ihr Körper schwillt dann bis zur Größe einer Erbse an. Reißt man so eine Zecke weg, so bleibt der Kopf in der Haut stecken. Betupft man sie mit Öl, fällt die Zecke von selbst ab. Zecken können gefährliche Krankheiten übertragen. In manchen Wäldern besteht für den Menschen große Zeckengefahr. Darum ist es besonders wichtig, sich durch die „Zeckenimpfung“ zu schützen.

Zeit „Ich habe heute keine Zeit für dich“, sagt die Mutter, „ich muß zum Zahnarzt gehen.“ Was ist das eigentlich, die Zeit? Was bedeutet das: gestern – heute – morgen? Die Zeit steht niemals still. Seit alters her hat man versucht, sie zu messen. Die Zeit eines Tages messen wir mit der ☛ Uhr. Sieben Tage sind eine ☛ Woche, 52 Wochen ein ☛ Jahr. Tag und Jahr sind Zeitabschnitte, die mit der Kreisbahn unserer Erde um die Sonne zusammenhängen. Nach dem ☛ Kalender beginnt das Jahr am 1. Januar. Jedes Jahr hat eine Jahreszahl, zum Beispiel 1990. Sie gibt bei uns die Zeit an, die seit Christi Geburt verstrichen ist. In wenigen Jahren werden wir das Jahr 2000 schreiben.

Zeitung Vater und Mutter lesen täglich die Zeitung. Da stehen Nachrichten und Neuigkeiten aus der Stadt darin, aus dem Land, aus der ganzen Welt. Auch über Politik, Sport und Kunst berichtet sie. Die Berichte werden von Journalisten (sprich: schurnalisten) geschrieben. In Inseraten preisen Firmen ihre Waren an. „Muß man das alles lesen?“ fragt Zita. „Nein“, sagt die Mutter, „jeder liest, was ihn interessiert.“ Neben den Tageszeitungen gibt es auch Zeitschriften, die wöchentlich oder monatlich erscheinen. Mit ihren bunten Fotos kommen sie Zita vor wie Bilderbücher für Erwachsene. Eine Zeitschrift liest Vater besonders genau. „Das ist eine Fachzeitschrift“, sagt er, „die brauche ich für meinen Beruf.“ Zita freut sich jeden Monat auf ihre Schülerzeitschrift mit den bunten Bildern und den interessanten Geschichten. Du auch?

Zelt Zitas Freundin hat mit ihren Eltern im Urlaub in einem Zelt gewohnt. „Hat es da nicht hineingeregnet?“ wundert sich Zita. „Aber nein, unser Zelt ist ganz wasserdicht.“ (☛ Camping) Nicht nur Urlauber, auch Sportler, Zirkusleute, Soldaten benutzen Zelte. Die ☛ Nomaden in Arabien, die mit ihren Viehherden herumziehen, wohnen in Zelten aus Tierhäuten. Die ☛ Eskimos leben im Sommer in Zelten aus Fell.

Ziegel Wenn ein Haus gebaut wird, braucht man Mauerziegel und Dachziegel. Beide werden aus einer weichen Tonmasse geformt, in der Luft getrocknet und dann im Ziegelofen gebrannt (gebacken). Sie heißen deshalb auch Backsteine.

Ziegen sind ☛ Wiederkäuer und gehören zu den ältesten Haustieren. Sie sind sehr genügsam und geben uns Milch und Fleisch. Die Ziegenfrau heißt Geiß, der Ziegenmann Bock. Beide tragen Hörner, der Bock hat auch einen „Ziegenbart“. Eine Wildziege ist der Steinbock, er lebt im Gebirge und kann sehr gut klettern. Ziegenhaut wird zu feinem Leder verarbeitet, die Angoraziege gibt uns weiche Wolle.

Zigeuner sind ein Wandervolk mit eigener Sprache und eigenen Sitten. Sie sind im Mittelalter vermutlich aus Indien eingewandert. Die Zigeuner haben eine hellbraune Hautfarbe, dunkle Augen und schwarzes Haar. Mit ihrem Wohnwagen ziehen sie durchs Land. Viele musizieren und treten auf Jahrmärkten auf. Zigeunermusik ist überall beliebt. Berühmt sind die ungarischen Zigeunerkapellen. Heute erlernen viele Zigeuner einen Beruf und haben bei uns einen festen Wohnsitz. Zigeuner hatten es seit jeher schwer: Wegen ihres fremdartigen Aussehens und ihrer ungewöhnlichen Lebensweise begegnete man ihnen mit Mißtrauen, oftmals wurden sie verfolgt. Die Zigeuner selbst nennen sich Sinti oder Roma.

Zimmerpflanzen sind die Blumen und Grünpflanzen in unserer Wohnung. Mutters Stolz sind ein schöner Gummibaum und die blühenden Blumen auf dem Fensterbrett. Zimmerpflanzen müssen regelmäßig gegossen und gedüngt werden.

Zirkus Ein Zirkus kommt in die Stadt! Er kommt mit Musik, mit Bären, Löwen und Tigern, mit Elefanten und Pferden, mit Artisten, Zauberern und Clowns. Am Rande der Stadt wird ein großes Zelt aufgebaut. In seiner Mitte ist die Manege (sprich: manesche). Hier zeigen die Tierbändiger (Dompteure) ihre Kunststücke mit den dressierten Tieren. Hier traben und tanzen die Pferde, hier machen die ☛ Clowns ihre Späße. Hoch oben in der Kuppel des Zeltes schwingen sich Trapezkünstler durch die Luft. In der Pause besucht Zita die Tierschau. Die Tiere sind vor dem Zelt in Wagen untergebracht. Wie schön und aufregend ist so ein Zirkusbesuch!
Hoffentlich kommt bald wieder ein Zirkus in die Stadt!

Zitrone Das ist eine Südfrucht. Sie wächst in den Ländern um das Mittelmeer und sieht einer ☛ Apfelsine ähnlich. Ihre Schale ist hellgelb, ihr Fruchtfleisch schmeckt sauer. Aus Zitronensaft und Zukker macht man Limonade. Der Zitronenbaum trägt das ganze Jahr über Blätter, Blüten und Früchte.

Zoo „Kinder, heute machen wir einen Besuch im Zoo“, sagt der Vater beim Sonntagsfrühstück. Ist das eine Freude! Der Zoo, auch Zoologischer Garten genannt, ist der Tiergarten. Da kannst du viele Tiere aus fernen Ländern sehen, die wir sonst nur aus dem Fernsehen kennen. Zita hat ihre besonderen Lieblinge. Zuerst besucht sie die Raubtiere. Die Löwen haben kürzlich Junge bekommen, die sehen aus wie Kätzchen. Dann geht sie zu den Zebras, den Giraffen und den Elefanten. Lustig geht es im Affengehege zu. Die Affen spielen und turnen auf Kletterbäumen und Felsen. An den Wasservögeln vorbei kommt Zita zu den Robben, die munter in einem Teich schwimmen.

Der Zoo soll für die Tiere kein Gefängnis sein, sondern eine neue Heimat. Er ist so angelegt, daß die Tiere hier annähernd so leben können, wie sie in der freien Natur gelebt haben. Die Gemsen haben Felsen zum Klettern, der Fuchs hat seine Höhle. Die Bären haben Kletterbäume, Elefanten und Nilpferde wälzen sich behaglich im Schlamm. Jedes Tier bekommt das Futter, das es braucht: der Löwe Fleisch, die Robben Fische. Nur so fühlen sich die Tiere wohl. Viele bekommen im Zoo auch Junge. Manche seltenen Tiere, die in der freien Natur vielleicht schon ausgestorben wären, finden in den Tiergärten eine Zufluchtsstätte, wie etwa die Panda-Bären. Die Tiere werden von Tierpflegern gefüttert und betreut.

Im Affenhaus hätte Zita gerne die Schimpansen gefüttert, aber das ist verboten. Durch falsches Futter werden die Tiere krank. Zum Abschied geht sie noch einmal bei den Löwenbabies vorbei. „Was geschieht mit ihnen, wenn sie groß sind?“ fragt sie. „Wenn sie groß sind und ihre Mutter nicht mehr brauchen, werden sie wahrscheinlich an einen anderen Zoo verkauft“, sagt Vater. Die Zoologischen Gärten versorgen einander mit Tieren, damit möglichst wenige freilebende Tiere gefangen werden müssen.

Z

Zucker Der meiste Zucker wird aus Zuckerrohr und aus Zuckerrüben gewonnen. Das schilfähnliche Zuckerrohr wächst in den Tropen. Aus seinen langen Stengeln wird der süße Saft gepreßt, aus dem man Zucker macht. Bei uns wird Zukker vor allem aus Zuckerrüben gewonnen. Auch Trauben und andere Früchte enthalten Zucker, den Fruchtzucker. Zucker ist ein Nahrungsmittel, das dem Körper Kraft gibt. Aber allzu viele Süßigkeiten sind ungesund, das sollst du dir merken!

Zugvögel Viele Vögel finden bei uns im Winter keine Nahrung. Sie ziehen im Herbst in wärmere Länder im Süden Europas und nach Afrika: Schwalben, Lerchen, Stare, Störche und viele andere. Singvögel fliegen meist nachts und legen bis zu 60 km in der Stunde zurück, Störche reisen täglich etwa 200 km. Sie wissen genau, welchen Weg sie dabei nehmen müssen, das ist ihnen angeboren. Im Frühling kehren die meisten Zugvögel wieder an ihre alten Nistplätze zurück.

Zwerge kommen in Märchen und Sagen vor. Da heißen sie auch Heinzelmännchen oder Wichtelmänner. Diese kleinen Männchen mit Bart und Zipfelmütze helfen gern den Menschen, treiben aber auch allerhand Schabernack. Schneewittchen hat bei den sieben Zwergen gewohnt. – Es gibt auch Menschen, die klein bleiben. Man nennt sie Liliputaner.

Zwiebel ist der unterirdische Teil mancher Pflanzen, sie speichert Vorräte. Deshalb kann das Schneeglöckchen schon zeitig im Frühjahr blühen. Auch Tulpen, Narzissen und Lilien haben Zwiebeln. Unsere Küchenzwiebel ist ein Gemüse, mit dem man viele Speisen würzt. Beim Zwiebelschneiden müssen wir oft ein bißchen weinen, weil der „beißende" Geruch der Zwiebel die Augen reizt. Kennst du dieses Rätsel?: „Hab sieben Häut, beiß alle Leut."

Zwillinge In der Klasse sind zwei Mädchen, die völlig gleich aussehen. Sie sind gleich groß, haben dieselbe Haarfarbe und Augenfarbe und dieselbe Stimme. Sie sind Geschwister und am selben Tag geboren. Es gibt auch Zwillinge, die einander nicht so ähnlich sind.

Die Deutsche Bibliothek – CIP-Einheitsaufnahme

Die neue Kinderwelt von A bis Z / Richard Bamberger: Inge Auböck. Mit Beitr. von Maria Bamberger und Robert Polt. (Zeichn.: Alicia Sancha). – Niedernhausen / Ts.: Falken. 1991
(Falken–Ratgeber)
ISBN 3-8068-4539-5
NE: Bamberger, Richard; Sancha, Alicia

ISBN 3 8086 4539 5

Genehmigte Ausgabe für FALKEN Verlag GmbH, 6272 Niedernhausen

Titelbild und Zeichnungen: Alicia Sancha

Lithographie: SRZ, Korneuburg
Druck: Ungarn